シリーズ：検証・アジア経済 ②

高まる地政学的リスクと
アジアの通商秩序

現状と課題、展望

石川幸一・馬田啓一・清水一史

［編著］

文眞堂

はしがき

　アジア経済は激動の渦中にある。米国第一主義を掲げ就任直後に TPP から離脱したトランプ政権が 2018 年に開始した米中貿易戦争は追加関税の相互賦課から先端産業をターゲットとする技術覇権を巡る争いにエスカレートし，2021 年にバイデン政権に政権交代した後も拡大激化し，デカップリングが進められている。アジア各国は米中両国と経済関係を持っており，米中対立の狭間で地政学的なリスクへの対応を模索するとともに企業はデカップリングへの対応とサプライチェーンの再編を余儀なくされている。

　2020 年に中国武漢で発生した新型コロナウィルス感染症（以下コロナ）は全世界に拡大し国境を越える人の移動の制限，重要物資のサプライチェーンの寸断などによる自動車減産など大きな負の影響を東アジアの国際生産ネットワークに与えた。2022 年に入ると各国の移動規制が解除され，経済活動が平常化されるとともに各国経済は徐々に回復した。ゼロコロナにより経済停滞と世界的な供給制約を引き起こしていた中国は 2022 年 11 月にゼロコロナ政策を変更，23 年には入境時の隔離政策も緩和した。

　2021 年 2 月にはミャンマーで軍事クーデターが起きた。ミャンマーの軍事クーデターは民主主義への挑戦と人権の侵害であるとともに 3000 人近い死者や多くの拘束者など多大の犠牲者を出した人道危機である。ASEAN 主要国は 2021 年の首脳会議で深刻な懸念を表明するとともに 5 項目の合意がなされた。しかし，5 項目の合意は守られておらず，ASEAN は有効な対応ができない状態にある。2023 年 2 月には非常事態宣言が 6 か月延期され，総選挙も先送りとなり，長期化の様相を呈している。新たなフロンティアとして注目されていたミャンマーからは外資が相次いで撤退するなど混乱が続いており，ASEAN の一体性と統合にもマイナスとなっている。

　2022 年 2 月 24 日にはロシアのウクライナ侵攻が勃発した。ウクライナの主権と領土を侵害する国際法違反であり，力による現状変更を行ったロシアに対

する大規模な経済制裁が西側先進国を中心に実施された。ロシアとウクライナからの供給制約による食糧とエネルギーなどの価格高騰により世界的にインフレが拡大，金利が上昇し，アジア各国も影響を受けている。スリランカがデフォルトに陥り，パキスタンも債務危機が懸念されるなど南アジアは深刻な影響を受けた。ロシアに対する経済制裁に参加した東南アジアの国はシンガポールのみであり，「グローバルサウス」とよばれる開発途上国は中立の立場をとっている。ロシアのウクライナ侵攻以降，西側民主主義国とロシア，中国など専制主義国の分断に加え，大多数の開発途上国という3つのグループに世界は分かれている。

　こうしたアジア経済に混乱をもたらす重大な事象が連続して起きる中で，国際秩序の大きな地殻変動が進んでいることを見逃してはならない。米ソ冷戦時代，米国1極時代を経て，米中競争時代が始まっている。米中対立は短期的な貿易摩擦としてではなく，技術，経済，軍事的な覇権争いであり，国際秩序の変革をもたらす長期的な事象とみるべきである。米国が2020年5月に発表した対中戦略的アプローチは，米中関係は大国間競争（Great Power Competition）であると位置付けている。1991年のソ連消滅で米ソ2超大国が対峙する東西冷戦が終わり，その後は米国が軍事力で圧倒的な力を持つ一極体制が続いた。米国一極というポスト冷戦時代から大国間競争に移行したのは，2007年から2014年の時期といわれる。この時期に中国は日本を抜いてGDPで世界2位となり（2010年），南シナ海で海洋進出を活発化させ（2009年以降），一帯一路構想を発表（2013年）など経済，軍事で急速に台頭した。

　米国は，「米中の競争はインド太平洋で起きており（2017年国家安全保障戦略），中国は短期的にはインド太平洋地域の覇権を求め，将来的には米国に代わってグローバルな優越を達成しようとしている（2018年国家防衛戦略）」と認識している。バイデン政権でもこの認識は変わっておらず，2022年の国家安全保障戦略では「中国は国際秩序を作り直す意図とそれを実行する経済，外交，軍事，技術力を強化している唯一の競争相手であり，インド太平洋で影響圏を創出し，世界を主導する強国になる野心を持っている」とし，中国との競争は今後10年が決定的に重要になるとみている。

　米国の対中競争戦略は，地域の安全保障戦略である「自由で開かれたインド太平洋戦略（FOIP）」と経済，技術面の戦略である「経済安全保障戦略」により進められている。バイデン政権は 2022 年 2 月に同盟国との連携強化，IPEF（インド太平洋経済枠組み），サプライチェーン強靭化，統合抑止，気候変動への取組みなどを内容とする「インド太平洋戦略」を発表，5 月には IPEF を 14 か国で立ち上げた。

　経済安全保障では，軍事目的で使用できるデュアルユースの新興技術・基盤技術を対象に輸出管理（輸出管理改革法およびエンティティ・リスト），対米投資審査厳格化，ファーウェイなど中国企業からの政府調達禁止を 2019 年国防授権法で実施し，その後，ファーウェイなどの製品の輸入と販売の禁止，人の移動の管理なども実施された。2022 年 10 月には，スーパーコンピューター開発，半導体工場で使用される先端半導体，製造装置，ソフトウェアなどの対中輸出が原則不許可になるなどバイデン政権で対中安全保障貿易管理は強化されている。バイデン政権はサプライチェーンの強靭化にも力を入れており，2021 年 6 月にサプライチェーン強化策を発表，2022 年 8 月には米国内の半導体工場を資金支援する CHIPS・科学法が成立し，有志国とのサプライチェーン協力を進めるフレンドショアリングを IPEF などにより進めようとしている。

　米国の対中競争戦略に対抗して，中国は 2020 年以降，信頼できないエンティティ・リスト，輸出管理法，外商投資安全審査弁法，反外国制裁法など同様な貿易・投資規制を導入し対抗している。さらに，内需拡大，サプライチェーンの最適化，技術の国産化とイノベーションなどを含む双循環戦略を 2020 年に発表した。内需拡大により米国市場への依存を減らし，サプライチェーンで中国に対する依存を強化し，科学技術の「自立自強」を進めることにより，米国のデカップリングに対抗する戦略である。双循環では，貿易と双方向の投資も重視されており，外資誘致や外資買収により中国に欠けている先端技術を獲得することを意図している。

　世界の分断と対立の激化が進んでいるとの見方が多いが，米ソ冷戦と異なり米中は貿易投資など経済的に緊密な関係にあり，相互依存関係にある状況は変わっていない。半導体の貿易は減少しているが，米中貿易は 2021 年，2022 年

と増加し、過去最高に達している。中国は米国多国籍企業の世界で第4位の進出先であり、中国での販売額は米国の対中輸出の2倍の規模（2020年）である。デカップリングは半導体など戦略的に重要な財や技術を対象とする部分的なものだからである。

　米国はインド太平洋戦略と経済安全保障戦略を同盟国、有志国と連携して進めようとしている。また、米国、中国の輸出管理法は、第3国企業にも適用される。アジア各国は米中の競争の狭間に置かれ、アジアの通商秩序は米中対立による地政学的リスクに晒されている。こうした自由な貿易投資を制限する動きが強まる一方で、アジアでは経済連携が進展していることは重要である。ASEANは経済共同体（AEC）構築を着実に進め、メガFTAでは2018年のCPTPPに続き、2022年にはRCEPが発効した。RCEPはすでに日本企業が輸出入で最も利用するFTAとなっている。CPTPPは英国の加入が正式承認され、中国、台湾、ウルグアイなどが加入を申請するなど拡大しつつある。アジア域外との新たなFTA交渉や既存のFTAのアップグレード交渉も活発である。

　本書は、地政学的リスクがアジアにどのような影響を及ぼすのか、アジアの経済連携の模索は世界の分断と保護主義の歯止めになるのか、米中対立の中でアジアの途上国はどのような立ち位置をとりどう対応しているのか、米中対立に揺らぐアジアの通商秩序の現状を踏まえ、日本はどのように立ち向かうべきか、などを考察している。本書は、①高まる地政学的リスクとアジア、②不透明性を増すアジアの経済連携の行方、③アジアのニューノーマル（新常態）への課題という3部15章で構成されている。

　第Ⅰ部は「高まる地政学的リスクとアジア」を論じている。
　第1章「地政学的リスクとASEANの立ち位置」は、ASEANが直面している地政学的リスクは何かを論じている。米中間の戦略的競争の激化によりASEAN中心性が脅かされていることを指摘し、経済安全保障の観点により米中のデカップリングはASEANの発展を支えてきた自由で開かれた経済秩序を揺るがせていると分析している。そして、ミャンマーの軍事クーデターに対

して ASEAN が有効な対応ができないことは，ASEAN の内包する本質的な矛盾を露呈させており，信用喪失リスクをもたらしていると論じている。こうしたリスクに直面しながら団結と戦略的自律性を維持しようという ASEAN の動きは世界が単純な 2 項対立でとらえきれないことを示す証左であると論じている。

　第 2 章「米国の対中通商政策の課題」は，世界第 2 位の経済大国へと躍進した中国に対する米国の通商政策の課題を国際通商体制の観点から検証している。米中接近後の歴代米国政権の対中政策を概観し，次に「チャイナ・ショック」と呼ばれた米中貿易摩擦が安全保障と不可分な先端技術をめぐる米中競争へと移行する過程を詳細に分析している。そして，対中通商政策の課題と国際通商秩序にどのようなインパクトを与えるのかを論じている。

　第 3 章「習近平「新時代」の中国の行方」は，2012 年の第 18 回党大会を起点する習近平「新時代」の内包する問題点を論じている。習近平は総書記就任後，「核心」の称号を手に入れ，自身の指導思想を党規約入りさせ，2021 年の 6 中全会で第 3 の歴史決議を採択し，毛沢東，鄧小平と並ぶ権威を確立し，2022 年の第 20 回党大会で異例の 3 期目入りを果たした。しかし，側近で固めた新指導部の実力は未知数であり，一強といわれる習近平の目指す国の方向性と取り巻く内外の環境について厳しい見方も少なくないことを指摘している。

　第 4 章「米中デカップリングとサプライチェーン再編」は，デカップリングとサプライチェーン再編をめぐる米中の攻防の問題点と今後の展望を考察している。バイデン政権は輸出管理と対米投資規制の強化などを通じて米中デカップリングを進めるとともに IPEF 立ち上げなどによりサプライチェーンの再編に取り組んでいる。中国も他国による供給遮断に対する反撃力と抑止力を持つことを目指し，「自立自強」と呼ばれるサプライチェーンづくりを進めている一方，対中包囲網構築阻止のための究極の自衛策として CPTPP と DEPA への参加申請を行った。米国のフレンドショアリングとサプライチェーン再編には自由貿易からの後退と保護主義への傾倒が懸念されると指摘している。

　第 5 章「G7 と中露の対立でカギを握るインド」は，G7 と中露の対立のカギを握る印露経済関係の現状と先行きを展望している。インドは Quad や IPEF などを通じて先進国との連携を深める一方，ロシア・ウクライナ問題ではロシ

アからの原油輸入拡大など G7 と真っ向から対立している。印露は伝統的な友好関係にあるが，インドはロシアとの関係に縛られることなく，先行き市場環境の変化に応じてロシアとの経済関係を見直す可能性があると論じている。

　第Ⅱ部のテーマは「不透明性を増すアジアの経済連携の行方」である。

　第 6 章「厳しい世界経済下の RCEP と ASEAN」は，現在の厳しい世界経済下の RCEP と ASEAN について考察している。コロナ感染の拡大に加え，米中対立の拡大，ミャンマーの軍事クーデター，ロシアのウクライナ侵攻が大きな負の影響を ASEAN と東アジア経済に与えている。こうした厳しい状況下での ASEAN 経済共同体（AEC）の深化，RCEP の発効とその後の展開，RCEP における ASEAN の重要性について検討し，現在の世界経済において ASEAN と RCEP が重要な意義を持つことを指摘している。

　第 7 章「CPTPP の新規加盟をめぐる政治経済学」は，世界的に保護主義が高まり，安全保障や政治的緊張が高まるインド太平洋地域において，各国・地域がいかなる理由で環太平洋パートナーシップに関する包括的及び先進的な協定（CPTPP）に興味関心を持つようになったのか，その要因について検討している。CPTPP は，質の高さと新規加盟に関する条項が設けられているという特徴がある。CPTPP はこの条項により，質の高い自由貿易圏をアジア太平洋地域全体に拡大する基盤になった。本章では，加入が正式承認された英国，加入申請を行った中国と台湾，関心を示した ASEAN3 国の要因，背景，動機を検討し，日本は有志国とともに CPTPP の高水準なルールを維持していくことが重要と指摘している。

　第 8 章「IPEF の課題と展望」は，2022 年 5 月にバイデン政権が立ち上げた IPEF の概要，特徴を明らかにしたうえで課題と展望を論じている。IPEF は①市場アクセスが含まれていない，②サプライチェーンなど新しい分野を対象としている，③関心分野に参加できるモジュール方式を採用，という 3 つの特徴がある。14 か国が参加し立ち上げに成功した IPEF は拘束性とインセンティブのトレードオフなど 3 つのジレンマが課題である。IPEF は ASEAN 主要国に加え極めて大きな潜在成長性をもつインドが参加している点が重要である。IPEF の成功には 3 つのジレンマに米国が対応できるかにかかっており，

関係国の利害調整などには日本の役割が大きいと論じている。

第9章「揺らぐアジアの生産ネットワークと日本企業」は，東アジアで日本企業がFTAを利用し網の目のように張り巡らせてきた生産ネットワークが地政学的リスクによりどのような影響を受けているかを検討している。まず，東アジアでのサプライチェーンのインフラでもあるFTAの構築をASEANを中心に辿り，サービスリンクコスト削減の動きとして貿易円滑化が進められていることを指摘している。ASEANの貿易で中国の影響が高まっていることにACFTAが寄与していることを，利用率を含め検証している。そして，米中対立拡大と米国のフレンドショアリングの日本企業の生産ネットワークへの影響と日本企業の対応を検討している。

第10章「東アジアの経済統合と経済安全保障」は，経済統合と経済安全保障という方向の異なる2つのベクトルの中で米中均衡戦略をとる東アジア各国，とくにASEANの対応を論じている。東アジアではASEANを中心に経済統合が急速に進展したが，貿易投資の自由化に逆行する動きが2018年以降米国により導入された。米国は新興技術を対象に中国との貿易と投資を厳しく管理するデカップリングを進めている。米中対立の狭間にあるASEANは中国とFTAを結びながらIPEFに参加するなど米中両国と緊密な協力関係を進める米中均衡戦略を維持している。アジアの経済成長の持続には，自由な貿易投資を促進する経済連携と経済安全保障の両立が重要である。日本は経済安全保障政策を進めながらASEANと協力して自由でルールに基づく東アジアの通商環境を維持していかねばならないと論じている。

第III部は「アジアのニューノーマル（新常態）への課題」を論じている。

第11章「「改革開放」に依存する中国の産業集積政策と一帯一路建設」は，「改革開放後の中国経済において，産業集積政策がGDP成長率の向上に有効であった」ことを計量分析により検証している。改革開放後に車の両輪のように実施された産業政策と産業集積政策の変遷を詳しく辿ったうえで自由貿易試験区による産業集積政策を北京を事例として説明している。計量分析により貿易，国内投資，外国直接投資がGDP成長率に影響を与えていることを検証し，産業集積の開始には輸送費の削減と異質財の生産が必要であり，産業集積政策

の行き詰まりを避けるためには習近平が改革開放を継続するかどうかに依存することを指摘している。

　第12章「サプライチェーン強靱化に向けた韓国政府の取り組み」は，コロナ禍や米中対立で見直しを迫られたサプライチェーンの強靱化への尹政権の取り組みとその成果，課題を明らかにしている。コロナ禍で中国からのワイヤーハーネスの輸入中断により自動車生産がストップし，米中対立で半導体，車載電池のサプライチェーンの見直しを迫られるなど経済性のみを重視した国際分業体制の限界が露呈したことを指摘し，韓国政府の産業政策と業界動向を整理している。2022年5月発足の尹錫悦政権がサプライチェーン3法などサプライチェーン強靱化を進めていることを概観し，韓国政府が取り組んできた企業の国内回帰促進政策の現状，成果と課題について論じている。

　第13章「アジアのデジタル貿易の進展」は，デジタル技術の発展と普及（デジタル化）がアジアの経済統合に及ぼす影響を考察する一助として，デジタル化に関連する財・サービス貿易データを整理し考察している。まず，携帯電話の急速な普及によりアジアの経済社会のデジタル化が加速したことを指摘している。UNCTADが，デジタル化の指標として集計しているデータを用いて，財については情報通信技術（ICT）関連財の貿易データにより東アジアがICTの世界の生産・輸出センターになっているとともに域内分業体制が変化していると分析し，アジアのデジタル関連サービス貿易がコロナ後加速し，中国，シンガポールとともにベトナムが台頭したことを確認している。そして，デジタル貿易とデジタル関連サービス貿易での日本のプレゼンス低下を指摘し日本の成長戦略の変化が求められると論じている。

　第14章「アジアの通商秩序を支える域内通貨・金融体制の行方」は，米中貿易不均衡の問題が技術覇権の問題に拡大するなど難しい状況でのアジア域内における貿易・投資取引を支える域内の通貨・金融体制を論じている。企業が貿易取引や投資案件を進める上で極めて重要な建値通貨や世界およびアジアでの対外決済（クロスボーダー）の仕組みの確認を行った上で，中国をはじめ多くの国の中央銀行が研究あるいは一部利用を開始している中央銀行デジタル通貨（CBDC）によるクロスボーダー決済を展望している。そして，米ドル基軸通貨体制について考察し，日本の立場から今後の建値通貨やアジア域内での通

貨・金融協力の可能性や将来像を展望して，ミクロ（企業）でのニーズがマクロ（国）の方向性にも関わり，「アジアのニューノーマル」構築に寄与する可能性を探っている。

　第15章「国際秩序の大変革と日本の経済安全保障の課題」は，地政学的リスクの焦点となっている中国の動きを明らかにし，日本の経済安全保障の備えは十分かを検証している。習近平政権は軍民融合の方針のもと「自立自強」を掲げて半導体など戦略産業の国産化に躍起となっており，外国企業の買収をそうした技術獲得の手段としているため，日本企業も警戒が必要である。日本の経済安全保障は，先端技術狙いの買収に対する外為法の規制には重大な抜け穴があり，経済的威圧への対抗措置の備えがない。先端半導体の輸出管理制度を整備し米国と連携する必要がある。経済安全保障は自国のみの対応は限界があり，経済版の集団安保というべき共同対処が必要であり，日本はどう取り組むかが問われていると論じている。

　本書の執筆者は，国際関係，国際経済，通商政策，経済統合，国際金融，経済安全保障，中国経済，韓国経済，ASEAN経済，アジアのデジタル経済などの気鋭の研究者であり，アジアの地政学的リスクと通商秩序について多くの研究成果を発表してきている。本書では，個々のテーマについては執筆者に自己の主張を自由に論じてもらい，編著者が執筆者の意見を調整するようことは一切していない。その結果，本書ではアジアそして日本が直面する地政学的リスクに関する様々な重要な問題についての極めて多角的な視点による分析と考察が行われている。本書が地政学的リスクに直面しているアジア経済の先行きに関心をもつ研究者，大学院生，学生のみならず，ビジネス関係者や一般市民の参考になれば幸甚である。なお，各章で示された見解は，執筆者個人の見解であり，執筆者が所属する機関のものではないことに留意をお願いしたい。

　本書は，「シリーズ：検証・アジア経済❷」と位置付けられる。「シリーズ：検証・アジア経済❶」として発行された，石川幸一・馬田啓一・清水一史編著『岐路に立つアジア経済：米中対立とコロナ禍への対応』文眞堂（2021年10月発行）もぜひご高覧いただきたい。激動の渦中にあるアジア経済の現状と課

題について，なお一層理解が深まるものと確信している。

　最後に厳しい出版情勢の中，本書の意義を理解され刊行を快諾してくださった文眞堂社長前野隆氏，編集の労を取っていただいた山崎勝徳氏ほか編集部の方々に心から御礼を申し上げたい。

　2023 年 8 月

編著者一同

目　　次

第Ⅲ部
アジアのニューノーマル（新常態）への課題

第Ⅰ部

高まる地政学的リスクとアジア

第1章

地政学的リスクと ASEAN の立ち位置

はじめに

　近年,「地政学」という用語が世界情勢を語る際に盛んに用いられるようになっている。アジアでも例外ではない。本章は,現在 ASEAN が直面している地政学的リスクとは何かを論じるが,最初に確認しておきたいのが「地政学的リスク」とは何かということである。本来,地政学は,地理的条件を踏まえて国際政治を捉えようとする学問体系であるが[1],現在は地理的要因がどのように影響しているかということについてあまり厳密な議論はないまま「地政学」という用語が使われているように見受けられることも多い。「地政学」という用語が多用されている背景として,冷戦終結後,新自由主義の隆盛のもとグローバル化を謳歌していた国際社会,ないし自由で開かれた経済秩序を含むリベラル国際秩序が,安全保障および政治上の様々な対立や緊張,混乱によって脅かされているという危機感が近年高まってきたことがある。

　その観点から言えば,ASEAN 諸国にとっての最大の地政学的リスクは,彼らのこれまでの経済発展を促してきた自由で開かれた経済秩序が動揺し,またその秩序を下支えしてきた平和な国際環境そのものが揺らいでいることである。そうした環境変化の中で,ASEAN が自らの主体性を維持するために維持に努めてきた ASEAN の中心性も脅かされている。中国の台頭は彼らにとってはこれまで以上の発展への機会をもたらしており,中国―ASEAN 経済圏は彼らにとってすでに常態である。しかし,それがもたらす安全保障上のリスクも無視できない。新型コロナによって各国が大きな経済的社会的打撃を受け,それ以前からみられた世界的な保護主義的傾向が強まった。また,米中がそれ

ぞれ経済安全保障の観点から，サプライチェーンの囲い込みを企図した様々な施策を打ち出していることの影響も見逃せない。さらに ASEAN 地域内部からのリスクも見逃せない。2021 年 2 月の軍事クーデター以降のミャンマー危機に有効な手を打ち出せないことは，ASEAN そのものが抱える矛盾を露呈させる結果となっている。

　本章は，上記の様々な挑戦によって，従来のリベラル国際秩序が大きく動揺していることが，具体的に ASEAN 諸国および東アジア国際秩序にどのような地政学的リスクをもたらしているかを論じる。

第 1 節　米中対立の激化と ASEAN の中心性

　1967 年の ASEAN 設立以前から，東南アジア地域は大国間の対立に影響を受け，またそれが各国間や各国内の政治的対立と結びついてこの地域の安定を揺るがしてきた。ASEAN の設立は，そうした状況の中で，まず原加盟国間の関係の安定化を図ることを目的に設立された。また地域環境の安定化には，ある特定の大国のみの突出した影響力のもとにおかれることのないよう，多方向の関係を築く必要があった。さらに冷戦終結後の国際環境の大きな変化の中で，当時の ASEAN 諸国は ASEAN を中心とする地域制度構築により主体的かつ積極的に関与するようになった[2]。これらの ASEAN の域外戦略は，重層的な ASEAN アーキテクチャ構築をもたらした[3]。具体的には 1970 年代から徐々に整備された対話国制度，2000 年代から始まった東南アジア友好協力条約（TAC）の域外国への開放および ASEAN ＋ 1 の FTA が挙げられる。それらに加え，ASEAN 諸国は，ASEAN 地域フォーラム（ARF），ASEAN ＋ 3，東アジアサミット（EAS），ASEAN 防衛大臣会合プラス（ADMM ＋）といった ASEAN を中心とする多国間の制度を構築した。このアーキテクチャを通じ，ASEAN 諸国は東アジアおよびアジア太平洋の地域秩序の維持と安定化に一定の貢献をしてきた。

　地域秩序の安定には ASEAN の役割が欠かせない，と主張する際に彼らが強調するのが「ASEAN の中心性」である。そして「ASEAN の中心性」を掲

げつつ，どの大国にも傾くことを避け，それぞれの関係を維持しながらバランスを取るという彼らの対外戦略は，リスクヘッジの観点から生まれるものである。マレーシア国立大学のチェンツィー・クイックは，ASEAN が直面するリスクの形態として，「特定の大国のみに取り込まれてしまうリスク」「特定の大国に依存するもはしごを外されるという見捨てられリスク」「大国間の争いによって分裂するリスク」「ASEAN が周辺化されるリスク」の 4 つを挙げている[4]。「ASEAN の中心性」を強調し，どの域外国との関係も維持し，特定の国を排除したりはしない包含的なアプローチを取ることは，こうしたリスクを回避する目的がある。

　しかしながら，近年の米中間の戦略的競争の激化は，ASEAN が自らの中心性を謳い，従来の包含的アプローチを取ることを難しくしている。さらに 2022 年 2 月にロシア・ウクライナ戦争が始まり，中国がロシアの侵略そのものには微妙な姿勢をとりつつ，アメリカとの戦略的競争に勝利することを優先する観点からロシアとの協力関係を強化する中で，世界を「自由主義」vs.「権威主義」といった二項対立で捉える論理が台頭している。こうした世界の分断が深まっていくことは，これまで長い間安定と平和を維持し，その中で発展してきた ASEAN 諸国にとってはまさにそうした望ましい環境を脅かすリスクである。

　また，アメリカは中国牽制色の強い「自由で開かれたインド太平洋 FOIP」を掲げ，日米豪印の 4 カ国による Quad が 2017 年に日本の主導により再開し，改めて「ルールに基づく自由で開かれたインド太平洋」の構築を掲げて連携を強化している[5]。日本は独自の FOIP を掲げつつ，アメリカとの安全保障上の連携強化やオーストラリア，インドとの安全保障協力を強化している。また 2021 年 9 月，アメリカ，イギリス，オーストラリアは AUKUS という新たな戦略的連携を発表し，オーストラリアの原子力潜水艦建造に米英が協力する方針を示した。2023 年 3 月には，AUKUS の下でのより具体的な原子力建造計画について明らかにされた[6]。こうした大国主導の戦略的連携の枠組みの登場は，地域環境の安定化装置としての ASEAN アーキテクチャの比重を相対化している。

　しかしながらこうした状況下で，ASEAN が単に手をこまねいているとみる

のも早計である。ASEAN にとって最重要の域外大国である米中間の競争がエスカレートし，それぞれからの関与や圧力が強まる中でも，ASEAN は中心性の重要性を強調し，包含的アプローチを維持しようとしている。日米主導の「インド太平洋」構想に対し，ASEAN 諸国は 2019 年 6 月に「ASEAN インド太平洋アウトルック（AOIP）」を発表した[7]。AOIP の特徴は，「包含性」を重視し，アメリカ，日本，インド，オーストラリアといった Quad 構成国のみならず，中国，ロシアなども含む協力関係の構築を打ち出したことである。

　彼らのこうした包含的アプローチは，ロシアのウクライナ侵攻が国際社会の様々な場に影を落とした 2022 年にも見られた。この年は偶然にも，G20 議長国はインドネシア，APEC 議長国はタイであった。2022 年 5 月，ASEAN 議長国カンボジアも含めたこれら 3 カ国の外務省は連名で共同プレスリリースを発表し，それぞれの会議の議長国として「すべてのパートナー及びすべてのステイクホルダーたち」と協力していく姿勢，またそうした取り組みを通じての「ASEAN の中心性」の強化を謳った[8]。一部の報道によれば，欧米諸国は彼らに対し，ロシアを招待しないよう圧力をかけていたという。それに対し，彼らは ASEAN 諸国としての足並みをそろえつつ，包含的アプローチをもって国際社会における独自の存在感を示す姿勢を打ち出したといえる。そして実際にインドネシアは G20 から，タイは APEC 閣僚会議や首脳会議から，そしてカンボジアは東アジアサミットからロシアを排除せず招待した。他方，G20 首脳会議ではウクライナのゼレンスキー大統領によるビデオ演説が行われるなど，どちらにも「偏らない」姿勢も示された。

　さらに，ASEAN 諸国には欧米への反発や，アフガニスタン撤退などからくるアメリカへの不信感はみられるものの，中国との関係のみを優先しようとしているわけではない。すでに中国と ASEAN の緊密な相互依存関係は拡大深化しており，その観点から中国は彼らにとって重要な域外国だが，増大する中国の政治的経済的影響力を相対化する必要も感じている。その観点からすれば，ASEAN 諸国にとって，アメリカや日本などの他の域外国との関係強化も重要である[9]。フィリピンやシンガポールにおいて米軍がプレゼンスを維持しており，インドネシア，マレーシア，ベトナムはアメリカとの安全保障関係を強化している。また日本と一部の ASEAN 諸国の安全保障協力は，2010 年代

以降強化される傾向にある。例えばフィリピン，マレーシア，ベトナム，インドネシア，タイはすでに日本と防衛装備移転協定を締結済みである。

　米中間の戦略的競争が激化し，双方からのASEAN諸国への働きかけがさらに積極化すれば，ASEANの「中心性」を打ち出し，包含的なアプローチを取るのは一層難しくなるだろう。ただ皮肉なことに，こうした困難な状況だからこそASEAN諸国の主要な戦略としての「ASEANの中心性」の維持と，その前提としての「一体性」強化の重要性は逆に高まっているともいえる。米中が影響力拡大を掲げてつばぜり合いをし，ロシアとの関係も絡んでいっそう対立が先鋭化するなかで，今後，ASEANがいかにこの地域の安定に寄与し得るか問われている。例えば南シナ海問題は中国がもたらす安全保障上のリスクの最大の例である。このリスクを緩和する上で，南シナ海行動規範（COC）が策定出来るか否か，またそれがどのような内容になるかは東南アジアおよび東アジア全体の秩序のあり方そのものを決定づける。中国との交渉を通じていかに開かれた海洋秩序を維持・強化し得るようなルール作りができるかは，ASEANが直面している具体的かつ重要な課題の一つであろう。

第2節　経済安全保障の台頭

　米中間の戦略的競争が激化する中で，米中は経済安全保障の観点からの様々な規制を強化しつつある。経済安全保障という，政治の論理で経済活動を管理する，あるいは政治的目的のために経済を利用する，という発想は，冷戦終結以降の自由で開かれた経済秩序を支えたグローバリズムとは異質のものである。2010年代半ばよりアメリカや欧州でも顕在化した保護主義とともに，経済安全保障の論理に基づく施策が世界第一および第二の経済大国である米中によって進められることは，自由で開かれた経済秩序を揺るがしている。そしてそれは，ASEAN諸国がこれまで発展する基盤となっていた，自由で開かれた経済秩序の危機をもたらしている。

　アメリカが経済安全保障の観点からの規制強化に乗り出したのは前トランプ政権期である。同政権は当初対中貿易赤字の膨脹を問題にして中国に対して制

裁関税をかけたが，その後 2018 年に HUAWEI をデュアルユース品の輸出管理規則エンティティ・リスト（実質輸出禁止措置の対象企業のリスト）に載せ，アメリカ由来の技術の利用を禁止した。これを機に，アメリカは先端技術に関する中国を念頭に置いた規制強化を本格化させていった。

　バイデン政権は経済安全保障の観点からの規制についてトランプ前政権を踏襲し，むしろ強化した。具体的には 2022 年 10 月の対中 IT 輸出制裁など，先進半導体やその製造装置などのハイテク技術に中国がアクセスすることを用途を問わず禁止する，またエンティティ・リストに中国のスーパーコンピュータ企業を追加指定する，また 2021 年 12 月の「ウイグル強制労働防止法」による新疆ウイグル族の人権侵害への関与が疑われる物品についての輸入差し止め，といった政策が挙げられる[10]。これらの施策からは，自国の安全保障の確保のために中国のアメリカの先端技術へのアクセスを抑制し，その技術開発に関する潜在的能力を削ぐという目的と，人権というマターへの強い関心の両方が示されている。

　2022 年 5 月にアメリカ主導でスタートした「インド太平洋経済枠組み（IPEF）」もこうしたアメリカの意思に沿っている。この枠組みは関税撤廃などの自由化要素を含まないという点で，CPTPP や RCEP のような，グローバル化の推進を是とするグローバリズムを前提とする自由貿易協定とは異なる。他方，技術やデータ保全，および生産過程における人権保護といった要素を重視し，「友好国」と見なす国々の間で新たな通商ルールを設けるというアメリカの意向を強く反映している。

　アメリカのこうした規制強化の動きに対し中国は反発するとともに，アメリカと同様に経済安全保障の観点からの数々の規制強化の措置を打ち出すようになっている[11]。2020 年 9 月の「信頼できないエンティティ・リスト」制度は，中国の国家主権，安全，発展の利益に危害を及ぼす行為，また市場取引の原則に反して中国企業等の取引を中断する行為を侵したと判断された外国企業等の輸出入や投資などを禁止するといった内容となっている。また 2021 年 1 月の外国の法律および措置の不当な域外適用を阻止する規制は，外国の法律・措置により中国企業等が国内企業等と貿易，取引を行うことが不当に禁止されたり制限されたりした際，場合によってはそうした国外企業に対する賠償請求がな

されると規定を含んでいる。さらに 2021 年 6 月の反外国制裁法は，外国が中国に圧力をかけ，中国の公民や組織に対して差別的な制限措置を実施して中国内政に干渉したり，中国の主権や安全，発展を害するような行為をした場合，入国拒否や資産凍結に並び，やはりそうした行為に加担した外国企業や組織等に損害賠償を請求できるとしている。

　これまで ASEAN 諸国は，中国を含む東アジアを中心とした工業化の連鎖とそれに支えられたサプライチェーンが深化拡大する中に参加することで発展してきた。そして東アジアのサプライチェーンの深化拡大は，自由で開かれた経済秩序の下でのグローバル化の急速な進展によって支えられていた。今の米中の経済安全保障の観点からの経済的デカップリングを進めようとする動きは，ASEAN の発展を支えたグローバル化に逆行し，自由で開かれた経済秩序を揺るがせている。

　米中のこうした動きによって短中期的には，ASEAN にはメリットもあるという指摘もある。例えば，欧米や日本，韓国などの先進国の多国籍企業が，中国から生産拠点を ASEAN 諸国に移転させる動きが進むことによるメリットが挙げられる[12]。しかしながら，アメリカの輸出禁止に関する様々な措置により，ASEAN 企業の輸出先としての中国市場へのアクセスが制限される可能性もある。生産面でも原材料調達や製造工程における人権基準が厳格化されることで，中国と ASEAN 諸国に広がっているサプライチェーンの分断が進むという可能性もある[13]。また，中国の経済安全保障に関する法令は，「中国の国家主権，安全，発展」を損なう行為を広く制裁対象としているが，その定義や範囲，また具体的な基準などが極めて曖昧である[14]。さらにアメリカの規制に従えば中国の報復を受けるという可能性も出てくる。こうした環境下においては，企業のビジネスマインドは萎縮してしまい，経済活性化にはマイナスに働くだろう。

　さらに，相澤伸広が指摘するように，ASEAN 諸国がいっそう発展し，特に「中所得国の罠」にはまっている国々がその罠から抜け出す際には生産性が最も高い知識，研究開発集約型の産業を育成する必要があるが，米中対立の激化は ASEAN 諸国におけるそれらの産業の発展にマイナスに作用する可能性もある。米中の対立の争点の一つは，先端技術分野における優位性を巡る競争で

あり，対立関係にある両国の先端技術開発は，双方のナショナリズムも絡み，閉じた形で進めることを双方とも目指している。相澤は，米中それぞれの先端技術開発は，東南アジアを含む第三国にも閉じた形で進むことが予想されると指摘する[15]。また米中による先端技術におけるデカップリングの進行によって，ASEAN 諸国企業の先端分野へのアクセスが制限され，先端技術を用いた経済活動が防げられるとも論じている。さらにはこれら技術に関するルールメイキングのレジームからも排除されるという不利益も予想されるとする。そうなれば，ASEAN 諸国は米中を頂点とする技術的ヒエラルキーの中に構造的に組み込まれ。一層の発展に必要な彼ら自身によるイノベーションの機会が縮減するという結果に繋がりえると相澤は警告している。

第3節　内なる矛盾―ミャンマー危機が示すリスク

　ASEAN 諸国を取り巻く外部の環境の変容や域外の大国の戦略がもたらすリスクと共に，ASEAN の内部からその一体性を揺るがす本質的なリスクが露呈していることにも触れなければならない。2021 年 2 月にミャンマーで起きた軍事クーデターを発端にした同国の混乱はまだ解決に至っておらず，近隣の ASEAN 諸国もこの問題を地域の重要な懸案と位置づけ，対応を継続しているものの有効な手段を打ち出せずにいる。こうした状況は，ASEAN 自身が抱えるリスクを示している。ミャンマー問題を巡り，各国の対応に温度差があることが改めて可視化され，その一体性を揺るがしているということも重要であるが，それ以上に，ASEAN が何を目指すのかについて，二つの矛盾する方向性を ASEAN 自身が内包していることを露呈させていることの方が，より本質的な問題である。

　ASEAN が設立時から目指してきたのは，相互に戦争をしないための「不戦レジーム」形成であったといえよう[16]。これは，前述した内政不干渉原則を中核とする「ASEAN の流儀」に沿ったレジームでもある。それぞれの国内管轄事項と見なされることについてはお互いに干渉し合わない，という了解のもとで武力行使に至るような紛争にならないよう国家間で関係を調整するというこ

とがその内実だからである。また，ASEAN が内政不干渉原則と共に強調して
きた「紛争の平和的解決」や「武力の不行使」は国家間で武力紛争に至らな
い，という了解を明示化した規範であり，共に ASEAN の不戦レジーム志向
を支えるものであった。

　そして 1990 年代以降，地域経済統合を目指す協力が ASEAN 協力を牽引し，
三つの柱からなる包括的な「共同体形成」を具体的な政治アジェンダとするの
に大きく寄与した。設立当初から存在していた，経済・社会・文化分野の機能
的な協力を通じた地域経済統合を進める動きが本格化したのである。そして地
域経済統合の本格化に加え，90 年代からはマレーシアやインドネシア，シン
ガポールとの間の問題となっていた煙害対策などの個別の具体的課題について
の協力も進められるようになった。そしてミャンマー加盟問題を一つの契機と
して，及び腰ではあるが，人権や民主化といった国内政治に関わる課題も
ASEAN の中のアジェンダとして取り上げられるようになっていく。

　さらに，2000 年代以降，ASEAN は目指すべき「平和」や「安全」のなか
に，民主主義の推進や人権保障という，各国の内政に関わる，内政不干渉とは
矛盾する要素が盛り込まれるようになっていった。そのことは，2008 年に発
効した ASEAN 憲章において，民主主義の推進や人権保障が ASEAN の原則
や目的のリストに加えられたことにも示されている[17]。これは，各国内の人々
が共通の規範や価値を共有することを基盤とする共同体を目指すということで
もある。この方向性に向かうならば，ある加盟国内の著しい人権侵害や民主化
の後退は ASEAN 全体にとっての問題として取り扱い，解決に向けてアクショ
ンをとらねばならない。

　憲章発効後，2014 年のタイのクーデターや 2017 年カンボジアのフン・セン
政権が総選挙の前に野党を解党するなど，ASEAN 諸国の一部で民主化の逆行
も見られたし，ミャンマーにおけるロヒンギャ問題に代表されるように深刻な
人権問題も存在した。そして ASEAN がそれらに十分に対処しているとはい
えない。他方，ASEAN 政治・安全保障共同体の要素として民主化や人権保護
を据え，ASEAN 政府間人権委員会を発足させ，ASEAN 人権宣言を発出する
など，ASEAN は人権や民主主義を推進するという方向も示してきた。すなわ
ち ASEAN は，二つの矛盾する共同体志向を内包しつつ，それらをうまく曖

昧に丸めながらやってきたのである。

　しかし，2021年2月に起こったミャンマーにおける軍事クーデターは，こうした ASEAN の「曖昧戦略」の限界を露呈させた。ASEAN はかつてのようにミャンマーで起こっている民主主義を著しく後退させている事態を内政不干渉という観点から座視することは出来ない。各国の足並みが完全にそろわない中でも，ASEAN 諸国間ではこのミャンマー問題が ASEAN 自身および東南アジアの平和と安定にとって深刻な問題であるという認識，それに対して ASEAN は対処しなければならないという認識自体は共有されている。またインドネシア主導で2021年4月に開催された特別首脳会議に，ミャンマー軍事政権のトップであるミン・アウン・フラインを出席させた上で，ミャンマーの事態を収めるための「5つのコンセンサス」を決定するといった措置がとられた。また，首脳会議や閣僚会議といった主要な会議には，この軍事政権の正当性を認めない観点から「非政治的代表」しか出席を認めないという対応を取っている。

　このように ASEAN としてこの問題に対処しなければならないのは ASEAN が目的の一部として今や民主主義や人権を掲げているからである。しかしそれは，それを今回のように著しく損なう事態に至ったとき，それに対処するための十分な実効力が備わっているということを意味しない。かつて1990年代にミャンマーの当時の軍事政権が，アウン・サン・スーチー氏をはじめとする民主派勢力への取り扱いを巡る人権侵害などで問題視されていた頃，ASEAN は現在よりもより内政不干渉原則に依拠した「伝統的な ASEAN」であり，この問題について ASEAN が関与するということは認められなかった。そのころと比べると ASEAN は大きく変化した。しかし，人権や民主主義を著しく損なっている加盟国に対してその行為を止めさせるようなパワーを ASEAN は未だ有していない。今回の事態は，改めてそのことを可視化させた。これは，ASEAN への内外からの信頼性を大きく揺るがすという信用喪失リスクをもたらしている。

おわりに

　現在，内外の情勢変化や危機からもたらされている地政学的リスクにより，ASEAN 諸国がこれまで平和や発展を享受することを可能にした地域秩序が大きく揺らいでいる。ASEAN 諸国がそれに単に手をこまねいているわけではないが，厳しい状況であることは確かである。地政学的リスクによってこの地域の「平和」を支えていた諸条件が崩れることは，ASEAN 諸国が最優先課題としているさらなる経済成長を実現し得るか否かに大きく関わるだけではない。米中対立やロシア・ウクライナ戦争に起因する世界的な緊張増大は，気候変動やエネルギー，食料安全保障といったグローバルに対応せねばならない課題への適切な対応を防げる可能性がある。

　ASEAN 諸国は持続的な経済発展を目指しているが，特に気候変動への取り組みはその行く末を大きく左右する。ASEAN 諸国にとって気候変動がもたらすリスクは大きい。環境シンクタンク German Watch が発表している Climate Change Risk Index 2021 によれば，2000 年から 2019 年の 20 年間の状況から算出した長期的な気候変動リスク指数について，2 位がミャンマー，4 位がフィリピン，9 位がタイと上位 10 カ国に ASEAN 諸国からは 3 カ国がランクインしている[18]。またカンボジア，ベトナムは 10 番台である。東南アジアが気候変動に関しての高いリスクを抱えていることがわかる。またシンガポールのシンクタンクである ISEAS ユソク・イサーク研究所は 2018 年以降毎年発効している *The State of Southeast Asia* で，ASEAN 諸国の政治・経済・市民社会エリートの意識調査の結果を公表しているが，その中で，ASEAN が直面している課題はなにか，という設問に対し，気候変動の影響と答えたのは全体の 57.1％で，景気後退と答えた 59.5％に次ぐパーセンテージであり，この問題への関心の高さがうかがえる[19]。そして気候変動のリスクに対応するためには，米中や日本，欧州などの先進国・大国との協力が欠かせない。しかし米中対立やロシア・ウクライナ戦争によって世界の緊張の度合いが高まることは，ASEAN のみならず世界全体で長期的視野から対応しなければならないグローバルイシューに関わるリスクに対応していくことを防げてしまう。

　気候変動含め，本章で論じた他の様々なリスクがASEAN諸国を脅かしている。これらのリスクに対処するためにASEAN諸国にとって最も重要な方策は，ASEAN諸国間で相互の利益や懸念についての認識を確認し合い共有すること，その上で団結を維持し，ASEAN強化を図ることなのかもしれない。前述の *The State of Southeast Asia* 最新版で，またグローバルな自由貿易アジェンダを推進するのに主導権を発揮できるのは誰かという問いに対してはアメリカ21.9％，中国14.8％なのに対し，ASEANと答えたのが23.5％とトップであった[20]。前年の2022年には同じ質問に対して，アメリカは30.1％，中国が24.6％，ASEANはそれに次ぐ15.5％であった。よってASEANへの期待値が大きくあがったことになる。さらに誰がルールに基づく秩序や国際法遵守で主導権を発揮できるかという設問に対し，アメリカと答えた割合は27.1％でトップではあったものの2022年の同じ設問への回答が36.6％だったのに比較すると大きく数値を減らした。それに対し，ASEANと答えたのは21.0％で前年の16.8％よりも数値を上げた。EUとの回答が23.0％でアメリカに次いでおり，また前年の16.6％から増大している[21]。こうした回答状況から，ASEANが単独で自らにとって望ましい秩序の推進が出来るとは考えていないものの，内外の様々なリスクに晒される中で，ASEAN諸国が秩序作りに関して一定の役割を果たせるし果たすべきだという考えを強めていることをうかがわせる。

　よく言われているようにASEAN諸国は多様であり，彼らの抱える多様な事情を反映し，彼らが常に外交的に足並みをそろえているわけではない。しかしながら，1967年に設立されてからすでに半世紀以上が経つASEANのもとで対話を続け，相互関係の安定化を図り，安全保障・政治，経済，社会・文化といった様々な分野での協力を進めてきたことには一定の重みがある。ASEANは，多様性を抱えるこれらの国々が絶えず意見交換や情報共有を行い，最大公約数的ではあってもそのスタンスを集約し，彼らとしての立場を内外に発信するための重要な装置としても機能してきた。こうした自らの声を集約する制度を有していることによる東南アジアのアドバンテージはもっと評価されてもいいのかもしれない。また，グローバルサウスの一角としてのASEAN諸国が，様々なリスクに晒されながらも戦略的自立性を維持しようとする動きは，世界が単純な二項対立の論理では捉えきれないことを示す証左で

もある。

[注]

1　地政学 geopolitics についてのこれまでの学説や議論についてまとめたものとして，フリント（2014）を挙げておく。
2　山影（1997）10-11 ページ。
3　ASEAN アーキテクチャ形成については大庭三枝（2014）を参照。
4　Kuik（2022）pp.15-16.
5　Quad の展開については大庭（2021）を参照。
6　AUKUS（2023）.
7　ASEAN（2019）.
8　Joint Press Release of the Foreign Ministries of the Kingdom of Cambodia, the Republic of Indonesia and the Kingdom of Thailand（2022）.
9　ビラハリ（2022）68 ページ。
10　津上（2023）100 ページ。
11　中国の経済安全保障に関する制度については日本貿易振興機構（ジェトロ）上海事務所，海外調査部中国北アジア課（2023）を参照。
12　三重野（2022）39 ページ。
13　同上。
14　津上（2023）105 ページ。
15　相澤（2022）31 ページ。
16　山影（2009）22-23 ページ。
17　ASEAN（2008）Article 1-7, Article2-2-(h).
18　Eckstein, Kunzel and Schafer（2021）p.13.
19　The ASEAN Study Centre at the ISEAS-Yusof Ishak Institute（2023）p.11
20　Ibid, p.29.
21　Ibid, p.30.

[参考文献]

相澤伸広（2022），「米国と東南アジア：すれ違いの構図」『外交』Vol.75, September/October 2022, 30-37 ページ。
大庭三枝（2014），『重層的地域としてのアジア：対立と共存の構図』有斐閣。
大庭三枝（2021），「インド太平洋と Quad: 連携の進展の意味するもの」『世界経済評論』Vol.65, No.6, 6-16 ページ。
津上俊哉（2023），「経済デカップリングの進行は世界に何をもたらすか」日本国際問題研究所『習近平政権研究』日本国際問題研究所，2023 年 3 月 31 日，99-122 ページ。
日本貿易振興機構（ジェトロ）上海事務所，海外調査部中国北アジア課「中国の経済安全保障に関する制度」2023 年 3 月 21 日更新（https://www.jetro.go.jp/ext_images/_Reports/01/a79365d04a90bd1c/20220077_01.pdf
ビラハリ，カウシカン（2022），「対中外交の基盤となる米軍プレゼンス」『外交』Vol.76, November/December 2022, 64-70 ページ。
フリント，コーリン（2014），（高木彰彦編訳）『現代地政学：グローバル時代の新しいアプローチ』原書房。

三重野文晴 (2022),「ASEAN の経済基盤と『自由で開かれたインド太平洋』」『外交』Vol.75, September/October 2022, 38-43 ページ。

山影進 (1997),『ASEAN パワー：アジア太平洋の中核へ』東京大学出版会。

山影進 (2009),「東アジア地域統合の現状と課題― ASEAN 的不戦レジームの可能性」『学術の動向』 2009 年 5 月, 20-29 ページ。

ASEAN (2019), ASEAN Outlook on the Indo-Pacific, June 23, 2019.

The ASEAN Study Centre at the ISEAS-Yusof Ishak Institute (2023), *The State of Southeast Asia 2023*, the ISEAS-Yusof Ishak Institute, February 9, 2023.

AUKUS (2023), Joint Leaders Statement on AUKUS, March 14, 2023. https://www.pm.gov.au/media/joint-leaders-statement-aukus（2023 年 5 月 1 日アクセス）

David Eckstein, Vera Kunzel, Laura Schafer (2021), *The Global Climate Risk Index: Who Suffers Most from Extreme Weather Events? Weather-Related Loss Events in 2019 and 2000-2019*, German Watch, January 2021

Kuik, Cheng Chwee, (2022) "Shades of grey: riskification and hedging in the Indo-Pacific" *The Pacific Review*, DOI: 10.1080/09512748.2022.2110608, pp.1-34.

Joint Press Release of the Foreign Ministries of the Kingdom of Cambodia, the Republic of Indonesia and the Kingdom of Thailand, May 4, 2022, https://www.mfa.go.th/en/content/jointpr04052565?page=5d5bd3da15e39c306002aaf9&menu=5d5bd3cb15e39c306002a9b0（2022 年 11 月 13 日アクセス）

（大庭三枝）

第2章

米国の対中通商政策の課題

はじめに

　戦後世界経済は米国主導のもとで未曽有の経済成長を実現した。また戦後の国際秩序も米国によって構築された。その米国の圧倒的な経済・軍事力に陰りがみえた頃に，社会主義体制のもとで久しく混迷を続けてきた中国の経済成長が始まった。その後，中国は改革開放を通して高度成長の軌道に乗り，米国に次ぐ世界第2位の経済大国へと躍進した。

　米国に比肩しうる超大国となった中国に対して，これまで米国はどのような政策を展開してきたのか。また中国との競争の時代を迎えて，米国はどのような政策によって中国の挑戦に臨もうとしているのか。米中関係が大きく変容を遂げるなかで，米国の対中通商政策はどのような課題に直面し，またそれは国際秩序にいかなるインパクトを与えているのか。

　このような疑問に対して，本章では，まず米中接近後の歴代米国政権の対中政策を概観する。次に「チャイナ・ショック」と呼ばれた米中貿易摩擦が安全保障と不可分な先端技術をめぐる米中競争へと移行する過程に着目し，バイデン政権の対中通商政策の特徴を考察する。そして国際通商体制の観点から，今日の米国の対中通商政策の課題を検証してみたい。

第 1 節　米中接近後の米国の対中政策

1. 対中関与政策の形成

　1972 年の米中接近により，米中両国は対ソ抑止を目的とした戦略的協調関係の構築に共通の利益を見出した[1]。しかし 1989 年の天安門事件とそれに続く冷戦体制の崩壊に伴い，米国では中国の人権問題，大量破壊兵器の拡散，非市場経済的貿易慣行に対する懸念・不満が噴出し，議会では中国に対する最恵国待遇（MFN）の更新を阻止・条件付きとする決議が相次いだ。これに対してブッシュ（父）政権は拒否権を行使し，「建設的関与」の立場から，懸念材料は外交交渉に委ね，経済関係の促進のために MFN を更新する方針をとった。

　続くクリントン政権は，大統領選挙戦中にブッシュ（父）政権の対中政策を厳しく非難したが，政権成立後は朝鮮半島危機への対処もあり，前政権と同様に対中関与を継続し，経済関係の促進を優先した。クリントン政権は対中政策として，中国を国際社会に組み込み，共通利益を有する分野での協調を進めて，人権，兵器拡散，貿易面での相違の解決に努める「包括的関与」を提起した（White House 1996）。米国経済の再生を掲げるクリントン政権は，成長地域を対象にした「新太平洋共同体」構想を掲げ，APEC を推進すると同時に，米中貿易関係を「恒久的通常貿易関係」（PNTR）に格上げした。外国資本・技術・市場を求める中国を WTO 加盟に導き，米国主導の国際秩序に組み込む道を選択した（大橋 2002）。

2. 「責任ある利害関係国」としての中国

　米国の大統領選挙は，対立候補が現職大統領の対中関与政策を批判する機会となっており，対立候補は一旦権力の座に就くと，対中批判を回避し，中国との協調関係を模索するパターンがみられる。ブッシュ（子）政権もその例外ではなく，大統領選挙中からクリントン政権の対中「戦略的パートナーシップ」を批判し，中国を「戦略的競争相手」と再定義した（Baum 2001）。しかし 2001 年 9 月の同時多発テロの勃発に伴い，ブッシュ（子）政権は対テロ作戦で対中協調路線を選択した。北朝鮮問題にも対応せざるをえない米国は，中国

を「責任ある利害関係者」として関与政策を継続した（Zoellick 2005）。

　「中国脅威論」が喧伝されるなか，「競争相手」である中国との貿易不均衡や人民元レートをめぐって，また成長著しい中国市場に期待する経済界の意向を受けて，ブッシュ（子）政権は2006年12月に閣僚レベルによる米中戦略経済対話（SED）を立ち上げた。もっともブッシュ（子）政権の対中政策は，安全保障面では中国の台頭を抑制し，経済面では積極的に関与するという「封じ込め」と「関与」を併せ持つ「congagement」（containment＋engagement）に特徴づけられた（Khalilzad et al. 2009）。

3. 中国の台頭と「リバランス」

　2008年の世界金融危機では，中国の4兆元の景気刺激策が世界経済を救済したと称賛された。中国の国際的プレゼンスの拡大に伴い，世界経済の課題に効果的に取り組むための2大経済大国の協調関係＝「G2」論も提起された（大橋 2009）。オバマ政権下の2009年7月に米中対話は，経済対話に戦略対話を加えた米中戦略・経済対話（S & ED）に拡充された。この頃から中国は，大国としての自信を背景にして強硬・高圧的な対外姿勢をとり始めた。鄧小平の遺訓である「韜光養晦」（能力を隠して雌伏する）方針を修正し，国家主権と領土保全を基軸とする「核心的利益」を追求する中国に対して，米国の懸念は急速に高まった。

　2011年秋に米国は，イラクやアフガニスタンからの兵力撤収を始め，対外戦略の重心をアジア太平洋地域に移動する「リバランス」に着手した（DOS 2011）。中国はこれを米国の中国シフトと認識した。同様に，オバマ政権が主導する環太平洋パートナーシップ協定（TPP）も，当初中国はこれを対中包囲網と受け取った。もっとも，TPPへの不参加はその利益をまったく享受できないばかりか，貿易転換効果を集中的に被る可能性が高いために，中国はその後TPPにも強い関心を示すことになる。これに対して米国は，米中二国間投資協定（BIT）交渉を通して，中国の構造改革をさらに推進させたうえで，中国をTPP交渉に呼び込もうとした。しかし中国は，「一帯一路」構想に基づきユーラシア方面への展開を進め，BIT交渉で掲げられた改革措置は国内に自由貿易試験区を設置することにより，国内的・部分的・段階的に実施する方策

を選択した（大橋 2022）。

　2015年10月のTPP大筋合意に際して，オバマ大統領は「中国のような国にグローバル経済のルールを書かせることはできない」（White House 2015）と述べ，翌2016年1月の「一般教書演説」でもTPPに関して「我々がこの地域のルールを定めるのであり，中国ではない」（White House 2016）と断言した。オバマ政権末期になると，さまざまな争点において米中両国の歩み寄りがかなり難しくなり，関与政策の限界が指摘されるようになった。

4. 「米国第一」と対中強硬論

　2016年の大統領選挙戦から，トランプ候補は「米国第一」の外交政策を声高に唱え，中国からの輸入に45％の関税を課すといった激しい中国攻撃を繰り返した[2]。そのトランプ政権の「国家安全保障戦略」（NSS）では，① ホームランド・セキュリティ，② 米国の繁栄の促進・支援，③ 力を通した平和に基づく世界秩序の維持，④ 米国の影響力の拡大を重点項目として掲げ，ロシアと中国は「修正主義勢力」と位置づけられた（White House 2017）。

　トランプ政権の対中政策は，① 貿易赤字の削減と中国の対米輸入拡大を目指す重商主義，② 温暖化防止のパリ協定，TPP，イラン核合意からの離脱にみられる孤立主義，③ 炭鉱労働者の支援を動機とするパリ協定からの離脱にみられるポピュリズムに基づいており，一連の対中強硬論が展開された。TPP離脱，米中S＆EDの中止，北米自由貿易協定の見直しにみられるように，米国主導の国際秩序の持続，まさに「Make America Great Again」に不可欠な戦略的視点を欠いたまま単独主義的な対外政策が遂行された。

第2節　「チャイナ・ショック」から先端技術をめぐる競争へ

1. 「チャイナ・ショック」への対応

　2016年の大統領選挙でトランプ候補は，中国からの輸入増加によって米国の雇用が奪われているとの主張を繰り返した。この「チャイナ・ショック」については，D・オーターらにより継続的に研究が進められてきた[3]。一連の研

究成果によると，中国からの輸入拡大により，中国製品と競合する産業が立地する地域では，製造業雇用の減少，失業者の増加，労働参加率の低下がみられた。しかも製造業の職を失った労働者が，非製造業分野で従来と同様の賃金水準にある職に就ける可能性は低く，結果として，賃金の低下に加えて，当該地域では失業保険や貿易調整支援などの社会保障給付が急増した。

　この研究成果を選挙活動に利用したのがトランプ候補のアドバイザーであり，政権成立後にホワイトハウス入りした対中強硬派のP・ナバロであった[4]。政権成立後，トランプ政権は貿易赤字の主因である対中輸入の削減に乗り出した。その主要な政策措置は，① 1962 年通商拡大法 232 条に基づく鉄鋼・アルミニウム製品輸入に対する安全保障措置としての関税賦課，② 1974 年通商法 301 条に基づく知的財産権侵害などに対する対中制裁措置である。① の安全保障理由による輸入制限は WTO ルールに抵触する可能性もあり，歴代米国政権は 36 年間にわたってその発動に慎重であった。しかも ① は同盟国・同志国の製品も対象としており，トランプ政権の単独主義を象徴する措置でもあった。一方，② はトランプ政権の代表的な対中制裁措置であり，2018〜19 年に 4 次のリストに従って追加関税が賦課された[5]。

2.　先端技術をめぐる競争

　トランプ政権が仕掛けた米中貿易戦争は，もともと対中輸入が国内雇用に与えた「チャイナ・ショック」への対応として発動された。ところが，急速な経済成長により経済大国となった中国は，いよいよ先端技術分野でも米国の覇権に挑戦し始めた。先端技術は軍事力と不可分な関係にあることから，中国の挑戦は米国の安全保障にも及ぶことになる。戦後米国は，その圧倒的な経済・軍事力のもとで，新製品・サービスの中核技術を開発することにより，国際競争での優位性を確保し，国際社会において影響力を行使してきた。その前提を揺るがす動きに直面して，トランプ政権は次第に米中貿易戦争を安全保障と不可分な先端技術をめぐる競争と捉えるようになった。

　トランプ政権のもと 2018 年 8 月に「国防権限法」（NDAA）が成立した。NDAA には，安全保障の観点から，輸出管理に関する「輸出管理改革法」（ECRA）と「対米投資規制に関する外国投資リスク審査現代化法」（FIRRMA）

が組み込まれた。

　米国の輸出管理では，国防，原子力，経済制裁，機密技術などは個別の法律で管理されており，これに該当しない品目がECRAとこれに基づく輸出管理規則（EAR）により商務省産業安全保障局（BIS）が管理している。ECRAでは，現行の輸出規制では捕捉できていない「新興・基盤技術」を特定して管理対象とした。その後，EARに基づき，米国の安全保障・外交政策の利益に反するとして，エンティティ・リスト（EL）に追加掲載される中国人・事業体が相次いでいる。

　FIRRMAでは，まずECRAの「新興・基盤技術」を含む重要なインフラおよび技術に対する投資審査の強化が掲げられた。またマイノリティ投資，安全保障上機微な場所への不動産投資，特定取引の事前審査，「懸念国」の関与など，審査対象・範囲が拡大された。

3.　包括的な対中政策の展開

　通商法301条に基づく追加関税をはじめとして，バイデン政権はトランプ政権の対中政策を基本的に踏襲している。しかし対中認識はトランプ政権よりも厳しくなっている。その「国家安全保障戦略」（NSS）では，中国は「国際秩序を再構築する意図と，それを実現する経済力，外交力，軍事力，技術力を併せ持つ唯一の競争相手」（White House 2022b）として認識されている。安全保障を担当する国防総省の「国家防衛戦略」では，ロシアのウクライナ侵攻後であるにもかかわらず，「米国の安全保障に対するもっとも包括的で深刻な挑戦は，インド太平洋地域と国際システムを自らの利益と権威主義の好みに合わせて作り直そうとする中国の強圧的で攻撃的な動きである」（DOD 2022）と捉えており，中国をベンチマークとして抑止力の維持・強化を進めるとしている。

　トランプ政権の通商法301条に基づく対中追加関税，2020年1月の米中通商協議第一段階合意を経て，バイデン政権は，（1）トランプ政権が着手したデカップリングによる技術規制に加えて，（2）フレンドショアによる同盟国・同志国との連携，（3）経済再生を目指す産業政策の3点からなる包括的な対中政策を整えつつある。

(1) 対中技術規制とデカップリング

　すでに輸入規制と輸出管理，対内投資管理の強化が進められた米国では，対外投資規制を整備することにより，技術の移転・流出に関連する対中財・サービス取引，資本移動の管理体制がほぼ整う。対外投資に伴う技術流出の懸念から，また米国から中国の IT スタートアップ企業などへの投資が活発化してきたこともあり，米国では新たに対外投資規制の動きがみられる[6]。すでに議会では，2022 年 6 月に上下両院超党派議員団により，中国を含む「懸念国」への投資に関する「2022 年国家重要能力防衛法」（NCCDA）の草案が合意された。ここでは，対外投資にも対内投資の対米外国投資委員会（CFIUS）に相当する機関を設けて，投資審査を実施することが提起されている。レモンド商務長官によると，対外投資審査制度はバイデン大統領の支持も得ているという（『日本経済新聞』2022 年 6 月 11 日）。

　ただし，経済界からは，技術流出は既存の輸出管理体制で十分対応できるとしており，モニタリングの資源が不十分であることに加えて，投資機会の喪失やコスト増につながることから，対外投資規制の動きに対しては反対の声が根強い（USCBC 2022）。

　次にトランプ政権がファーウェイなどの個別企業を標的にした規制を実施してきたのに対して，バイデン政権はより包括的な規制を目指している。たとえば，2022 年 10 月の「先進コンピュータ・半導体製造関連製品に対する新たな対中輸出規制」では，半導体製造に付随するソフトウエア・技術，製造装置，および米国の技術・ソフトウエアが使用された外国製品も対象としており，軍事用途に加えて民生用途を含むことなど，サプライチェーンの上下流を含み，軍事転用リスクへの対応を目的とした包括的な規制となっている（BIS 2022）。またこの規制では，中国における開発・製造に関与する米国人も規制の対象としている。2022 年 6 月に発表された米国の大学・研究機関からの技術流出防止のための「アカデミック・アウトリーチ・イニシアチブ」と同様に，ヒトの要素も対象に含まれている。

　このほか，2021 年 12 月には新疆ウイグル自治区が関与する製品の輸入を原則禁止する「ウイグル強制労働防止法」（UFLPA）が成立した。各種行政措置でも，中国に対する特別の対応が講じられている。連邦通信委員会（FCC）

は安全保障のリスクとなる機器・サービスの輸入・販売認証を禁止し，中国国有通信企業米国子会社の事業免許を取り消している。また証券取引委員会（SEC）は，中国の軍事産業複合企業への証券投資を禁止し，中国企業の上場基準の厳格化や上場廃止を進めている。国務省も中国メディアを外国宣伝機関に認定するなど，中国に対して各々の所管する規定に基づいた行政措置が講じられている。さらにロシアのウクライナ侵攻後は，ロシア軍への支援も対中制裁の理由とされている。

(2) 同盟国・同志国との連携強化

　トランプ政権の単独主義とは正反対の方針が，バイデン政権による同盟国・同志国との連携強化である。政権成立後，バイデン政権は2021年6月に英国と「太平洋貿易の未来に関する対話」，EUと「貿易技術評議会」（TTC），9月に米英豪の安全保障枠組み（AUKUS），日米豪印（Quad）首脳会議，11月に日米商務・産業パートナーシップ（JUCIP）と，同盟国・同志国との連携強化の枠組みを次々と立ち上げた。その際には，同盟国・同志国の支持を得るために，トランプ政権が発動した1962年通商拡大法232条に基づく鉄鋼・アルミニウム製品輸入に対する関税賦課の見直しも進められた。

　バイデン政権が掲げる同盟国・同志国との連携強化は，折からのコロナ危機のもと，サプライチェーンの強靭化という要請にも合致する。2021年2月にバイデン大統領は，経済的繁栄と国家安全保障を確保するために，米国のサプライチェーンに関する大統領令に署名し，エネルギー省，運輸省，農務省，保健福祉省，商務省，国土安全保障省，国防総省の7つの政府機関に100日間の産業レビューを義務づけた。もとより，医薬品有効成分（API），レアアース，鋳・鍛造品など，米国の重要物資のサプライチェーンは中国に集中している。しかも米国内の製造能力には限界があり，インセンティブも不十分である。そこで2021年6月には，サプライチェーンの脆弱性・短期的混乱への対応，産業基盤の構築，長期戦略からなるサプライチェーン強化策が打ち出された（White House 2021）。

　サプライチェーンの再編に関しては，主要拠点を米国内に置くオンショアリング，米国内に回帰させるリショアリング，北中米に移転して生産者と消費者

の距離を縮めるニアショアリング，同盟国・同志国にサプライチェーンを移転させるアライドショアリングやフレンドショアリング，費用対効果がもっとも高いライトショアリングなど，国内雇用，製造基盤・エコシステム，生産コスト，地政学的リスクをめぐって議論が活発化している。

　広義のフレンドショアリングの一環として，バイデン政権の「インド太平洋戦略」（White House 2022a）で打ち出されたのが「インド太平洋経済枠組み」（IPEF）である。2022 年 6 月には「21 世紀の貿易に関する米国・台湾イニシアチブ」と「経済繁栄のための米州パートナーシップ」（APEP）が立ち上げられた。さらにバイデン政権は，2022 年 9 月に米国・太平洋島嶼国首脳会議，11 月に米国・ASEAN 首脳会議，12 月に米国・アフリカ首脳会議を開催し，それぞれパートナーシップ宣言を発表している。このほか 2021 年 12 月と 2023 年 3 月に民主主義サミットを開催するなど，自由，民主主義，人権，法の支配といった基本的価値観を共有する同盟国・同志国との連携強化が進められている。

(3) 経済再生を目指す産業政策

　米中貿易戦争の深刻化に伴い，議会では中国に対する技術競争力を高め，中国企業や軍産複合体への資本・技術の流出を防止することを目的として「中国対抗法案」が議論されてきた。関連する多様な法案の統合・分割，また合意に達した法案からの先行的立法化などにより，上下院・超党派での調整が進められてきた。

　2022 年 8 月 に「CHIPS（Creating Helpful Incentives to Produce Semiconductors）・科学法」（CHIPS 法）が成立した（White House 2022c）。同法は，米国内の半導体工場建設を補助金と設備投資に対する 25％の投資減税の両面で支援するものであり，総額約 2,800 億ドルにのぼり，半導体産業への資金援助 527 億ドル（商務省製造インセンティブ 390 億ドル，商務省研究開発 110 億ドル，その他 27 億ドル）が含まれている。CHIPS 法の成立に基づき，インテルやマイクロンの大型投資，TSMC やサムスンといった半導体トップ企業の米国への誘致が可能となった。しかも CHIPS 法では，半導体関連投資で米国政府から補助金を受けた場合，当該企業は「懸念国」で 10 年間半導体関連の

製造能力を拡張する取引・投資ができないとしている。2023 年 3 月に発表された CHIPS 法の安全保障上のガードレール条項案によると，① 資金受領日から 10 年間，② 懸念国は北朝鮮，中国，ロシア，イランおよび商務長官が判断した国，③ 重要な取引は 10 万ドル超（買収・合併・出資，累計 10 万ドルを含む），④ 実質的な拡張は既存施設の製造能力を 5% 超えるものと定義されている（*Federal Register*, March 23, 2023）。

　同じく 2022 年 8 月に成立した「歳出・歳入法」（インフレ抑制法）は，その 8 割に相当する 3,910 億ドルがエネルギー安全保障・気候変動対策に充てられている。ここでも，たとえば，EV 普及のための税額控除対象車の条件として，車両が北米で最終組み立てされていること，バッテリーに含まれる重要鉱物・部品の一定割合を米国か米国の FTA 締結国から調達することが要件となっている[7]。

　以上の（1）〜（3）の政策方針は，米国の対中半導体貿易の動き，すなわち，① 2022 年 10 月の先端半導体貿易規制でさらに強化された対中デカップリング，② 半導体製造装置に関する対中輸出規制の米日欧（オランダ）連携や米日韓台の CHIPS4 アライアンス構想，③ CHIPS 法による半導体産業振興に反映されている。換言すると，先端半導体はバイデン政権にとってもっとも妥協が許されない争点なのである。

第 3 節　対中通商政策の課題

1.　政策遂行上の留意点

　バイデン政権下における米国の対中通商政策は，上記の 3 つの政策方針に包括的に集約されている。しかしその遂行に当たっては，留意すべき点が少なくない。

　第 1 に，米国の対中規制措置がグローバルな経済活動に負の影響を及ぼすことが懸念される。サリバン大統領補佐官によると，対中デカップリングは「狭い庭，高い塀」（small yard, high fence），つまり対象・範囲を限定して遂行される（White House 2023）。しかし規制の範囲と水準に関する線引きは簡単な

作業ではなく，現実に規制が行き過ぎた場合に米国を牽制する手段も存在しない。

第2に，フレンドショアリングやIPEFを通した米国の同盟国・同志国間との連携は，安全保障上の理由からは受容できても，通商面では複雑な利害調整が必要である。安全保障分野と比べると，通商分野は制度・ルール志向が相対的に強く，しかも参加国間の多様な利害が錯綜する。利害が大きく異なる先進国・新興国間の連携，中国とそれぞれ異なる政治経済的距離を持つ国家間の連携，また争点によっては抜け駆け的行為の発生が不可避な連携なのである。

第3に，米国の対中通商政策を構成する産業政策は自国優先・保護主義と表裏一体の関係にある。上述したように，CHIPS法に基づき米国政府の補助金を受けて米国に投資した半導体企業の中国・グローバル展開には，一定の制約条件が課されている。またインフレ抑制法の税優遇の適用対象となるEVとバッテリーには，生産・原産国の制約が課されている。このように米国の産業政策は，かなり保護主義的な性格を内包している。また中国の産業政策を批判してきた米国が，経済再生のために産業政策を推進していることにも違和感があろう。さらに市場経済や自由貿易を推進してきた米国が，何かと議論の多い産業政策を適正に遂行できるのかに関しても疑問符が付きまとう。

2. 国際通商体制へのインパクト

(1) 米国社会の分断と自由貿易体制

戦後の国際秩序を構築してきた米国による対中規制措置は，国際通商体制にも少なからぬインパクトを与えている。トランプ政権の誕生前から，米国社会の分断化が指摘されており，通商分野でも自由貿易を推進するFTAが重大な争点とされてきた。一方，米国市民の中国認識は悪化の一途をたどっている[8]。これを反映して米国議会では，自由貿易慎重論と対中強硬論が優勢である。しかし米国の経済界は経済成長や雇用促進のために自由貿易は不可欠であるとしており，中国市場を有望視する姿勢にも大きな変化はみられない。経済界にとっては，安全保障上の機微な分野を除けば，やはりデカップリングは現実的な選択肢ではない。米国の対中通商政策は，分断化された米国内の諸勢力間の微妙なバランスのもとで策定・遂行されているのである。

　米国では 2021 年 7 月に大統領貿易促進権限（TPA）が失効しており，通商権限を管轄する議会のみならず，バイデン政権も FTA に対して慎重な姿勢をとっている。バイデン政権が提起する IPEF は議会の承認を必要としない。換言すると，バイデン政権の通商政策は議会の承認が不要な範囲内での策定・遂行という制約下にある。そのため IPEF では，参加のインセンティブにもなりうる市場アクセス交渉は含まれておらず，法的拘束力も持たない。米国社会の分断を反映した対中通商政策は，FTA などを通して進められてきた自由貿易の動きとはやや異なる方向を目指しているようである[9]。

(2)　世界の分断とブロック化の懸念

　ロシアのウクライナ侵攻により，米国は対中規制と対ロ制裁の二正面に備えると同時に，米国への対抗を目的とした中国のロシア接近を牽制する努力が求められている。米中対立やロシアのウクライナ侵攻を通して，世界は米国とフレンドショアリングで結ばれた陣営と中ロ陣営とに分断され，かつての冷戦構造のような様相を示し始めている。

　米中対立はグローバル経済と企業のグローバル展開にも新たな分断をもたらしている。米中対立を回避するために，米国市場で販売するものは米国で生産し，中国市場で販売するものは中国で生産する。従来のサプライチェーンから中国市場を分離する，あるいは中国市場向けのサプライチェーンを新たに構築する。このような形でサプライチェーンの再編に取り組んでいる企業も少なくない。

　これに加えて，今日の世界では，発言力を強めつつあるグローバルサウスの動きがある。米中対立でも，グローバルサウスの発展途上国は自国利益の最大化を図るために「中立」的立場をとることが多い。そのためグローバルサウスの取り込みは，米中対立のもうひとつの争点となっている。世界の分断やブロック化の懸念を払拭するためには，米国の対中通商政策は中国とのデカップリングをひたすら追求するものであってはならない。

(3)　グローバル経済の後退と WTO の役割

　ここ数年来，米中貿易戦争，コロナ感染症，ロシアのウクライナ侵攻といっ

た国際危機が相次いで勃発したために，世界各国の通商政策にも安全保障の要素が多分に組み込まれるようになった。なかでも米国の対中規制措置と中国の報復的措置の発動により，比較優位に基づく効率性の追求といったグローバリゼーションが経済安全保障や経済ナショナリズムに取って代わったかの感がある。IMF によると，政策主導による地経学的な分断のコストは，世界 GDP の 0.2%（限定的な分断化・低コストの調整シナリオ）から 7%（深刻な分断化・高コストの調整シナリオ）に及び，これに技術的なデカップリングが加わると，一部の国々の損失は GDP の 8〜12% に達する可能性があるという（Aiyar et al. 2023）。

　最後に米国と WTO の関係を指摘しておく必要があろう。米国は WTO 上級委員会が審理期限を遵守しないことやパネルが事実認定を覆すことなど，その権限を逸脱するような行為が WTO 加盟国の権利を著しく侵害しているとして，2017 年以後，上級委員会の新委員の選任手続きを停止している。紛争解決メカニズムをはじめとして，WTO が機能不全に陥っているとの認識に基づき，米国の通商政策は WTO に対する配慮を多分に欠いたまま立案・遂行されている。そのため対中規制措置にしても，輸出規制の域外適用や優遇措置の基準となる原産地規則に関しても，米国は事前交渉や説明がなされる前に，それらを迅速に実行に移してしまう傾向がある。しかし米国が WTO を忌避し続けるとしても，WTO を不要と考える加盟国は存在しないのである。

おわりに

　米国の対中認識は中国の急速な経済成長により大きく変化し，それにあわせて米国の対中政策は修正が繰り返されてきた。とりわけ中国が「韜光養晦」方針を修正し，強硬・高圧的な対外姿勢を取り始めると，米国の対中政策は関与から競争へと大きく転換した。さらに習近平政権が「国家安全」や「自立自強」を強調するのに応じて，米国も対抗姿勢を強めている。その過程で策定された対中通商政策は，たしかに中国の対外姿勢に一定の圧力を加えている。しかし米国の対中通商政策が強化されることにより，戦後米国が構築してきた自

由貿易や GATT/WTO 体制は多大なストレスに曝されている。

　習近平総書記は国連や APEC の場で，「中国は国際連合を重視し，IMF，世界銀行，WTO などの経済枠組みを受け入れているが，保護主義的な通商政策には断固反対する」，また「自由貿易では，開放性，寛容性，透明性の原則を堅持しなければならない」と繰り返し言明している[10]。米国が厳しい対中通商政策を展開する一方で，中国は米国の安全保障政策や保護主義を批判し，逆に既存の国際組織や自由貿易の重要性を強調している。皮肉なことに，中国はいわば原則論を繰り返すことにより，現行の国際秩序や自由貿易体制の最大の擁護者であるかのような主張を強めているのである。

※本論は専修大学社会科学研究所特別研究「グローバルサウスと中国」（2023年度）の研究成果の一部である。

[注]
1　中国の WTO 加盟にいたる米中経済関係については大橋（1998）を参照。
2　トランプ政権下の米中貿易戦争については大橋（2020）を参照。
3　一連の研究成果は"The China Trade Shock: Studying the Impact of China's Rise on Workers, Firms, and Markets"〈http://chinashock.info〉を参照。
4　トランプ政権で新設された国家通商会議（NTC）議長に就き，NTC 廃止後は通商製造業政策局（OTMP）を担当した。その「中国脅威論」は Navarro and Autry（2011）を参照。
5　通商法232条・301条に基づく追加関税が米国の産業に及ぼした経済的影響については USITC（2023）を参照。
6　対外投資規制のほか，これから採用の可能性がある対中政策措置として，米国政府・大統領に対する海外投資売却権限の付与，米国ドル建て資産の取得に手数料・税金を導入する市場アクセス料などが検討されているという（USCC 2022）。
7　2023年3月に日米両政府は重要鉱物のサプライチェーン強化に関する協定を締結すると発表した。これにより「インフレ抑制法」の要件が緩和され，日本で採取，加工された重要鉱物を使用した場合でも税優遇の対象となる見通しとなった（『日本経済新聞』2023年3月29日）。しかし北米以外で生産された輸入車への税優遇は認められていない。
8　ギャラップの世論調査では，2018〜23年に中国＝「非好意的」とする意見が45％から84％に上昇し，一方，「好意的」とする意見は53％から15％に低下した（Gallup 2023）。
9　そのためホワイトハウス，商務省，通商代表部は，IPEF は21世紀の諸課題に対処する21世紀型の経済連携であるとしている。
10　たとえば，人類運命共同体を提起した2017年1月のジュネーブ国連事務局での講演（『新華網』2017年1月18日）や2018年11月のパプアニューギニアでの APEC 首脳会議における発言（『新華網』2018年11月19日）。

[参考文献]（機関名が明記されているものは当該機関の Web サイトに掲載）
大橋英夫（1998）『米中経済摩擦』勁草書房。
大橋英夫（2002）「中国の WTO 加盟と市場経済化」国分良成編『グローバル化時代の中国』日本国

際問題研究所。

大橋英夫（2009）「米中経済 G2 時代の到来」『中央公論』第 124 巻第 7 号。

大橋英夫（2020）『チャイナ・ショックの経済学』勁草書房。

大橋英夫（2022）「RCEP と中国」石川幸一・清水一史・助川成也編『RCEP と東アジア』文眞堂。

Aiyar, Shekhar, Jiaqian Chen, Christian H Ebeke, Roberto Garcia-Saltos, Tryggvi Gudmundsson, Anna Ilyina, Alvar Kangur, Tansaya Kunaratskul, Sergio L. Rodriguez, Michele Ruta, Tatjana Schulze, Gabriel Soderberg and Juan P Trevino (2023), "Geoeconomic Fragmentation and the Future of Multilateralism," *Staff Discussion Note*, International Monetary Fund, January 15.

Baum, Richard (2001), "From 'Strategic Partners' to 'Strategic Competitors': George W. Bush and the Politics of U.S. China Policy," *Journal of East Asian Studies*, Vol. 1, Issue 2.

BIS (2022), "Commerce Implements New Export Controls on Advanced Computing and Semiconductor Manufacturing Items to the People's Republic of China (PRC)," Bureau of Industry and Security, Department of Commerce, October 7.

Gallup (2023), "Record-Low 15% of Americans View China Favorably," March 7.

DOD (2022), *2022 National Defense Strategy*, Department of Defense, March 28.

DOS (2011), "America's Pacific Century: Remarks Hillary Rodham Clinton, Secretary of State," U.S. Department of State, November 11.

Khalilzad, Zalmay, Abram N. Shulsky, Daniel Byman, Roger Cliff, David T. Orletsky, David A. Shlapak, Ashley J. Tellis (2009), *The United States and a Rising China: Strategic and Military Implications*, RAND Corporation.

Navarro, Peter and Greg Autry (2011), *Death by China: Confronting the Dragon – A Global Action*, Pearson FT Press.

USCBC (2022), "USCBC Views on the "Make It in America Act" / USICA and the America COMPETES Act," March 9.

USCC (2022), *2022 Annual Report to Congress*, U.S.-China Economic and Security Review Commission.

USITC (2023), *Economic Impact of Section 232 and 301 Tariffs on U.S. Industries*, United States International Trade Commission, March.

White House (1996), *A National Security Strategy of Engagement and Enlargement*, February.

White House (2015), "Statement by the President on the Trans-Pacific Partnership," October 5.

White House (2016), "Remarks of President Barack Obama – State of Union Address As Delivered," January 13.

White House (2017), *National Security Strategy of the United States of America*, December 18.

White House (2021), *Building Resilient Supply Chains, Revitalizing American Manufacturing, and Fostering Broad-Based Growth: 100-Day Review under Executive Order 14017*, June.

White House (2022a), *Indo-Pacific Strategy of the United States*, February.

White House (2022b), *National Security Strategy*, October 12.

White House (2022c), "Fact Sheet: CHIPS and Science Act Will Lower Costs, Create Jobs, Strengthen Supply Chains, and Counter China," August 9.

White House (2023), "Remarks by National Security Advisor Jake Sullivan on the Biden-Harris Administration's National Security Strategy," October 13.

Zoellick, Robert (2005), "Whither China? From Membership to Responsibility," National Committee on U.S.-China Relations, September 21.

（大橋英夫）

第3章

習近平「新時代」の中国の行方

はじめに

　2012年11月の中国共産党第18回全国代表大会（党大会）でその地位に就いた習近平総書記は，従前の指導部とは異なるスピードで自らの権威付けを進め，10年後の第20回党大会で異例の3期目入りを果たした。最高指導者としての在任期間が10年を超えるのは，建国の父・毛沢東と天安門事件（1989年）によって急遽総書記に就任した江沢民の例があるだけである。

　習近平は総書記就任後，「核心」の称号を手に入れ（2016年），第19回党大会（2017年）では自身の指導思想「習近平新時代の中国の特色ある社会主義思想」を党規約入りさせた。江沢民，胡錦濤がそれぞれ退任時だった指導思想の指導指針入りを5年で実現したのである。2021年の中国共産党第19期中央委員会第6回全体会議（6中全会）では，毛沢東，鄧小平の時代に続く第3の「歴史決議」を採択し，習は毛，鄧と並ぶ権威を確立した。

　中国では，これまで「党的十一届三中全会以来」と，1978年12月の中国共産党第11期三中全会を起点にして，中国経済の飛躍的発展，国民生活の向上，国際的な地位向上を述べるのが，政権の正統性を証明する常套句だった。鄧小平が進めた改革開放の時代である。ところが2017年頃からこれが姿を消し，代わって「党的十八大以来」とする表現が現れた。すなわち習近平が総書記に就任した第18回党大会を新たな起点として「新時代」と呼ぶ時代区分が定着した。「新時代」とは言い換えれば「習近平の治世」であり，「ポスト改革開放時代」といってよい。

　2022年の第20回党大会を経て，習近平は党内上層部に忠誠を誓う子飼いの

部下を集め一強体制を確立した。他方，このような側近で固めた新指導部の実力は未知数であり，習近平の目指す国の方向性と取り巻く内外の環境について厳しい見方も少なくない。本章では，習近平「新時代」の内包する問題点について略述する。

第1節　盤石な権力基盤の構築

1. 法治の名による政敵排除

　習近平はどのようにして短期間で盤石な権力基盤を構築したのだろうか。まず「従厳治党（党内の綱紀粛正と引き締めの徹底）」の方針の下，徹底した反腐敗闘争を遂行した。紀律検査委員会のトップに王岐山を起用し（第19回党大会で趙楽際に），「零容忍（一切容赦せず）」と呼ばれる徹底した取り締まりを行い，2012年の第18回党大会から2022年6月までの間に，全国の紀律検査・監察機関の立件数は451.6万件，処分は443.9万人に上った。「虎もハエも叩く」というスローガン通り，政治局常務委員の周永康の他，薄熙来，孫政才，令計画といった前指導部以来の大物や上将の郭伯雄，徐才厚，房峰輝らを次々と失脚させた。法治の名を借りた政敵の排除といってよい。こうした闘争を仕掛けたことにより，党内にはびこっていた利益集団を次々と解体し，党内力学は一変した。

　次に，自らの権威付けである。2015年9月に抗日戦争勝利70周年記念として軍事パレードを実施した。これは中央軍事委員会主席に就任後わずか3年弱で軍を掌握し，権力基盤を強固にしたことを示す儀式だった。続いて2016年10月の六中全会で初めて「習近平同志を核心とする党中央」と「核心」の称号を手に入れた。翌2017年の第19回党大会では，マルクスレーニン主義，毛沢東思想，鄧小平理論，「三つの代表」重要思想，科学的発展観に並んで「習近平新時代の中国の特色ある社会主義思想」が党規約に記載されたのだった。1期5年を終えた段階で名前を冠した指導思想が党規約に記載されたのは，退任時にやっと名前のつかない指導思想が記載された江沢民，胡錦濤とは別格と言ってよい。2018年には改革開放40周年，2019年建国70周年，2020年小康

目標達成，2021年建党100周年と求心力を維持するためのイベントが相次いだ。2021年11月の六中全会では，「第3の歴史決議」を採択し，自らを毛沢東，鄧小平に続く指導者として権威付けを行い，長期政権を確固なものとして2022年の党大会に臨んだ。ただ，総書記に代わる党主席制は実現せず，「領袖」の呼称，「二つの確立」「習近平思想」はいずれも党規約に明記されなかった。なかでも党大会前には盛んに喧伝された「人民の領袖」の呼称は党大会閉幕後には使われていない。

　3つ目に，党中央への権力集中である。「党政軍民学，東西南北中，党是領導一切的（党がすべてを指導する）」というスローガン通り，それまで政府各部門に分散していた権限を一気に党中央に集中させた。当初は「領導小組」という名称でスタートしたが，第19回党大会を経て中央全面深化改革委員会，中央財経委員会，中央国家安全委員会，中央外事工作委員会，中央全面依法治国委員会，と党内委員会組織に格上げし，すべての委員会において習近平が主任を務め一元的な指導を実現した。また，政府組織だった国家行政学院を中央党校へ，国家公務員局は中央組織部へ，国務院新聞弁公室，国家新聞出版署，国家版権局，国家電影局等を中央宣伝部に併入するなど党組織とすることで，党が一元的に管理する体制を整えた。かつては党と政府の間に互いの権力をけん制し暴走を抑止する仕組みが内包されていたが，2023年の全人代においても，重要な政府機能を党に集約させる機構改革が進められた。

2. 強引な人事による一強体制

　習近平新時代の特徴の一つは，毛沢東個人独裁の反省から鄧小平時代（1978年～）に進められた指導部人事の制度化が悉く覆されたことである。指導部人事のルールでは，同一ポストは2期10年，「七上八下（政治局常務委員は就任時68歳未満）」がよく知られているが，第20回党大会では習自身に「七上八下」ルールを当てはめず続投した他，政治局では中央軍事委員会副主席だった張又侠（1950年生まれ，留任）と，外交担当の国務委員（外相，当時）の王毅（1953年生まれ，新任）の2人には「八下」（年齢制限）適用されなかった。一方，「七上」ルールでは指導部内に留任可能な李克強首相（当時），汪洋政協主席（同）が68歳前に一線を退くこととなった他，政治局委員の胡春華副首

相（同，1963 年生まれ）は異例の中央委員降格となった。

　第 20 回党大会で新たに政治局常務委員に登用されたのは李強，蔡奇，丁薛祥，李希の 4 人だがいずれも習近平に忠誠を誓う側近と言われ，李希を除いては地方での勤務を共にした経験を持つ。中でも異例なのは序列 2 位の李強・新首相で，副首相はおろか国務院での勤務経験を持たないという前例のない抜擢だった。一方で冷遇されたのが改革開放時代には広く人材を供給していた共産主義青年団（共青団）出身者だった。従来，全国に張り巡らされた共青団を中心とした党エリートの登用は平時の官僚システムとして機能していたが，習近平はこうしたエリートコースに乗った共青団出身者を貴族化していると批判し，もっと地に足の着いた仕事を懸命にすることを求めていた。共青団トップ経験者だった李克強，胡春華，周強はいずれも第 20 回党大会で一線を退き，共青団人脈は排除された。

　鄧小平時代の慣例では，次期最高指導部候補を前の党大会で政治局常務委員に登用することで苛烈な権力闘争を回避する工夫がなされていたが，第 19 回，第 20 回党大会でも後継体制を占うに足るヒントは何も示されていない。むしろ長期政権の中，特定の分野で突出する人物が出ないようけん制しているようにも見える。

3.　実力未知数の新指導部と見えない出口

　このような人事と体制の問題点はどこにあるのか。一党内での集団指導から一党・個人独裁に移行したことにより，政策は習近平総書記一人の決定に委ねられ，判断を誤るリスクが増大する。党中央の各種委員会は側近を集めたインナーサークルにすぎず，総書記とは異なる意見が強く主張されることもましてやそれが通ることは考えにくい。こうした中で重要な意思決定を行うのはやはり危険と言わざるを得ない。第 20 回党大会後に厳しいゼロコロナが突然解除されたのはその一例である。党大会では「動態清零」を成果として強調する一方，想像以上の経済の落ち込みや異例の抗議活動勃発後，コロナ政策はなし崩しでの急転換となった。その後はあたかも政策転換を見計らっていたかのように取り繕われ，新たな成功物語として宣伝される。このような政策の急変やブレ幅の大きさ，予見可能性の低さは世界経済に大きな影響を及ぼすリスクとい

える。

　もう一つは主席に忠誠を誓い登用された側近たちが十分な経験を積んでおら
ず実力が未知数なことで，特に経済分野において顕著である。経済は思想や理
論，宣伝を司る統治手段としての党務と異なり，力業で押し通すことはできな
い。また中国経済といえども市場との対話は不可欠であり，国内だけではなく
世界を相手にしながら結果を出さなければならない。国務院での勤務経験のな

第3-1表　政治局の顔ぶれ

序列			生年月	新ポスト
1	習近平		1953.6	総書記（再任）
2	李　強	◎	1959.7	首相
3	趙楽際		1957.3	全人代委員長
4	王滬寧		1955.10	政協主席
5	蔡　奇	◎	1955.12	書記処書記，中央弁公庁主任
6	丁薛祥	◎	1962.9	常務副首相
7	李　希	◎	1956.10	紀律検査委書記
	何立峰	◎	1955.2	副首相
	張国清		1964.8	副首相
	劉国中		1962.7	副首相
	李鴻忠		1956.8	全人代副委員長
	石泰峰		1956.9	政協副主席，統戦部長
	王　毅		1953.10	党外事工作委主任
	陳文清		1960.1	党政法委書記
	李書磊	◎	1964.1	党宣伝部長
	李干傑		1964.11	党組織部長
	尹　力		1962.8	北京市党委書記
	陳敏爾	◎	1960.9	天津市党委書記
	陳吉寧		1964.2	上海市党委書記
	袁家軍		1962.9	重慶市党委書記
	黄坤明	◎	1956.11	広東省党委書記
	馬興瑞		1959.10	新疆自治区党委書記
	張又侠	◎	1950.7	中央軍事委副主席
	何衛東		1957.5	中央軍事委副主席

　（注）◎は昔からの知人，福建・浙江・上海時代の部下など
　　　　特に関係が強いとみられる人物
　（資料）公式資料を参考に筆者作成。

い李強新首相を筆頭に，人口動態や債務問題などの構造的に下押し圧力のかかるこれからの経済局面をどのように導いていくのか不安はぬぐえない。

　またさらに大きな懸念は，長期政権の出口である。前述のように鄧小平時代にルール化されていた2期10年の任期と後継者の登用手順は白紙に戻り，何も基準のない中で次の指導者は選出されることになり，その時期も全く見通せない。今は健康状態に不安はなくとも不測の事態の可能性はゼロとはいかない。いずれにしても権力移行を再度ルール化するのは容易ではなく，今後の大きな火種となることは避けられない。

第2節　持続的な経済発展の課題

1. 長期政権の経済目標

　習近平総書記は第19回党大会で今世紀半ばまでに社会主義現代化強国を建設する2段階発展戦略を打ち出した。第1段階の2020年から2035年までの期間で社会主義現代化を基本的に実現し，第2段階の2035年から今世紀中頃までの期間でさらに社会主義現代化強国にする，というものである。具体的な数値目標は示されなかったが，その後2021年3月に制定した「国民経済・社会発展第14次5カ年計画と2035年までの長期目標要綱」において「経済総量と1人当たりの収入を再び新たな大台に乗せる」「1人当たりGDPを中レベルの先進国」という表現から，20年に100兆元に達したGDPを2035年に200兆元に，19年に1万ドルに達した1人当たりGDPを2万ドルに乗せることをイメージしていると考えられている。そのためには年平均4.7％程度の経済成長というのがおおよその前提である。

　しかし実際に2013〜21年の平均経済成長率6.6％だったが，目標，実績ともにじりじりと下がり続け，コロナ禍3年間（2020〜22年）の平均は4.5％，2022年は合理性を欠いたゼロコロナ政策によって経済活動が制限され，目標の5.5％前後に対し3.0％にとどまった。2段階発展戦略に隠された大目標は米国を超えることであるが，従来2030年前後に起こりうるとされていた米中逆転（中国の名目GDPが米国を超えること）はないという予測も出始めた[1]。

第 3-2 表　経済成長目標と実績

	成長目標	実績値	キーワード
2012 年	7.5%	7.9%	
2013 年	7.5%前後	7.8%	「三期畳加」
2014 年	7.5%前後	7.4%	「新常態」
2015 年	7%前後	7.0%	「GDP で英雄を語るな」
2016 年	6.5〜7%	6.7%	「供給側改革」「三去一降一補」「灰色の犀」
2017 年	6.5%前後	6.9%	「房住不炒」（16 年中央経済工作会議）
2018 年	6.5%前後	6.7%	
2019 年	6.0〜6.5%	6.0%	「六穏（六つの安定）」
2020 年	設定せず	2.2%	「六保（六つの確保・保障）」
2021 年	6%超	8.1%	「双循環」
2022 年	5.5%前後	3.0%	「稳字当头、稳中求进」
2023 年	5%前後		

（資料）報道から筆者作成。

2.　習近平新時代の経済政策の特徴

　新時代 10 年から見えてくる経済政策の傾向を整理すると以下のようになる。第 1 に安定を最優先させる姿勢である。成長の追求よりもリスクの未然防止を優先し，債務の増加に伴う金融リスクや景気過熱を回避する姿勢が顕著だった。「穏中求進（安定を前提としながら前進する）」を基調に"ブラックスワン"，"灰色の犀"と言われる偶発的，潜在的なリスクに対して警鐘を鳴らし続けた。2016 年末の経済工作会議で発した「住宅は住むもので投機の対象ではない（房住不炒）」というメッセージはその後 2021 年に発出された不動産大手デベロッパーへの規制強化（3 つのレッドライン）に発展した。

　次にリスク回避という守りの姿勢と共通するが，党による統制，管理をゆるがせにしない姿勢である。2000 年代の胡錦濤・温家宝時代，市場経済化の流れとともに国有経済の縮小と民営企業の躍進（民進国退）が政府内でも叫ばれていたが，現実には国有企業が民営企業を占め出す「国進民退」が進行した。習近平時代に入っても大型国有企業同士の統合により国際競争力を有する強大企業育成が提唱された（「国有企業改革の深化に関する指導意見（2015 年 8 月）」）。また国有企業による民営企業の吸収合併（混合所有制）や民営企業内

に党組織設置の義務付けなど民営企業に対する党の統制強化が図られ，2020年 11 月，アント・グループの新規株式公開（IPO）が突然延期されたのを契機にネット企業に対して独禁法が執行された。民営企業によるイノベーションは重要であるものの，民営企業が党の手の届かないところで活動することは許されないのである。

　第 3 に，道徳的な理想を重視し「世直し」的な傾向が強いことである。習近平総書記は 2021 年，自身が主宰する中央財経委員会において「共同富裕」の推進を大々的に提唱した。「小康社会」実現の次の目標が「共同富裕」に設定されること自体は自然な流れともいえるが，内外から懸念を持たれたのは，経済発展の恩恵に浴さなかった地方や人々の底上げよりも，「先に豊かになった」人々からの再分配を意図したスローガンと思われたからである。

　同委員会では，共同富裕実現の方法として，労働市場を通じた一次分配，税制や社会保障を通じた二次分配（再分配），さらに企業や個人の慈善活動や寄付などによる「三次分配」を組み合わせた分配方法が示され，中でも三次分配

第 3 - 3 表　「共同富裕」と各種世直し政策の混乱

◎「共同富裕」の提唱（2021/8）
・新興企業・経営者の高額寄付，著名俳優脱税摘発
・不動産税の試験導入を全人代常務委が検討
・個人資産の監視強化
◎健全な青少年の育成
・「双減政策」（2021/5）宿題，塾通いの削減，学習塾への規制
・18 歳未満のゲーム利用を金・土・日曜・祝日の午後 8〜9 時に制限
・ファンビジネス（推し活，投げ銭，グループアカウント等）の禁止
・芸能人やインフルエンサーを起用した広告・宣伝の規制（2022/10/31）
・「紅色基因（革命遺伝子）」の継承教育
◎衛生面の改善，ぜいたく禁止
・「厠所革命」（2017/11）2021 年までに農村衛生トイレの普及率 70％以上を指示
・ゴミ分別の指示（2019/6）全国地級市で生活ゴミの分類を全面的に開始
・「光盤行動」（2020/8）「反食品浪費法」（2021/4）ぜいたく，食べ残し制止を提唱
◎毛沢東時代の讃美，懐古的な組織・運動の復活
・「中共中央・国務院の供銷合作社の総合的改革の深化に関する決定」（2015 年） 「供銷社」（購買販売組合）の復活
・愛国健康衛生運動（2022/12）
・「雷鋒に学べ」60 周年座談会（2023/3）

（資料）報道から筆者作成。

に重点が置かれていると読み取れた。法（税）に依らない寄付や慈善活動の強要は，高所得層に対する圧力に他ならず，指導部の道徳観の押し付けともいえる。見せしめのような芸能人の脱税摘発も行われた。

　また健全な青少年育成という理想はもっともではあるが，厳しい受験競争が存在する中での塾通いや宿題の量に対する規制は問題の本質的な解決とはならず，ゲームで遊ぶ時間帯にまで規制に乗り出すのは過剰とも言える。このような政府の方針が出されると標的になっていると思われる人たちや関連する業界を委縮させ社会の混乱や景気の悪化を招く。すると突如としてその統制を緩めて，真反対の方に政策は振れる。結局，当初の目的を達することはできないまま，ちぐはぐな政策に振り回される事例が散見される。

第3節　国際社会での軋轢

1. 「一帯一路」と「債務の罠」

　習近平新時代の10年で当初の目論見とは大きく異なる結果となっているのが外交である。習主席は2013年3月，初の外遊先のロシアで中国外交の基本軸を「平和発展の道」「協力・ウィンウィンを核心とした新型国際関係」「運命共同体」と表現した。こうした理念のもとに提唱されたのが「一帯一路」構想であり，アジアインフラ投資銀行（AIIB）の設立である。構想は周辺諸国，沿線国のみならず，南米やアフリカ諸国などを含めて高速鉄道や港湾をはじめとするインフラ建設や資金協力を軸に急拡大，習主席の看板政策の一つとなった。中国各都市と欧州や「一帯一路」沿線国を結ぶ国際貨物列車「中欧班列」は2011年の運行開始以来，累計運行本数は5万本を超え（2021年単年で1万5,183本），仕向け地は欧州24カ国200都市に増加した。

　「一帯一路」はこうした相互連結による物流の活性化効果も認められる一方，相手国が返済困難に陥る「債務の罠」が2018年頃から指摘されるようになった。具体的には，スリランカ，ジブチ，キルギス，ラオス，モルディブ，モンゴル，モンテネグロ，タジキスタン，パキスタン，といった国々である。「一帯一路」が「債務の罠」と結び付けられて批判を受けたこともあり，2020年

あたりからは大々的な宣伝は減少し，「質の高い一帯一路の共同建設」と表現を控えめにしながら負のイメージの修正を図っている。

2.「中国式現代化」

　習近平総書記は就任後，それまで中立的に語られていた「普世価値（普遍的な価値）」を欧米先進国の発想として一線を画し，「中国の智慧」「中国方案（中国式解決法）」を提起，そして「人類運命共同体」の理念を掲げる。これらが第 20 回党大会で提唱した「中国式現代化」につながる。

　第 20 回党大会報告で「中国式現代化」について，① 巨大な人口規模を有した現代化，② 全人民の共同富裕を目指す現代化，③ 物質文明と精神文明が調和した現代化，④ 人と自然が調和して共生する現代化，⑤ 平和と発展の道を歩む現代化であると公式に定義し，当然ながら中国共産党の指導を前提としている。

　習総書記は 2023 年 2 月，前年の党大会で新たに中央委員，候補委員に選出された党幹部，地方政府と中央官庁幹部に向けた中央党校（機構改革で国家行政学院が中央党校に併入）での学習会冒頭で自らが提唱する「中国式現代化」について次のような重要講話を行った。

　　「中国式現代化は中国の優れた伝統文化に深く根ざすとともに，人類の優れた文明の成果を参考に人類文明進歩の方向性を表し，西洋の近代化モデルとは異なる新たな理想像を描き，人類の新しい文明の形を示した」
　　「中国式現代化は『現代化＝西側化』という誤った考えを打ち破り，発展途上国に現代化の新しい道筋を示し，人類のより良い社会制度の探索に中国の手法を提供した」

　すなわち，習主席は西側の発展方式にはっきりと疑問を呈し，中国式の発展方式の優位性を強調し，これを国際社会に認知させ，広めることを明言したのである。鄧小平が唱えた「韜光養晦（才能を隠して、内に力を蓄える）」との訣別を示すものと言ってよい。

　習主席は前述の就任後初のロシア訪問中，モスクワ国際学院での講演で"鞋

子合不合脚，自己穿了才知道[2]（靴が合うかどうかは自分で履いてみて初めてわかることだ。”と述べたように，一国の発展方式は他国に押し付けられるものではないというのが通底する考え方である。第20回党大会を経て西側の発展方式を中国は採らないと宣言し，他の国々にもそれを呼びかけるものとなった。

　新時代の10年，強烈な自己主張と好戦的な外交スタイルの「戦狼外交」は国際社会における中国の印象や立場を向上させたとは言い難いが，中国式現代化により西側式の発展様式に適応できない途上国（いわゆる「グローバルサウス」）を中心に巻き返しを図る道を選択したと言える。

おわりに

　2022年11月末に突如起こった「白紙運動」を機に，3年近く続いたゼロコロナ（動態清零）政策は，「最適化」と称してあっさりと終了した。前月の党大会では，「揺るぐことなく動的ゼロコロナを堅持し（中略）感染症対策と経済・社会発展の両立において重要で前向きな成果を収めた」と絶賛。11月10日の政治局常務委員会議でも，「動的ゼロコロナ政策の総方針を揺るがすことなく貫徹する」と従来方針を強調したばかりで政策変更の可能性はみじんも感じられなかった。

　その後は「状況の変化に応じて感染対策を調整し，人民の生命の安全と健康を最大限に守ってきた」と自賛し，成功の象徴だった「動態清零」という表現は一切使われなくなり「動態清零」は「乙類甲管」という感染法上の区分を示す用語にすり替えられた。

　こうした政策の急転換に対し，3年近くに及ぶ厳格な隔離政策によって疲弊し不満が鬱積していた市民は行動制限の解除に快哉を叫んだが，突然の政策転換は医薬品不足や医療機関の混乱，8.3万人の死者（感染症による医療機関での死亡，2022年12月8日〜2023年2月9日）を招いた。また市民の間にはもっと早く円滑に政策転換ができたのではないかという指導部の決定への疑念も生じた。

　その後は習主席の成功物語の一つとして語られるが，政権と市民との間の意思疎通には不安が残る。市民の中から政府の意思決定の過程について説明責任を求める声が上がるのは当然のことである。経済成長鈍化，少子高齢化が進む中，中国社会も成熟化し，価値観は多様化していく。海外旅行やネット世界を通じて中国以外の社会や価値観に触れる機会も増えた。政権が国民に刻苦奮闘の大号令を発する高度成長期を引きずった統治スタイルと，頑張らない，無理をしない生き方（寝そべり）を指向する若者との間の価値観の差は広がっているのではないか。

　これまで国家安全の名の下，デジタルを活用した国民監視体制は威力を発揮してきたが，今後もこの統治スタイルは可能だろうか。強権統治の長期化は国民の不満を吸収しきれず緊張を増す恐れはないのだろうか。時代の変化，国民の意識に合わせた統治スタイルの模索も長期政権の課題となるだろう。

[注]
1　日本経済研究センター「中国 GDP、米国超え困難に」（2022/12/14 公開）
2　鞋子合不合脚，自己穿了才知道──堅定道路自信、理論自信和制度自信　http://theory.people.com.cn/n/2014/1125/c390916-26091834.html

参考文献
中国経済这十年（2012-2022）编写组（2022）『中国経済这十年』経済科学出版社
遊川和郎・湯浅健司編著（2023）「『習近平新時代』10 年の成果と展望」『成長の限界に挑む中国』文眞堂
遊川和郎・湯浅健司編著（2022a）「『習近平新時代』の戦略と課題」『習近平「一強」体制の行方』文眞堂
遊川和郎（2022b）「習近平『新時代』で中国，世界はどうなるのか」『亜細亜大学アジア研究所所報』第 188 号
遊川和郎（2023）「習近平新時代十年の成果と課題」『中国　異例の長期政権はどこに向かうのか』亜細亜大学アジア研究所アジア研究シリーズ 110
遊川和郎（2020）「習近平政権 2 期目の逆風」，『習近平政権第二期（前半）』亜細亜大学アジア研究所アジア研究シリーズ 104
遊川和郎（2019）「習近平政権『新時代』の成果と展望』『習近平政権第 1 期総括』亜細亜大学アジア研究所アジア研究シリーズ 100

（遊川和郎）

第 4 章

米中デカップリングとサプライチェーン再編

はじめに

　バイデン政権はトランプ前政権の対中強硬策を引き継ぎ，先端技術の流出防止や重要物資の確保のため，輸出管理と対米投資規制の強化などを通じて米中デカップリング（分断）を進める一方，新たに経済安全保障の観点から，米国の対中依存脱却のためサプライチェーン（供給網）の再編に取り組んでいる。

　「中国外し」に危機感を抱いた中国も巻き返しに動いている。「自立自強」と呼ばれる米国の政策に影響されない独自のサプライチェーンづくりに動き出すなど，米国に対抗するための体制固めを急ぐ。

　注目すべきは，習近平政権が他国による供給遮断に対する反撃力と抑止力を持つことを目指している点だ。RCEP 参加に続き，CPTPP と DEPA への参加申請は，バイデン政権が進めるサプライチェーン戦略に風穴を開け，対中包囲網の構築を阻止するための中国の「究極の自衛策」だと言える。

　尻に火が付いたバイデン政権は，米国がアジアから締め出されないようアジアとの関係強化のため，中国に対抗して IPEF の立ち上げを急ぐ。だが，いわゆる「フレンドショアリング」に基づくサプライチェーンの再編に死角はないのか。

　米中覇権争いの長期化が予想される中，米中デカップリングは今後，どのような展開を見るのか。本報告では，デカップリングとサプライチェーン再編をめぐる米中の攻防について，その問題点と今後の展望について考察する。

第1節　米中デカップリングを強めるバイデン政権

1.　前政権から引き継いだ対中強硬策

　バイデン政権はトランプ前政権の対中強硬策のほとんどを引き継いでおり，ハイテク分野における米中デカップリングの流れに変化はない。

　まず挙げられるのが，関税措置である。トランプ前政権は 2018 年 7 月，1974 年通商法 301 条（不公正貿易の制裁条項）に基づき，中国の知的財産権侵害への制裁として追加関税を発動したが，中国も対抗措置を取ったため報復合戦となり，第 4 弾の発動までエスカレートした。

　関税による脅しに頼った米国の対中戦略の限界が露呈する形となったが，米中の紛争解決を一段と難しくしたのは，米国が途中からゴールポストを動かし，米中貿易戦争の焦点が貿易不均衡の是正からハイテク分野の覇権争いの様相を呈したからだ。

　追加関税の他に，米国は中国ハイテク企業を排除するため，安全保障を理由に強引な措置を相次いで実施した。その法的な根拠になったものはいずれも 18 年 8 月に成立した「国防授権法（NDAA）2019」である[1]。

　第 1 に，政府調達の禁止である。NDAA889 条に基づき，19 年 8 月にファーウェイ（華為技術）など中国ハイテク 5 社の製品の政府調達を禁止した[2]。さらに，20 年 8 月には 5 社の製品を使う企業が米政府と取引することも禁じた。

　第 2 に，中国企業による対米投資の規制強化である。「外国投資リスク審査現代化法（FIRRMA）」を盛り込んで対米外国投資委員会（CFIUS）の権限を強化し，米国の技術が中国に流出する懸念の高い投資の審査を厳しくした。

　第 3 に，輸出管理の強化である。「輸出管理改革法（ECRA）」を盛り込み，輸出規制の対象を新興技術 14 分野まで拡大した。19 年 5 月から実施されたファーウェイに対する措置がその代表的な事例だ。安全保障や外交政策上の懸念があるとして輸出規制リスト「エンティティ・リスト」に掲載され，米国企業からの製品・部品の輸出ができなくなった。

　このように，バイデン政権は中国を「戦略的競争相手」と位置づけ，追加関税（米通商法 301 条），政府調達の禁止（NDAA2019），対米投資規制の強化

第 4-1 表　前政権から引き継がれた主な対中強硬策

追加関税	1974 年通商法 301 条（不公正貿易の制裁条項）に基づき，中国による知的財産権侵害への制裁として追加関税を発動。
政府調達の禁止	国防授権法（NDAA）889 条に基づき，中国ハイテク 5 社の製品の政府調達を禁止。その後，5 社の製品を使う企業も米政府との取引禁止。
対米投資規制強化	外国投資リスク審査現代化法（FIRRMA）に基づき，対米外国投資委員会（CFIUS）の権限強化し，米技術が中国に流出する懸念の高い投資の審査を厳格化。
輸出管理強化	輸出管理改革法（ECRA）に基づき，「エンティティリスト」に掲載された製品・部品の対中輸出禁止。

（資料）馬田（2021a）に基づき，筆者作成。

（FIRRMA），輸出管理の強化（ECRA）など，対中規制を強めている。しかし，強硬姿勢をとるバイデン政権の対中アプローチは前政権とはだいぶ違う。

　第 1 に，米国単独でなく同盟国や友好国と連携して対中包囲網の構築を目指す。前政権の「米国第一主義」によって冷え込んだ同盟国・友好国との関係を修復し，主要先進 7 カ国会合（G7）や「クアッド（Quad）」と呼ばれる日米豪印 4 カ国の会合など，国際協力の枠組みを推し進めている。

　第 2 に，バイデン政権が注力するのは，サプライチェーンの見直しである。米中デカップリングを進める一方で，経済安全保障の観点から米国の対中依存から脱却するために，サプライチェーンの再編に取り組む。

　第 3 に，気候変動対策では中国との協調の可能性を模索する一方，人権や民主主義の価値観を重視し，新疆ウイグル自治区での人権問題や香港の民主政治への介入問題に対してはより厳しい姿勢で臨んでいる。米中の対立は，市場主義と国家資本主義，民主主義と権威主義の争いの様相を強めつつある。

2. 拡大強化されるバイデン政権の対中規制

　バイデン政権は，軍事転用可能な先端技術の流出防止のため中国に対する輸出管理や対米投資規制を拡大・強化するなど，ハイテク分野を中心に米中デカップリングを加速させている。

　米国商務省は 2022 年 10 月，半導体の先端技術に関して中国への輸出規制を拡大・強化する新たな措置を発表した[3]。米国企業が人工知能（AI）やスー

パーコンピューターに使う先端半導体の製造装置などを中国に輸出する場合，商務省の許可制とした。

これに関連し，ファーウェイ（華為技術）など一部企業にとどまっていた輸出管理の措置も広範に拡げた。中国の 31 企業・団体を，米国の技術を使った半導体を軍事や兵器開発に転用している恐れがあるとし，エンティティ・リストに追加すると発表した。

また，外国企業による対米投資についても，22 年 9 月，バイデン大統領は審査を厳しくする大統領令に署名した。中国を念頭に，米国の先端技術を狙った対米投資を阻止するのが狙いだ。対米投資の審査についてはすでに FIRRMA が施行されているが，今回は，米議会の法改正ではなく大統領令により，米国の技術的優位を守るため CFIUS による審査が一段と厳しくなった。

それだけではない。バイデン政権は，ハイテク分野を対象に米企業の対外投資を事前審査する制度（「逆 CFIUS」といえる）を導入しようとしている。中国が進める国産化戦略がその誘因だ。中国は 22 年 7 月，ハイテク分野の事業をする外国企業に設計や開発，生産のすべてを中国国内で行うよう求める方針を明らかにした。外国企業のもつ先端技術が狙いだ。

米議会は中国に対抗するため包括的な法案の成立を目指し，上院が 21 年 6 月に米国イノベーション・競争法案，下院が 22 年 2 月に米国競争法案を可決した。しかし，上下両院による法案の一本化が難航したため，半導体の製造と研究開発など合意し易い項目だけを切り出し，8 月に「半導体補助金法（CHIPS 法）」が成立した[4]。

米議会は 22 年秋の会期で未成立の項目の調整を目指した。最大の焦点は対外投資の審査制度であったが，米産業界が猛反発し，中間選挙に向けた与野党の思惑も絡んで調整は難航，仕切り直しとなった。

3. 脱中国依存とサプライチェーンの強靭化

バイデン政権はトランプ前政権の対中強硬策を引き継ぎ，米中デカップリングを進める一方，中国による報復を警戒し，経済安全保障の観点から対中依存脱却のため，サプライチェーンの再編に取り組んだ。

バイデン大統領は 2021 年 2 月，米国のサプライチェーンの再構築に向けて

大統領令を発令した[5]。大統領令によって，サプライチェーンの脆弱性が問題となる分野を特定し，① 半導体，② 電気自動車（EV）用のバッテリー（蓄電池），③ 医薬品，④ レアアースを含む重要鉱物の 4 分野について，それぞれ商務省，エネルギー省，保健福祉省，国防総省の 4 長官に対して，サプライチェーンの強化に向けた対策案を 100 日以内に提出するよう指示した。経済安全保障上の理由から，中国に依存しない強靭なサプライチェーンを構築しようというのが大統領令の狙いである。

　21 年 6 月，250 頁に及ぶサプライチェーン強化に向けた報告書が発表された[6]。バイデン政権のサプライチェーン戦略に見られる特徴は，米国がサプライチェーンの脆弱性に単独で対処することはできないことを認め，日本，EU，豪州，台湾，韓国，インドなど同盟国・友好国との連携強化や，G7，日米豪印 4 カ国のクアッドなど多国間協力の枠組みを前提として脆弱性を克服する方針を明らかにした点である。

　なお，報告書はサプライチェーンを強化するだけでなく，米国の産業基盤を強化するために 6 つの提案をした。具体的には，① 半導体の生産能力と研究開発（R&D）への資金提供，② EV 普及のためのインセンティブの拡大，③ 先進的なバッテリー生産を支援するための資金供与，④ サプライチェーン回復プログラムの作成，⑤ 国防生産法に基づく重要物資の生産能力拡大，⑥ 次世代バッテリーの開発投資である。

第 4-2 表　米国のサプライチェーン強化策の主な項目

重要製品のサプライチェーン脆弱性への対応（即応的な措置）
● 半導体不足に対応するための産業界，同盟国・友好国との連携
● 先端バッテリーの国内サプライチェーンの確保
● 重要医薬品の国内製造支援
● 重要鉱物の国内外での持続可能な生産・加工のための投資
サプライチェーン強化に向けた長期的戦略
● 米国の生産・イノベーション能力の再構築
● 労働者に投資，持続可能性を重視，質を高める市場の形成支援
● 重要製品の購買者・投資家としての政府の役割拡大
● 執行を含めた国際貿易ルールの強化
● グローバル・サプライチェーンの脆弱性を減殺するための同盟国・友好国との協働

（資料）ジェトロ（2021）に基づき，筆者作成。

米国のサプライチェーン見直しの最優先課題は半導体である。その理由として3点挙げられる。

第1に,半導体需要が今後も増えると見込まれる中で,半導体生産における米国の世界シェアが低下しているからだ。米国半導体工業会（SIA）によれば,1990年に37%だったが2020年には12%,30年には10%にまで低下すると予想している。半導体はあらゆる技術や産業の基礎を支えており,今後ますますその重要性が高まるだけに,これは米国の経済安全保障にとって極めて深刻だ。

第2に,半導体の生産が自然災害や地政学のリスクが高い東アジアに偏在しているからだ。世界的な新型コロナウイルスの感染拡大をきっかけに,半導体サプライチェーンの遮断を引き起こし,サプライチェーンの脆弱性が露呈した。

第3に,半導体は軍事技術に直結するため,戦略的競争関係にある中国に半導体サプライチェーンを握られるのを許すわけにいかないからだ。

米国の半導体サプライチェーンは強靭とはいえない。なぜなら,半導体生産で高いシェアを持つ台湾の安全保障が中国に脅かされているからだ。そのため,半導体の国内回帰が進められ,台湾積体電路製造（TSMC）やサムスン電子,インテルが米国内での工場建設を表明し,その準備も着々と進んでいる。

しかし,半導体サプライチェーンは米国内に生産回帰すれば万事解決というわけではない。米国内にシフトすれば,製品コストの大幅増加が避けられない。

4. 半導体規制で日米蘭が連携：強まる対中包囲網

バイデン政権は2022年10月に導入した先端半導体の対中輸出規制について,抜け穴を防ぎ実効性を高めるため,半導体製造装置に強みを持つ日本とオランダに同調するよう求めてきた。

日本とオランダの製造装置は独自技術によるものが多く,米国の域外規制の網にかからない。このため,23年1月,日米蘭3カ国の政府高官がワシントンで協議を行い,日本とオランダが米国の対中半導体規制に足並みを揃えることで合意した。

　これを受けて，日本も先端半導体の製造装置の輸出規制に踏み出し，3 月末に西村経済産業相が規制強化を表明した。外為法の省令を改正し，23 品目を輸出管理の対象に追加する[7]。5 月に公布，7 月に施行する方針である。

　一方，オランダもすでに先端半導体の製造装置の一部を輸出規制しているが，6 月までに法制化し，規制対象も広げる意向を明らかにしており，先端半導体をめぐるデカップリングは今後さらに強まる公算が大きい。

　さらに，新たな動きとして，日米蘭による先端半導体の輸出規制にとどまらず，安全保障上の脅威となる特定国を念頭に，先端技術全般を対象とした多国間による輸出管理の枠組みを創設すべきだとの要求が，米国の産業界や議会から米政府に対して強まっている。

　その背景には，米国だけが単独で規制を導入すれば他国の企業にビジネスチャンスを奪われ，米企業が被る打撃が大きいだけで規制の効果も減殺されてしまうとの米産業界の不満がある。このため，バイデン政権は対中輸出管理における日米欧の枠組みの構築に向けて，G7 で議論を深める構えだ。

第 2 節　「中国外し」に反発する中国の対抗策

1.「自立自強」で米国に対抗する中国

　米中対立が激化する中で，米国の先端技術から遮断されつつある中国はハイテク分野の自立を目指して，サプライチェーンの再構築を図ろうとしている。

　2021 年 3 月の全国人民代表大会（全人代）で採択された「第 14 次 5 カ年計画」（2021〜25 年）では，サプライチェーンの優位性が米中の覇権争いの行方を左右するという考えが示された。サプライチェーンをめぐる米国との攻防を強く意識した同計画では，科学技術の「自立自強」を進めるとしている。「自立自強」は，独創的なイノベーションを促すことで競争力を強め，欧米で進む「脱中国」に揺るがない自立的な成長を目指す。

　同計画は，人工知能（AI），量子情報，半導体，脳科学，遺伝子・バイオテクノロジー，臨床医学・ヘルスケア，宇宙・地球深部・極地観測の 7 つを重点分野とし，政府が主導する形で科学技術の強化を目指す。とくに，半導体につ

いては材料や製造装置の技術開発に力を入れ，米国などの制裁に対応できるように強靭なサプライチェーンを構築しようとしている。

このように，同計画には「イノベーションを通じてサプライチェーンにおける優位性を高めることでバイデン政権に対抗する」という習近平政権の目論見が投影されている。だが，現状では「自立自強」は習近平政権の思惑通りに進んではいない。

15年5月に発表した「中国製造2025」では，自給率（国内消費に対する国内生産の割合）を20年に40％，25年に70％に引き上げる目標が掲げられた。しかし，中国の半導体の自給率は20年で16％，25年でも20％程度と予測され，目標を大幅に下回っている[8]。

中国は生産過程の下流である半導体の大量生産に強みがあり，製造装置のように戦略的に重要な技術分野ではまだ競争力がない。このため，中国の半導体は外資や輸入への依存度が高く，サプライチェーンの優位性に欠ける。

こうした中，中国共産党の第20回大会が22年10月に開かれた。3期目が確実な習近平総書記が，米主導の国際秩序に対抗して今後も強国路線を進める方針を示し，国家目標の「社会主義現代化強国」について，建国100年にあたる49年までに達成すると強調した。

また半導体など先端技術をめぐり米中の間で進むデカップリングを踏まえ，米中対立の長期化を見据えた国家戦略として科学技術の「自立自強」を進めることの重要性を訴えた。米国の覇権への挑戦を改めて宣言したもので，今後，米国による対中包囲網がさらに強まるのは必至である。

2. 中国のサプライチェーン戦略の狙い：反撃力と抑止力

習近平政権が，供給遮断に対して報復する「反撃力」と，供給遮断を思いとどまらせる「抑止力」を持つことを目指している点に注目すべきだ。米国の対中制裁に闇雲に従うと，中国の「エコノミック・ステイトクラフト（Economic Statecraft，経済的威圧の行使）」に直面し，豪州の二の舞となる恐れが出てきた[9]。

2020年4月に開催された中国共産党中央財経委員会における講話で，習近平総書記はサプライチェーン構築の狙いを次のように述べている。「中国は市

場規模や技術力によって，サプライチェーンにおける中国への依存度を高める
ことができれば，他国による供給遮断に対する強力な反撃力と抑止力を形成す
ることができる」。

　中国が重要産業における中核技術を掌握し，高速鉄道，電力整備，新エネル
ギー，通信機器などのサプライチェーンの支配力を高めることができれば，各
国の対中依存は深まり，中国は供給遮断に対して対抗できる。なお，中核技術
とは競争優位性を有する技術のことで，特許などの知的財産権が取得できる独
自技術を指す。例えば，第 5 世代移動通信システム（5G）にかかわる技術が
その代表例である。

　因みに，バイデン政権は 22 年 2 月，トランプ前政権が米通商法 201 条に基
づき太陽光パネルに対して発動したセーフガード（緊急輸入制限）を，さらに
4 年延長すると発表した。中国は世界の太陽光パネル生産の 7 割以上を占めて
いる。再生可能エネルギー拡大のための設備供給を中国に依存すれば，米国の
エネルギー安全保障が脅かされるとの懸念から，脱炭素化において中国の再エ
ネ設備にできる限り依存しない方針である。

3.　中国による対抗措置：反撃のため法整備

　「やられたらやり返す」というのが中国だ。強まる対中包囲網に反発する中
国は，対中規制に対する中国の対抗措置の法整備を進めている。

　2020 年 10 月，中国版の「輸出管理法」が全国人民代表大会（全人代）常務
委員会で成立，12 月から施行された。安全保障を理由に特定企業への輸出を
制限できるようになった。

　具体的には，第 1 に，戦略物資や技術など管理品目を指定し，その輸出を許
可制とする。ハイテク製品の生産に欠かせないレアアースなどが管理品目に含
まれる。第 2 に，域外適用を本格的に導入する。中国から管理品目となった原
材料，部品を輸入し完成品を海外に再輸出する第三国の企業も対象となる。第
3 に，特定企業を禁輸リストに掲載し，輸出を禁止する。

　また，中国商務部は 21 年 1 月，「不当域外適用阻止弁法」を施行した。この
規則によれば，米国などの域外適用ルールによって中国企業が外国企業との取
引を阻害された場合，米国の対中制裁に追随した外国企業を相手に，中国企業

が損害賠償を請求できるようにする規則である。米国の対中制裁に同調する外国企業の動きを牽制するのが狙いだ。

さらに，中国は21年6月に開催した全国人民代表大会（全人代）常務委員会において，「反外国制裁法」を制定した。欧米諸国の対中制裁が相次ぐ中，反撃のための法的根拠を明確にするのが狙いである。

これら新規則の施行によって今後，米中対立の狭間で外国企業が板挟みにあう恐れがでてきた。

4.　米国をWTOに提訴する中国の思惑

米国による対中輸出規制が，中国により相次いで世界貿易機関（WTO）に提訴されている。

米国は2022年10月に対中半導体規制を打ち出したが，中国は12月，WTOのルールに違反する保護主義的措置だとして，米国をWTOに提訴した。中国商務部は，米国がここ数年，国家安全保障の考え方を拡大解釈して輸出規制を乱用し，半導体などの貿易を阻害し，世界のサプライチェーンの安定を脅かしていると批判した。

さらに，中国は23年4月，半導体の製造装置を手がける日本とオランダが米国と足並みを揃え，先端半導体の対中輸出規制の実施に踏み切ったことについても，WTO違反だとして，WTOに調査の実施を要求した。

中国は，WTOのパネル（紛争処理小委員会）が22年12月，米国の鉄鋼とアルミニウムへの追加関税について中国の訴えを認め，WTO協定に違反すると裁定，GATT第21条（安全保障例外）に基づく米国の反論を棄却したことを挙げて，安全保障例外措置が保護主義の「セーフハーバー（Safe Harbor）」でないと主張し，米国に対して半導体規制の撤回を繰り返し求めているが，米国側は応じていない。

米通商代表部（USTR）は「中国に対する半導体輸出規制は国家の安全保障に関するものであり，WTOで議論するテーマではない」との声明を出している。WTOは国家安全保障に関する問題を議論する場ではないというのが，米国の一貫した立場だ。

中国によるWTO提訴の狙いはどこにあるのか。上級委員会が機能不全に

陥ったWTOに決着は期待できない。米国によるデカップリングを牽制する狙いもあるだろうが、そのほかに、貿易紛争を処理する国際機関としてのWTOを支持するという中国の立場を誇示する意味もあるようだ。

5. 脱炭素分野で主導権を狙う中国

　米国に対抗できる「製造強国」を目指す中国の習近平政権は、脱炭素分野での覇権確立を目指す。その布石として、2022年12月に公表した産業技術の輸出規制リスト「中国輸出禁止・輸出制限技術目録」の改定案は、太陽光パネルの材料となるシリコンの製造技術を輸出制限の対象に加えた。

　中国はシリコンなど太陽光パネルの主要原材料の生産で世界シェアの8割を占めており、太陽光発電の分野でサプライチェーンの対中依存を目指している。

　それだけではない。中国は、レアアース（希土類）を使った高性能磁石などの製造技術の輸出規制に動き出した。磁石は、磁力を利用して回転を生むモーターの性能を大きく左右する中核部品で、今後増産が見込まれるEVにとっては絶対に欠かせない。

　中国は磁石が脱炭素化のカギを握り、半導体やバッテリー（蓄電池）とともに経済安全保障にも関わる戦略物資と位置づけている。磁石の製造技術の禁輸もその一環とみられ、脱炭素分野での中核技術を囲い込み、対中規制を行う米欧への報復の切り札にするつもりだ。

　22年12月に公表された輸出規制リストの改定案には、レアアースを用いた高性能磁石の製造技術も禁輸項目に加えられた。意見公募は23年1月に終了しており、年内にも改定案が採択される見通しである。

　10年9月に尖閣諸島沖で起きた中国漁船衝突事件で、中国は日本への対抗措置としてレアアースの輸出規制をした。当時はまだ中国は磁石のサプライチェーンにおいてレアアース採掘の上流しか押さえていなかった。

　しかし、中国はその後、精錬、合金でも技術を向上させ、21年1月には、採掘だけでなく精錬、輸出までも管理する「レアアース管理条例案」を公表。規制の対象を上流から下流へと移し、サプライチェーン全体を押さえつつある。

　レアアースを使った高性能磁石の製造で、中国は世界の8割以上のシェアを

占める（日本は15%）。したがって，中国が製造技術を禁輸すれば，欧米は中国の高性能磁石に完全に依存するという状況になりかねない。

　日米欧はこうした中国の動きに危機感を強めており，EVに必要な重要鉱物の安定供給に向けて，G7でも強靱で持続可能なサプライチェーンを再構築する方針が打ち出されている。

第3節　サプライチェーン再編の課題

1.　バイデン政権の尻に火を付けた中国

　バイデン政権の通商戦略が中国に揺さぶられる事態となっている。国内経済の再生と雇用拡大など国内対策を優先し，「環太平洋パートナーシップ（TPP）」への復帰を含め貿易協定の締結を含む通商交渉を後回しにしてきたバイデン政権だが，ここにきて，下手をすると中国がアジアの通商秩序を主導する事態になりかねず，危機感を強めている。

　日中韓とASEANなど15カ国による「地域的な包括的経済連携（RCEP）」が2022年1月に発効することが決定したのを受けて，中国が米国の不意を突く形で，RCEPの次を見据えた布石を立て続けに打ち出したからだ。21年9月に日豪など11カ国による「環太平洋パートナーシップに関する包括的かつ先進的な協定（CPTPP）」，11月にシンガポール，ニュージーランド，チリの3カ国による「デジタル経済連携協定（DEPA）」への参加を申請した。

　米国不在の枠組みでアジア地域における中国の影響力拡大を狙っているのは明らかだが，CPTPPとDEPAへの参加申請は，バイデン政権が進める対中包囲網を破るため，中国のサプライチェーンに多くの国を依存させるのがもう一つの狙いだ。「中国外し」に危機感を抱いた中国が巻き返しを狙った「究極の自衛策」だと言える。ただし，中国が本気でも，CPTPPの加入は非常に難しいだろう。ハードルが高いからだ。

2.　米主導による新たな経済枠組み：IPEFは魅力的か

　尻に火が付いたバイデン政権は，中国に対抗してインド太平洋地域の新たな

経済枠組みの立ち上げを急いだ。

　バイデン政権は 2022 年 5 月に「インド太平洋経済枠組み（IPEF）」の立ち上げを東京で発表，9 月にロサンゼルスで閣僚会合を開催し，日米豪印 4 カ国（Quad）のほか，韓国，ニュージーランド，ASEAN7 カ国，フィージーの 14 カ国が，IPEF の交渉を開始することに合意した。裏を返せば，これで米国の TPP 復帰の可能性は当面なくなったということだ。

　IPEF の最大の特色は「モジュール方式」の採用で，自由貿易協定（FTA）とは大きく異なる。「貿易」，「サプライチェーン」，「クリーン経済」，「公正な経済」の 4 分野ごとに独立した枠組み（モジュール）で，分野別の参加を可能にした。参加国を増やす狙いからだ。

　IPEF には関税撤廃といった市場アクセスが含まれていない。それは米国の国内事情によるもので，関税引き下げとなると財政が絡み米議会の承認が必要となるからだ。共和党に下院の多数派を占められ，民主党の中も一枚岩となっておらず，議会承認を得るのが難しいため，バイデン政権は議会を通さずに協定をまとめる考えである。

　アジアの国々からすると，米国と協定を結ぶ最大のメリットは米国への市場アクセスであるから，IPEF はやや魅力に欠ける。したがって，参加のインセンティブを確保するため，他にメリット（実利）を示せるか，例えば，脱炭素化に向けたインフラの整備とか重要物資の供給確保のためのサプライチェーン

第 4-3 表　IPEF の骨子

4分野	主な内容
貿易 (Connected Economy)	●労働，●環境，●デジタル経済，●農業，●競争政策，●透明性・良き規制慣行，●貿易円滑化，●技術支援・経済協力
サプライチェーン (Resilient Economy)	●重要分野・物品の基準策定，●重要分野・物品の強靭性と投資の強化，●情報共有・危機対応メカニズムの構築，●労働者の役割強化，●サプライチェーンの透明性向上
クリーン経済 (Clean Economy)	●エネルギー安全保障と移行，●優先部門の温室効果ガス排出削減，●持続可能な土地利用・海洋の解決策，●温室効果ガス削減の革新的技術，●クリーン経済への移行を可能にするインセンティブ
公正な経済 (Fair Economy)	●腐敗防止，●税，●キャパシティ・ビルディングと技術革新，●協力，●包摂的な連携・透明性

（資料）外務省，経産省の資料により筆者作成。

の強靭化，ハイテク分野の技術協力など，食いつきの良い餌をどれだけ用意することができるかがカギとなる。

3. フレンドショアリングと中国排除

　米中デカップリングが加速する中，米国ではフレンドショアリング論が急浮上している[10]。「フレンドショアリング（Friend Shoring）」とは，法の支配や人権などの価値観の共有や安全保障の点で信頼できる国々でサプライチェーンを構築することである。

　バイデン政権は，大西洋地域では「米 EU 貿易技術評議会（TTC）」，インド太平洋地域では IPEF を通じて，フレンドショアリングの推進を図ろうとしている[11]。いずれも経済安全保障の観点からサプライチェーンの再編を行い，戦略物資・先端技術の融通や貿易・投資の管理による囲い込みを進めようとしている。

　フレンドショアリングは「危ない国」への過度な経済依存の回避，抜け穴防止の徹底による規制効果の最大化などを目的としているが，それは，世界経済の分断とブロック化を助長し，世界貿易機関（WTO）が理念としている自由貿易主義からの後退，効率重視のサプライチェーンからの転換を意味するので，注意が必要だ。

　中国が IPEF を強く非難するのは，中国を排除しようとする米国の本音が透けて見えるからである。しかし，IPEF によって対中依存から完全に脱却できるわけではない。中国の王毅前外相が 22 年 5 月，「中国を孤立させる試みは最終的に自分の首を絞めることになる」と脅しをかけている。このため，米中の「踏み絵」を嫌う国々への配慮も欠かせない。

　中国排除や対中包囲網の色を出し過ぎると，中国の反発と報復を恐れる国々の離反を招きかねない。米国がインド太平洋戦略のパートナーに取り込みたいASEAN 諸国は，中国排除に消極的である。さらに，クアッドのメンバーであるインドも中国との関係を完全には断ち切れないでいる。中国との距離，価値観の共有はインド太平洋の国々でも一様でない。IPEF 実現のためには米国の譲歩も必要だろう。

4. サプライチェーン再編に潜む米保護主義

　フレンドショアリングの実現にとって深刻で厄介な懸念材料が浮上している。米国の保護主義への傾倒だ。下手をすると西側の結束に亀裂が生じかねない。

　2022年8月に成立した米国の「インフレ抑制法（IRA）」で注目を集めたのが，気候変動対策とエネルギー安全保障のために盛り込まれた3690億ドルの支援である。米製造業の脱炭素化や再生可能エネルギーの導入などに巨額の税控除や補助金が充てられる[12]。

　だが，欧州連合（EU）や日本，韓国が，気候変動対策に名を借りた「偽装された保護主義」だとして見直しを求めたのが，電気自動車（EV）優遇策だ。北米産EVの購入のみ最大7500ドルの税額控除が受けられるので，企業が生産拠点を米国に移すとの懸念が高まっている。

　北米産EVのみを優遇することでEV関連の投資を呼び込み，EV分野で急成長する中国に対抗するのが，バイデン政権の狙いである。ただし，税控除の対象となるには，車載電池と電池に使われる重要鉱物の大半が米国か，自由貿易協定（FTA）を締結している国で生産されたものであるとの要件を満たさねばならない。

　現在，EVの車載電池に使われているリチウムイオン電池の約8割が中国産である。そこで，エネルギー安全保障の観点から米国における重要鉱物の採鉱と電池の生産能力を高めるのが，バイデン政権のもう一つの狙いだ。

　EV優遇策に注目が集まる中，米財務省は23年3月末，EV購入の税優遇に関する指針を発表した。日欧韓が求めていた北米以外で生産した輸入EVの税優遇適用は見送られた。バイデン政権は22年12月，EUとの閣僚級会合で「建設的に対応する」と修正に応じる姿勢を示していたが，保護主義が強まる米議会から相次いで反対の声が上がったため，断念した。日欧韓の車メーカーにとっては打撃だ。税優遇なしで販売を継続するか，北米での現地生産に切り替えるか，難しい判断を迫られることになった。

　一方，「野心的」な要件を満たす車載電池やその材料となる重要鉱物の供給確保が不安視される中，米財務省の発表に先立ち，日米両政府がEVの車載電池の生産に不可欠なリチウムなど重要鉱物のサプライチェーンを強化する協定

に署名した[13]。これにより，EV の税優遇は北米産に限られるが，日本で採取，加工された重要鉱物を車載電池に使い EV を北米で組み立てれば優遇対象になった。

　米国は EU との間でも，同様の交渉を続けており，米国の EV 優遇策をめぐる要件の一部緩和に向けた動きがみられる。だが，その一方で，米国の期待外れの対応に苛立った EU は，米 IRA による支援に対し，対抗策の検討に入った。企業が米国に生産拠点を移さないよう，これまで原則禁止だった加盟国の補助金拠出を柔軟に認めたり，域内産業を支援する基金を創設したりする。

　トランプ前政権で悪化した米欧関係は，国際協調を重視するバイデン政権により修復され，ロシアのウクライナ侵攻で米欧結束は強まったかにみえた。だが，EU の米国に対する不信感は完全に払拭されたわけではない[14]。再び亀裂が生じれば，米欧分断で漁夫の利を得るのは中国だ。

[注]
1　同法は，米国防予算の大枠を決めるために毎年作られている。
2　ハイテク 5 社とは，ファーウェイ（華為技術），ZTE（中興通訊），ハイテラ（海能達通信），ハイクビジョン（杭州海康威視数字），ダーファ・テクノロジー（浙江大華技術）である。
3　BIS（2022）。
4　White House（2022b）。
5　White House（2021a）。
6　White House（2021b）。
7　23 品目の中には，極端紫外線（EUV）フォトマスク向けの成膜装置，フッ化アルゴン（AfF）を使う液浸露光装置，真空状態で不純物を除去する洗浄装置などが含まれる。
8　IC Insights（米市場調査会社）の予測。
9　豪州がコロナ感染源について独立した調査の必要性を提起したことに反発し，中国が豪州からの食肉の輸入禁止，大麦に対する 80％の関税賦課等を示唆した。
10　イエレン米財務長官が 2022 年 4 月の講演で，フレンドショアリングの推進を提唱した。
11　IPEF の内容は TTC と重なるものが多い。White House（2022a）。
12　ただし，補助金を受け取る企業は，中国での追加投資を禁じられる。
13　日米はリチウム，ニッケル，コバルト，黒鉛，マンガンの 5 種類を EV 電池に用いる重要鉱物と位置づけ，採掘から精錬，製造まで連携を強化する。
14　マクロン大統領は 23 年 4 月の訪中時に，台湾有事に関して「米国追随は欧州にとって最悪」と発言し「戦略的自立」を強調したため，波紋が広がっている。

[参考文献]
馬田啓一（2021）「中国に揺さぶられるバイデンの通商戦略」世界経済評論 IMPACT，No.2346，2021 年 11 月 22 日。
馬田啓一（2022a）「米中デカップリングとサプライチェーン再編」『USMCA や米中対立が生産ネッ

トワークの再編に与える影響調査研究』ITI 調査研究シリーズ No.128（一財）国際貿易投資研究所，2022 年 3 月。

馬田啓一（2022b）「世界経済秩序の分断と変質するグローバル化」世界経済評論 IMPACT，No.2602，2022 年 7 月 18 日。

馬田啓一（2022c）「米中デカップリングの死角」世界経済評論 IMPACT，No.2721，2022 年 10 月 24 日。

大橋英夫（2023）「バイデン政権の対中戦略と米中デカップリング」世界経済評論 2023 年 3・4 月号（Vol.67 No.2）。

菅原淳一（2023）「インド太平洋経済枠組みと米主導のフレンド・ショアリング」世界経済評論 2023 年 3・4 月号（Vol.67 No.2）。

箱崎大（2023）「対中規制に反応する中国とその対応」世界経済評論 2023 年 3・4 月号（Vol.67 No.2）。

三浦有史（2021）「習近平政権のサプライチェーン戦略—自立自強の実現可能性とリスク」環太平洋ビジネス情報，Vol.21, No.82，2021 年 8 月。

BIS (2022), "Commerce Implements New Export Controls on Advanced Computing and Semiconductor Manufacturing Items to the People's Republic of China (PRC)," Bureau of Industry and Security, Department of Commerce, October 7.

White House (2021a), Executive Order on Americas Supply Chains, Presidential Actions, February 24, 2021.

White House (2021b), Building Resilient Supply Chains, Revitalizing American Manufacturing, and Fostering Broad-Based Growth, June 2021.

White House (2022a), Executive Order on America's Supply Chains: A Year of Action and Progress, February 2022.

White House (2022b), Fact Sheet: CHIPS and Science Act Will Lower Costs, Create Jobs, Strengthen Supply Chains, and Counter China," August 9, 2022.

（馬田啓一）

第5章

G7 と中露の対立でカギを握るインド

はじめに

　国際情勢が複雑化するなか，インドは独自のバランス外交を展開している。対中政策を念頭に，インドは Quad（米日豪印戦略対話）や IPEF（インド太平洋経済枠組み）などを通じて先進国と連携を深めようとしている。他方，ロシア・ウクライナ問題を巡るインドのスタンスは G7（主要先進国）と真っ向から対立している。G7 がロシアの軍事侵攻を非難し対露経済制裁を強化する一方，インドは一貫して「中立」の立場をとり，G7 の対露経済制裁の流れに逆行してロシアからの原油輸入を急拡大している。この他，2022 年 9 月，インドはロシア主導の極東での合同軍事演習「ボストーク」に初めて参加するなど，軍事面でもロシアとの連携を深めている。国連の対露非難決議案の棄権やロシアからの原油輸入の拡大など，ロシア寄りとも解釈できるインドの一連の行動には中国との共通点も多い。

　インドの不可解に見える外交スタンスは，多くの人々に様々な疑問を投げかけた。何故インドは対中外交や経済の面でより重要なパートナーである G7 の不評を買ってまでロシアに接近するのか。ロシアと G7 を天秤にかけるような外交を敢えて展開することで「漁夫の利」を得ることができるのか。むしろ，「二兎を追うものは一兎も得ず」となるリスクはないのか，など。

　インドが国際情勢の変化をどのように認識し，そうした情勢変化にどのように対応しようとしているのかを考察することは，世界経済の潮流を展望する上で極めて重要である。そこで，本章は，G7 と中露の対立のカギを握る印露経済関係の現状と先行きを展望する。その中で，印露は伝統的な友好関係にある

が，インドはロシアとの関係に縛られることなく，先行き市場環境の変化に応じてロシアとの経済関係を見直す可能性があることを指摘する。

第1節　ロシア・ウクライナ問題とインド

まず，印露関係の歴史を振り返る。ロシアがインドにとって伝統的な友好国である理由として，独立から 1980 年代までインドが社会主義型の計画経済を推進したことを指摘する向きが多い。しかし，それだけではなく，インドを取り巻く国際情勢がより本質的な理由である。

1. 戦後の印露関係の歴史

冷戦期にインドがソ連に接近する背景となった主な出来事としては，① 1950 年代や 1970 年代の米国によるパキスタンへの接近，② 1950 年代後半以降の中ソ対立の表面化，③ 1970 年代以降の米中の接近が挙げられる[1]（第5-1図）。

第二次世界大戦後，米国はアジア太平洋に共産圏に対する包囲網を形成すべ

第 5-1 図　冷戦期のインドの対外関係

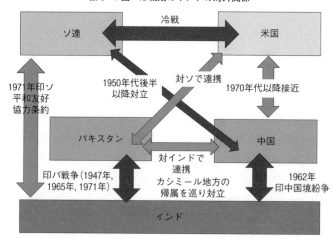

（資料）筆者作成。

く各国と連携した。1954年にSEATO（東南アジア条約機構）を結成すると，米国はパキスタンに軍事支援を開始した。さらに，ソ連と中国の対立が表面化すると，米国はソ連の封じ込め策を強化すべく中国にも接近した。当時の米国の主眼はあくまでもソ連の封じ込めにあったが，インドにとって米国によるパキスタンや中国への接近は看過できない事態であった。インドは1947年，1965年，1971年と三度にわたりパキスタンと戦争しており，中国との関係も1962年の国境紛争以降，冷え込んでいた。そのため，インドは米国をけん制するためにソ連に接近したのである。インドは1950年代以降，ソ連から兵器の援助を受け，1971年に実質的な軍事同盟ともいえる「印ソ平和友好協力条約」を締結した。

　1990年代に入ると，国益を最大化すべく自主独立を堅持するという外交の基本方針に変化はないものの[2]，以下の2つの変化を受けてインド外交のあり方は大きく転換した。その結果，インドにとって対露関係の重要性は低下した。

　第1の変化は，冷戦の終結である。計画経済の行き詰まりによりソ連経済は1980年代から低迷したが，冷戦が終結すると世界経済におけるソ連のプレゼンスは著しく低下した。

　第2の変化は，インドの経済自由化の進展である。1991年の国際収支危機をきっかけに，インドは貿易・投資の自由化を進めた。それに伴い，西側諸国との経済関係が深まった。さらに，2000年代に入ると，グローバル化の進展や新興国の台頭などを背景に，中国やASEANを含めより多様な国・地域と良好な外交・経済関係を構築する必要性が高まった。こうした経緯から，1990年代以降，インドは積極的に各国と良好な関係を構築することを目指す「全方位外交」に転換したのである。

　2000年に「強いロシア」の再建を目指すプーチン政権が発足すると，印露は戦略的パートナーシップを結び，その後「特別で特権的な戦略パートナーシップ」に格上げした。しかし，実際にはグローバル化の進展や国際関係の変化を背景に，インドにとってロシアの重要性はむしろ低下した。インドにとっての最大の関心事項は中国および米国との関係をどうコントロールするかにあり，ロシアとの関係は外交の中心課題とはならなかった。兵器輸入に占めるロ

シアの割合も 2000 年代の 7 割前後から足元にかけて約 4 割に低下した。

2. ロシア・ウクライナ問題を巡るインドの対応

　2022 年 2 月にロシアがウクライナに軍事侵攻を開始して以降，インド政府は政治面で「中立」の立場をとる一方，経済面でロシアに急接近していることを指摘できる。

　前者（政治面の「中立」）についてみると，インドはすべての当事者に対し，① 国連憲章と国際法の順守，② 主権と領土の一体性の尊重，③ 暴力の即時停止，④ 対話を通じた問題解決，を求めている。これに沿って，インド政府はロシアだけを名指して批判する国連安保理の非難決議案を棄権している。インドが「中立」の立場に強くこだわりながらもロシア寄りとも受け取られる行動をとる理由としては，以下の 3 点を指摘できる。

　第 1 に，インドにロシアとウクライナのいずれかを明確に支持するメリットがない。ロシアを支持すればウクライナを支援する西側諸国との関係悪化は避けられない。他方，ウクライナを支持すれば，ロシアと中国が一段と接近する可能性があり，インドの安全保障上のリスクが高まる。

　第 2 に，ロシアとのこれまでの友好関係である。冷戦の終結以降，インド外交におけるロシアの重要性は低下したが，それでも原子力や兵器など安全保障上の関係でロシアはインドにとって重要なパートナーであることには変わりない。

　第 3 に，ウクライナを無条件に支援する米国に対する不信感である。米国はロシアによる一方的な現状変更の試みを強く非難する一方，2019〜2020 年に中国がインド領土内で実効支配を強めようとした際，中国を非難しなかった。また，2021 年のアフガニスタンからの米軍の撤退は，同国からイスラム過激派がカシミール地方に流入してテロが活発化するリスクを高めた。さらに，印米関係は経済面でも対立要因を抱えている[3]。これらはインドが積極的に米国の立場を支持しない一因となった。

　次に，後者（ロシアとの経済面の接近）についてみると，G7 がロシアとの原油・天然ガスの輸入を削減する一方，インドはロシアからの原油輸入を急拡大している。対露経済制裁を適用しないという方針は，表向きはインドの政治

的中立性を反映したものである。他方，印露間の原油取引の急拡大は，先進国に代わる原油輸出先を確保したいロシアと，インフレ抑制に向けて割安な原油を調達したいインドの利害関係の一致という，実利に根差したものである。G7 の不評を買いながらも敢えてロシアからの原油輸入を拡大している理由としては以下 2 点を指摘できる。

　第 1 に，インドは所得水準の低さに起因する経済・社会問題を多く抱えている。インドの一人当たり GDP は依然として 2,000 ドル台であり，貧困，飢餓，失業など様々な問題に直面している。原油価格の上昇による悪影響を受けやすい経済構造を有していることもあり，インドは経済成長への短期的な影響にも配慮して経済外交を展開する必要がある。

　第 2 に，大国としての自信の高まりである。2022 年のインドの GDP はかつての宗主国であった英国を抜いて，米国，中国，日本，ドイツに次ぐ世界第 5 位となった。人口は 2023 年中に中国を抜いて世界 1 位となると見込まれる。コロナ禍からの経済・社会活動の正常化を背景に諸外国と比べても底堅い成長が続くなか，中国に代わる新たな新興国の代表になりつつあるインドの立場や主張を各国が受け入れるだろうという期待の下，インド独自の「中立外交」を強化している。

第 2 節　急接近する印露経済

　次に，印露経済関係の現状を確認する。これまでのところ印露間の貿易取引は原油に集中しているが，印露両政府は今後，原油以外の分野でも取引を拡大することを目指している。

1. ロシアはインドの最大の原油輸入先に浮上

　まず，印露間の最大の貿易品目である原油の取引動向をみる。従来，インドはイラクやサウジアラビアなど地理的に近く輸送コストの低い中東諸国から原油を調達しており，2021 年の原油輸入量に占めるロシアの割合は 2％に過ぎなかった。しかし，インドはロシア産原油の輸入を急拡大し，2022 年 9 月に

25％と最大の輸入先となり（第5-2図），インドの輸入に占めるロシアの割合とロシアの輸出に占めるインドの割合はともに約1割に高まった。この背景として，以下の2点が挙げられる。

第1は，ロシア産の原油価格の大幅な低下である。G7の対露経済制裁に伴い原油の販売先を失ったロシアは他の産油国を大きく下回る価格で原油を輸出するようになった。ロシア産原油を代表するウラル原油とイギリス北海のブレント原油の1バレル当たりの価格差は，2022年春先以降，35ドル前後に急拡大した。その結果，輸送費や保険料などを含めても，インドのロシアからの輸入コストは諸外国を下回る水準に低下した。2022年秋口以降は，世界経済の減速懸念などを背景に，各地の原油価格が低下したためロシア産原油の割安感は後退したが，G7がロシア産の原油輸入価格の上限を1バレル当たり60ドルとする規制を2022年12月に導入したことなどを理由に再び割安感が強まっている。

第2に，中東の政治・社会の不安定化リスクの高まりである。インドにとって従来最大の輸入先であったイラクについてみると，米軍のイラクでの戦闘任務終了をきっかけに親イラン派と反米・反イラン派の対立が深刻化しており，2021年10月の総選挙から1年間の政治空白が続いた。2022年10月にようやく新政権が発足したものの，1年以内に総選挙を実施する方針を示しており，先行き政治対立が激化することで油田の開発が停滞したり，輸出が不安定化し

第5-2図　インドの原油輸入構成比

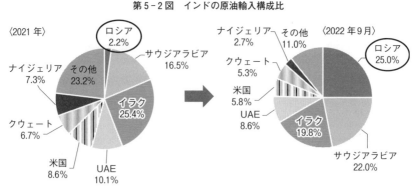

（資料）Ministry of Commerce and Industry.

たりするリスクは残存している。また，サウジアラビアやUAEでは，同国の石油の生産施設や輸送機械がイエメンの武装勢力のテロ攻撃により破壊される事態がたびたび起きている。イエメン内戦は2022年4月に国連による仲介で一時的な停戦合意に達したものの，同合意は同年10月に期限切れを迎え，混迷が続いている。米国が中東への関与を弱めていることもあり，同地域の政治・社会の混乱が長引くリスクが高まっている。

2.　原油以外の経済関係の深化に対する印露両政府の期待

　原油を中心にインドのロシアからの輸入が急増する一方，輸送機器，電子機器，鉄鋼などを中心にロシア向けの輸出は約1割減少した。この理由としては，欧米の対露経済制裁を受けてロシア景気が悪化したことや，欧米でのビジネスに配慮したインド企業が自主的にロシア向け輸出を縮小させたことを指摘できる。また，コロナ禍からの経済・社会活動の正常化でペントアップデマンド（繰り越し需要）が生じていることを受けて，企業が商品を輸出よりも国内販売に回す動きが強まったことも影響していると考えられる。

　原油や肥料など特定の品目を除いた印露間の貿易は低調であるが，両国は今後，利害関係が一致する分野で貿易・投資関係を拡大することを目指している。ロシアがインドに期待するのは，対露経済制裁により先進国から調達が困難になった物資の供給である。わが国を含めG7各国は，工作機械，高性能の半導体，通信機器，貨物自動車といったロシアの軍事能力や産業基盤の強化につながる製品の輸出を制限しており，近い将来，ロシアはこれらの製品のメンテナンスに必要な部品の調達難に陥る公算が大きい。こうした状況に対応するため，ロシアは中国やインドへの輸入代替を進めようとしている。ロシアは2022年11月に重要産業の維持に必要な500品目以上の製品リストをインドに送付し，調達が可能かどうか確認したと報じられた。

　インド政府がこれを製造業の発展と輸出拡大のチャンスと捉えたとしても不思議ではない。実際，ジャイシャンカル外務大臣は，「優れた競争力があるインド製品でロシア市場に輸出できてしかるべきだと我々が考えるリストをロシア側に提供した」と明らかにするなど，貿易拡大に前向きな姿勢を示している。これまでロシアの輸入に占めるインドの割合は2％に過ぎなかったが，約

3割を占めていたG7の輸出をインドが1～2割程度代替するだけでもインドの対露輸出は3～5倍に拡大する。

　G7の対露経済制裁に指定されている品目をロシアに輸出することは，G7にとっては反G7・親露的な行動である。しかし，「中立」の定義・解釈は主体によって異なることに加え，経済取引にどの程度政治的な思惑が潜んでいるのかを定量的に判断することは困難である。そのため，G7とインドの中立性を巡る認識のギャップは容易には埋まらず，今後の対立の火種となる可能性がある。

第3節　印露経済関係の先行きをどう見るか

　先行きを展望すると，インドは市場環境の変化に応じてロシアとの取引を臨機応変に見直すため，印露経済関係は「揺り戻し」を繰り返すと見ておく必要がある。

1.　今後の印露経済関係を左右する要素

　インドによるロシアからの原油輸入は以下の5つの要素に左右される状況が続く（第5-3図）。

　第1に，ロシア産原油価格の割安感である。世界的に原油価格が高騰するなかでロシア原油の割安感が強まる局面ではインドはロシア産原油を積極的に輸入する一方，割安感が弱まる局面ではインドはロシアとの原油取引の縮小を検討するだろう。

　第2に，インドのインフレ動向である。インフレ率が高い局面では，インドにとって割安なロシア産原油を輸入するメリットは大きい。一方，インフレ率が安定している局面では，価格以外の要因も重視して原油の調達先を選定すると見込まれる。

　第3に，中東の政治動向である。米国のイランに対する経済制裁の解除やイエメンの内戦終結などにより割安な中東産原油が調達できるかどうかを見定めながら，インドは中東産とロシア産の調達割合を調整すると見込まれる。

第5-3図　印露の原油取引を左右する要素

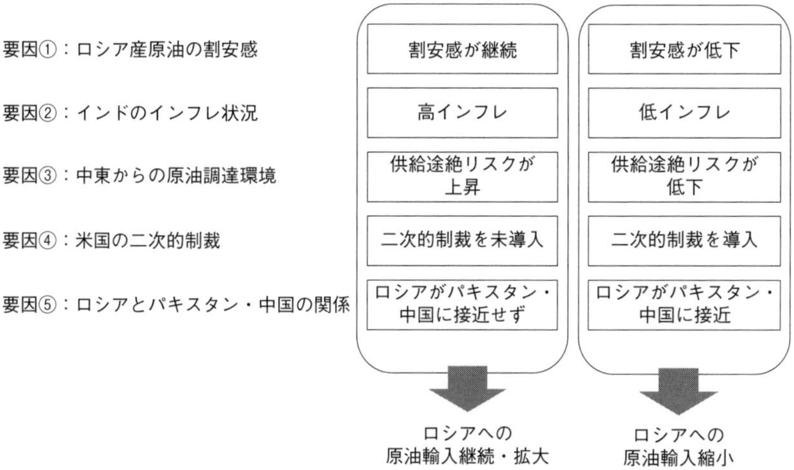

要因①：ロシア産原油の割安感

要因②：インドのインフレ状況

要因③：中東からの原油調達環境

要因④：米国の二次的制裁

要因⑤：ロシアとパキスタン・中国の関係

割安感が継続	割安感が低下
高インフレ	低インフレ
供給途絶リスクが上昇	供給途絶リスクが低下
二次的制裁を未導入	二次的制裁を導入
ロシアがパキスタン・中国に接近せず	ロシアがパキスタン・中国に接近

ロシアへの原油輸入継続・拡大　　　ロシアへの原油輸入縮小

（資料）筆者作成。

第4に，米国による二次的制裁の動向である。米国はインドにとって最大の輸出先であるとともに，投資や援助の面でも重要なパートナーである。そのため，二次的制裁が導入される場合，米国がイラン産原油に対して禁輸措置を導入した時と同様，インドはロシアとの原油取引を見直す可能性がある。

第5に，ロシアと中国およびパキスタンの政治関係である。2010年代以降，ロシアはパートナーシップの多角化を図るべく中国やパキスタンに接近しており，インドは警戒を強めている。今後，中露パの結束が強まりカシミール地方を巡る安全保障上のリスクが高まる場合，インドはロシアをけん制すべく，ロシア産原油が割安であったとしても政治的な判断で取引の見直しを図る可能性もある。

原油以外の品目については，①対露経済制裁を導入していない競合国と比べてインドの輸出競争力が低いこと，②ロシアの政治・経済を巡る不確実性が高いこと，などがビジネス拡大の制約要因となり，両国政府の期待とは裏腹に，インドとロシアの貿易拡大ペースは緩やかなものにとどまると見込まれる。

2. ロシアへの接近はインドの世界経済における立ち位置をどう変えるか

　印露経済関係の今後の行方は不透明であるが，印露経済が一段と接近する場合，世界の分断を長期化・深刻化させる可能性がある。同時に，それによってインドが「漁夫の利」を得るチャンスと「二兎を追う者は一兎をも得ず」となるリスクを同時に高める二面性があると捉える必要がある。

　インドが「漁夫の利」を得る過程を整理すると，原油取引を中心とする印露貿易の拡大は G7 の対露経済制裁の有効性を低下させ，ロシアがウクライナとの停戦交渉に応じる時期を遅らせる可能性を高める。これに対して G7 が対露経済制裁を一段と強化するとともに，ロシアが報復措置を発動すれば，世界の分断がより深刻化・長期化する。さらに，ウクライナ情勢の一段の緊迫化が台湾情勢を巡る米国の警戒を強め，米中対立がより深まる可能性もある。対立する国家間の貿易・投資の減少は双方の成長率を低下させる一方，「中立国」への生産移転を推し進めるため，インドがその追い風に乗ることができれば世界経済におけるプレゼンスを高めることができる。熊谷聡他（2023）は，2025年以降，対立する両陣営の貿易取引において，米中貿易戦争と同等の関税率の引き上げが実施される場合，米国，日本，EU，中国などの GDP がベースラインシナリオよりも約 3％減少する一方，インドや ASEAN などへの影響は生じないとの推計結果を示している。

　ただし，同分析はインドが「中立国」として扱われており，かつ各陣営と「中立国」との間の貿易が通常通り行われることを前提としていることに留意する必要がある。世界の分断が深刻化・長期化し，その責任の一端が対露貿易を継続するインドにあると国際社会が認識すれば，インドが「中立国」の立場を維持することは困難になる。G7 が連携してインドに対して二次的制裁を発動すればインド経済も無傷ではいられない。WTO（2022）は，インドと西側諸国との間で分断が生じると想定して推計した結果，インド経済へのマイナス影響が中国，米国，EU よりも大きくなると主張している。インドが世界の分断に巻き込まれることに伴う景気悪化リスクは，中国からインドへの生産移転を妨げ，「Make in India」の実現を困難にする。

　世界経済・政治におけるインドのプレゼンスが中長期的に高まっていくことに疑いの余地はないものの，ロシアとの関係の行方やその波及効果によってそ

のペースが加速するのか，それとも逆に鈍化するかは慎重に見極める必要がある。

[注]
1　印ソ／印露関係の歴史については吉田（2004）を参照。
2　インド外交の基本姿勢については伊藤（2020），Subrahmanyam Jaishankar（2020）を参照。
3　印米経済関係については熊谷（2020）を参照。

[参考文献]
伊藤融（2020）『新興大国インドの行動原理：独自リアリズム』慶應義塾大学出版会
熊谷聡・早川和伸・後閑利隆・磯野生茂・ケオラ・スックニラン・坪田建明・久保裕也（2023）「「デ
　　カップリング」が世界経済に与える影響——IDE-GSM による分析』アジア経済研究所『IDE ス
　　クエア——世界を見る眼』　2023-02
熊谷章太郎（2020）「世界経済の潮流を左右するインドの対米・対中経済関係」日本総合研究所『JRI
　　レビュー』2020 Vol.3, No.75
吉田修（2004）「インドと旧ソ連・ロシア——国際関係の連続性と相違」北海道大学スラブ・ユーラ
　　シア研究センター　『スラブ・ユーラシア学の構築』研究報告集（2）
Subrahmanyam Jaishankar (2020) "The India Way: Strategies for an Uncertain World" HarperCollins
　　India
WTO (World Trade Organization) (2022) "The Crisis in Ukraine"

（熊谷章太郎）

第 II 部

不透明性を増すアジアの経済連携の行方

第 6 章

厳しい世界経済下の RCEP と ASEAN
―RCEP の発効と ASEAN の役割―

はじめに

　保護主義・米中対立の拡大とコロナ感染の拡大は，ダブルショックとなって大きな負の影響を世界経済に与えた。これまで世界経済における貿易と投資の拡大下で急速に成長してきた東アジア経済も，大きな負の影響を被った。

　最近ではさらに大きな変化が世界と東アジアに起きている。第 1 に 2021 年 1 月にアメリカではトランプ政権からバイデン政権へ代わったが，米中対立はさらに拡大を続けている。第 2 にコロナもさらに影響を与えている。第 3 に 2022 年 2 月からのロシアのウクライナへの軍事侵攻が，きわめて大きな負の影響を世界経済に与えている。第 4 に東アジアでは，2021 年 2 月のミャンマーの軍事クーデターとその状況の持続が，大きな負の影響を ASEAN や東アジアの政治経済に与えている。世界経済は大きく変化しつつあり，より厳しい状況となってきている。

　しかしこのような厳しい状況下で，ASEAN は経済統合を着実に深化させている。また RCEP は 2022 年 1 月に遂に発効し，実際にその利用も拡大している。

　本章では，世界と東アジアの政治状況にも関連させながら，現在の厳しい世界経済下の RCEP と ASEAN について考察したい。すなわち現在の厳しい状況下の ASEAN 経済共同体（AEC）の深化，RCEP の発効とその後の展開，RCEP における ASEAN の重要性について検討する。そして現在の世界経済において ASEAN と RCEP が重要な意義を持つことを指摘したい。

第1節　東アジア経済統合の展開と世界経済情勢の変化

1. ASEAN と東アジアの経済統合の進展

　東アジアでは ASEAN が経済統合を牽引してきた。1967 年に設立された ASEAN は，1976 年から域内経済協力を開始し，1987 年に ASEAN 域内経済協力戦略を「集団的外資依存輸出指向型工業化戦略」へと転換し，1992 年からは ASEAN 自由貿易地域（AFTA）を推進してきた。また冷戦構造の変化を契機に CLMV 諸国が ASEAN に加盟した。2003 年からは，ASEAN 経済共同体（AEC）の実現に向かってきた[1]。

　ASEAN は，東アジアの地域経済協力においても，中心となってきた（第 6-1 図，参照）。東アジアではアジア経済危機への対策を契機に，ASEAN を中心として ASEAN＋3 や ASEAN＋6 などの地域経済協力が重層的・多層的に展開してきた。また ASEAN を軸に 5 つの ASEAN＋1 の FTA が確立されてきた。

　2008 年の世界金融危機後の構造変化は，さらに ASEAN と東アジアに大きな転換を迫ってきた。TPP がアメリカをも加えて確立しつつある中で，それまで進まなかった東アジア全体の FTA も推進されることとなった。2011 年 8 月に日本と中国は共同提案を行い，日本が推していた東アジア包括的地域連携（CEPEA）と中国が推していた東アジア自由貿易地域（EAFTA）を，区別なく進めることに合意した。

　この状況に対応して ASEAN は，2011 年 11 月の ASEAN 首脳会議で，ASEAN を中心とする新たな東アジアの FTA である RCEP を提案した。2012 年 11 月には RCEP 交渉立上げ式が開催され，2013 年 5 月には遂に RCEP 第 1 回交渉が行われた。

　東アジアの経済統合を牽引する ASEAN は，着実に AEC の実現に向かい，2015 年 12 月 31 日には AEC を創設した。AEC では，関税の撤廃に関して，AFTA とともにほぼ実現を果たし，2015 年 1 月 1 日には全加盟国でほぼ関税の撤廃が実現された（ただし CLMV 諸国においては，関税品目表の 7％までは 2018 年 1 月 1 日まで撤廃が猶予された）。サービス貿易の自由化，投資や資

第6-1図　ASEANを中心とする東アジアの地域協力枠組み

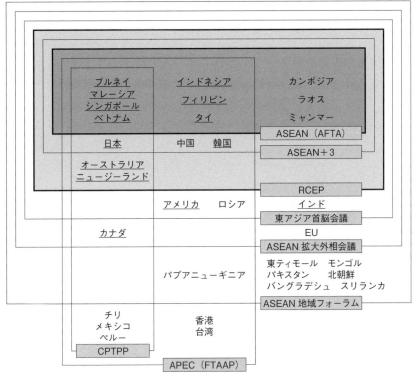

(注)（　）は自由貿易地域（構想を含む）である。下線はIPEF参加国。ASEAN：東南アジ
　　　ア諸国連合，AFTA：ASEAN自由貿易地域，RCEP：地域的な包括的経済連携，CPTPP:
　　　包括的及び先進的なTPP，APEC：アジア太平洋経済協力，FTAAP：アジア太平洋自由
　　　貿易圏，IPEF：インド太平洋経済枠組み。
(出所)　筆者作成。

本の移動の自由化，熟練労働者の移動の自由化も徐々に進められてきた。そし
て2015年11月の首脳会議では，2025年に向けて新たなAECの目標「AEC
ブループリント2025」を打ちだした。

2. 保護主義とコロナ拡大下の東アジア

　2016年2月にはTPP協定が署名され，さらにASEANと東アジアの経済統
合を後押しすると考えられたが，2017年1月20日にはトランプ氏がアメリカ

大統領に就任し，アメリカは TPP から離脱してしまった。これまで世界の自由貿易体制を牽引してきたアメリカの通商政策を逆転させ，2018 年からは貿易摩擦を引き起こし，大きな負の影響を世界経済に与えた。アメリカは，2018年 3 月 23 日には通商拡大法 232 条によって鉄鋼とアルミニウムにそれぞれ25％と 10％の追加関税を掛け，それに対抗して中国も対アメリカの追加加関税を掛けた。アメリカは，さらに中国向けの措置として，通商法 301 条に基づき，7 月に第 1 弾，8 月に第 2 弾，9 月に第 3 弾の対中国の追加関税を掛けた。他方，中国はそれぞれに報復関税を掛けて，貿易摩擦が拡大した。2019 年 9月 1 日には，アメリカは中国向け措置の第 4 弾の一部を発動し，米中貿易摩擦はさらに拡大した。

　2020 年 1 月 15 日には，米中が第 1 段階合意文書である米中経済・貿易協定に署名し，アメリカは 2019 年 9 月に発動した第 4 弾の一部の 1,200 億ドル分の輸入に課していた関税 15％を 7.5％に引き下げた。しかしながら，第 1〜3弾の 25％の追加関税は維持されたままであった。米中貿易摩擦の根底には先端産業を巡る覇権争いがあり，アメリカは中国のファーウェイに対する規制も強化してきた。中国も「中国製造 2025」に関しては譲らず，先端技術を巡る争いは収まらない状況にあった。アメリカでは，貿易だけではなく資本取引をも加えて，多くの対中国措置が採用されてきた。他方，中国も，対アメリカの多くの制裁措置を採用し，米中間のいくつかの分野での分断（デカップリング）の可能性も増してきた。

　このような状況に重なって，2020 年からはコロナウイルスの感染が中国から拡大して世界を襲ってきた。コロナ感染は各国に拡大し，供給ショックや需要ショックを与えた。こうして保護主義とコロナの感染拡大は，ダブルショックとなって ASEAN と東アジアに大きな負の影響を与えた。

　コロナを契機に，米中摩擦・米中対立はさらに拡大した。アメリカは，コロナウイルスの感染拡大における中国の責任追及を続け，香港の国家安全法や新疆ウイグル自治区の人権侵害を巡っても，対立が拡大してきた。さらに米中は，政治安全保障を巡っても対立を深めてきた。

　保護主義・米中対立並びにコロナ感染の拡大下であったが，ASEAN は着実に AEC を深化させてきた。2018 年 1 月 1 日には，3 年間猶予されていた

CLMV 諸国における 7％の品目に関しても関税が撤廃され，AEC の関税撤廃が完了した。関税の撤廃とともに，自己証明制度の導入，税関業務の円滑化，ASEAN シングル・ウインドウ（ASW），基準認証等も進められてきた。RCEP に関しては，なかなか交渉が妥結しなかったが，遂に 2020 年 11 月 15 日の第 4 回 RCEP 首脳会議において，RCEP 協定が東アジア 15 カ国によって署名された。

3.　最近の厳しい世界経済と東アジアの状況

　保護主義・米中対立とコロナ感染が拡大する中で，最近，ASEAN と東アジアを取り巻く状況にさらに変化が起きてきた。最近の諸変化について，以下，米中対立の拡大など世界経済情勢の変化とミャンマー情勢の変化を見ておこう[2]。

(1)　バイデン政権以降の米中対立の拡大

　2021 年 1 月 20 日にはバイデン氏がアメリカ大統領に就任し，国際協調路線への回帰を示したが，FTA など通商協定には慎重な姿勢を示した。対中政策では，米中第 1 合意を継承し，これまでの追加関税と対中制裁を続けてトランプ政権の対中政策が維持された。また民主主義や人権の問題では，さらに強硬となった。米中対立はさらに拡大してきた[3]。

　2022 年においても，ハイテク分野の技術覇権や安全保障を巡る措置が拡大してきた。たとえば，2022 年 8 月 9 日に成立の「CHIPS および科学法（CHIPS プラス法）」や 2022 年 8 月 16 日に成立の「インフレ削減法（IRA）」も，対中国の産業政策の意味合いがある。

　そして 2022 年 10 月 7 日の先端半導体の技術や装置に関する中国向け禁輸措置は，技術・製造装置・関連人材の中国との取引を禁止し，今後の米中対立を，大きく拡大する可能性がある[4]。この措置は日本とオランダへも協力が要請され，日本の産業にも大きく影響する。

　ただし 2022 年のアメリカの中国との貿易額は，2018 年を上回り過去最高であった。機微な分野以外の消費財等の貿易は拡大し，相互依存は拡大してきた。しかし今後は，いくつかの分野の米中デカップリングが進み，貿易も縮小

して行く可能性がある。

(2) コロナの拡大と収束

　コロナに関しては，2021 年に ASEAN 各国では，7 月頃から新型コロナの
デルタ株の感染が急拡大して各国の成長が鈍化するとともに，各国の半導体や
自動車部品の減産の影響が ASEAN・東アジアと世界の国際生産ネットワーク
に負の影響を与えた。ただしその後，各国経済も徐々に回復し，2022 年に入っ
てからは各国で移動規制も解除され平常化へ向かってきた。

　他方，中国は 2022 年にも「ゼロコロナ政策」を維持し，経済停滞とともに
世界的な供給制約の要因となった。しかし 11 月下旬のデモ後に「ゼロコロナ
政策」を変更し，その後の国内感染の大規模な拡大を招いたが，2023 年 1 月 8
日には 2020 年以降実施していた入境時の隔離措置も撤廃した。

　世界各国でもコロナ感染が収束し平常の経済に戻りつつある。しかしコロナ
は不可逆な影響を世界経済に与えている。コロナの影響で経済のデジタル化が
さらに加速し，デジタル化への対応も急務となっている。

(3) ロシアのウクライナへの軍事侵攻

　2022 年 2 月 24 日にロシアがウクライナへの軍事侵攻を開始した。ウクライ
ナの主権と領土を侵害し，明らかな国際法違反である。両国軍人には数十万人
という死傷者が出ており，市民にも 8000 人以上の死者が出ているとされる。

　経済的にも，ウクライナ経済への悪影響とともに，ロシアとウクライナの供
給制約から世界的な食料やエネルギーなどの価格高騰が起きている。さらに欧
米や日本など G7 諸国を中心に，ロシアへの大規模な経済制裁がなされてきた。
経済や金融からのロシアの排除であり，米欧日対ロシアの政治的経済的分断が
起きつつある。それにより世界的インフレがさらに拡大している。そして世界
各国に，経済安全保障への傾斜や自国経済優先の保護主義的政策の拡大も見ら
れてきている。

　世界経済では以上のように，米中対立によるデカップリングと米欧日対ロシ
アのデカップリングが生じ，また 3 つの要因が複合的に作用して高インフレと
各国の金利上昇，そして景気停滞と保護主義の一層の拡大の可能性がある。世

界経済の状況は，これまでの貿易と投資の拡大による成長に，さらに逆行した状況となってきている。

(4) ミャンマーの軍事クーデター

　民政が続いていたミャンマーでは，2021 年 2 月 1 日に国軍がクーデターを起こした。国軍は，アウン・サン・スー・チー国家顧問を拘束し，非常事態宣言を発して全権を掌握した。ASEAN 議長国であるブルネイは，同日に「ASEAN 議長国声明」を発し，ミャンマー国民の意志と権益に沿って，正常な状態に戻るための働き掛けを行うとした。ASEAN 各国では，シンガポール，インドネシア，マレーシア，ベトナムが懸念を表明した[5]。

　2021 年 4 月 24 日には，ASEAN 首脳会議が ASEAN 事務局において開催され，ミャンマーからはミン・アウン・フライン国軍司令官兼国家統治評議会議長が参加した。議長声明では，ミャンマー情勢について「深刻な懸念」が表明されるとともに，5 項目の合意がなされた[6]。

　しかしその後，5 項目合意は守られていない。2022 年 11 月 11 日の第 40・41 回 ASEAN 首脳会議においても，ミャンマーを除く 9 カ国でミャンマー問題が話し合われたが，首脳は 5 項目合意の実施にほとんど進展がないことを確認した。そして 5 項目合意をサポートするために測定可能な指標を具体的スケジュールで示す実施計画の策定を，ASEAN 各国外相に命じた。さらにASEAN がすべての利害関係者を早急に関与させるとした[7]。

　その後，2023 年 2 月 2 日には，ミャンマー国軍は非常事態宣言を 6 カ月延長することを発表した。8 月に予定されていた総選挙も先送りとなった。

　2023 年 2 月末時点で軍事クーデター後 2 年以上経過するが，ミャンマーの事態は収拾していない。すでに 3000 人近い死者とともに多くの拘束者と犠牲者が出ている。2021 年 4 月の首脳会議で合意した 5 項目も履行されていない。ミャンマーの状況は，民主主義と人権を害するとともに，ミャンマーの経済並びにミャンマーを含めた ASEAN の生産ネットワークに大きなマイナスとなり，ASEAN の一体性と統合にもマイナスとなる。

第2節　厳しい状況下の ASEAN と AEC

　厳しい状況下ではあるが，ASEAN は重要な会議を積み重ねており，また着実に AEC を深化させてきている。以下，最近の 2022 年 11 月の ASEAN 首脳会議並びに関連諸会議の成果から見てみよう。

1.　最近の ASEAN 首脳会議並びに関連諸会議

(1)　第 40・41 回 ASEAN 首脳会議

　2022 年 11 月 11 日の第 40・41 回 ASEAN 首脳会議では，ミャンマー問題や東チモール加盟が話し合われた。第 1 節で述べたように，ミャンマー問題の解決に関しては特に進展が見られなかったが，「東チモールに関する声明」で，東チモールが 11 番目の加盟国となることを原則として認めたことは特筆される[8]。近い内に東チモールが 1999 年のカンボジア以来の新規加盟国となるであろう。

　AEC に関しては，2022 年 9 月の第 54 回 ASEAN 経済相会合の延長に，以下の件等が確認された。2022 年のカンボジア議長の下での 9 つの優先経済成果（PEDs）の成功裏の実施（デジタルコネクティビティ，発展格差の縮小等），ASEAN 物品貿易協定（ATIGA）アップグレード交渉の開始，ASEAN 加盟国 8 カ国による ASW を通じた ASEAN 税関申告書（ACDD）の交換，ASEAN 認定事業者（AEO）相互認証取り決めに関する共同行動計画（JAP）の採択等。また 2022 年 1 月の RCEP の発効を歓迎した[9]。

(2)　ASEAN 関連首脳会議並びに G20 サミット・APEC 首脳会議

　ASEAN 首脳会議に続いて開かれた ASEAN 関連諸会議においては，世界と東アジアが政治経済においてきわめて厳しい状況にある中で，ASEAN がこれまでの延長に，貴重な「交渉と対話の場」を提供することが出来た。今回は G20 の議長国がインドネシア，APEC の議長国がタイであり，G20 サミットと APEC 首脳会議も連続して ASEAN で開催され，これらの会議に前後して米中，日中，日韓など貴重な 2 国間の対話が行われた。

　11 月 12 日には第 25 回 ASEAN ＋ 3 首脳会議や多くの ASEAN ＋ 1 首脳会議が開催され，第 25 回 ASEAN 日本首脳会議では，2023 年の日本 ASEAN 友好協力 50 周年特別首脳会議の開催などが話し合われた。第 10 回 ASEAN 米首脳会議も開催され，バイデン大統領がアメリカ大統領として 5 年ぶりに ASEAN との対面首脳会議に参加した。

　11 月 13 日の第 17 回東アジア首脳会議（EAS）には，多くの首脳が集まり喫緊の問題を話し合った。バイデン大統領はアメリカ大統領として 6 年ぶりの対面参加であった。さらに日米，米韓，日米韓などの多くの首脳会談が行われた。日韓首脳も 3 年ぶりの公式会談を行った。

　さらに G20 サミットと APEC 首脳会議が 15-16 日にインドネシアのバリで，18-19 日にタイのバンコクで開催された。G20 サミットの前には，バイデン大統領と習近平国家主席との米中首脳会談が実現した。米中の対面での首脳会談は 2019 年 6 月以来，バイデン大統領が就任してから初であった。APEC 首脳会議もバンコクで開催され，多くの首脳は対話を続けた。バンコクでは，日中首脳が 3 年ぶりの対面での首脳会談を行うことができた。

2.　諸変化の下での ASEAN 経済統合の深化

　最近の厳しい状況下ではあるが，ASEAN は AEC を着実に深化させている。2025 年に向けて，関税撤廃の先に，貿易円滑化，サービス貿易の自由化，投資の自由化・円滑化等を進めている。

　物品貿易自由化では，2022 年 3 月に ATIGA のアップグレード交渉を開始した。税関では，ASW を通じた ASEAN 税関申告書（ACDD）の交換が始められている。ASEAN 認定事業者（AEO）相互認証も進められ，非関税措置（NTM）に関しては独立 NTM パネル・ラポーターを設立し，「NTM 費用対効果ツールキット（NTM ツールキット）」を導入している。

　サービス貿易では，ASEAN サービス貿易協定（ATISA）が 2020 年 10 月の署名の後に 2021 年 4 月に発効した。投資では，ASEAN 包括的投資協定（ACIA）の改正が準備されている。また「ASEAN 投資円滑化枠組み（AIFF）」が採用された。ASEAN では初めての投資円滑化の試みと言える。

　デジタル化への対応に関しても進捗があった。2021 年 1 月には，第 1 回

ASEAN デジタル大臣会議（ADGMIN）が開催され，「ASEAN デジタルマスタープラン 2025（ADM2025）」が採択された。2021 年には，デジタルを活用した経済回復策である「バンダルスリブガワン・ロードマップ（BSBR）：ASEAN のデジタル変革アジェンダ」が承認され，その延長に「ASEAN デジタル経済フレームワーク協定（DFFA）」交渉を 2023 年に開始する予定である。また「ASEAN 電子商取引協定」が 2021 年 12 月に発効し，「ASEAN 電子商取引協定の実施に関する作業計画（2021-2025）」が進められている。

　コロナは経済構造の変化を促し，コロナ後にさらにデジタル化が進むであろう。ASEAN と東アジアは，製造業の生産ネットワーク構築によって急速に発展してきたのであり，コロナ後においても製造業における生産ネットワークは変わらず重要であろう。しかしコロナ後の経済構造の変化とともに，デジタル化の支援が，生産ネットワークの支援とともに，さらに重要になってきている。

　以上のように，ASEAN は着実に AEC を深化させてきているが，ASEAN の経済統合へ逆に作用する例もいくつか見られた。先ずは，ミャンマーを巡る問題である。ミャンマーの状況は，統合を深化させていく上で基盤となる ASEAN の一体性にマイナスとなる。他にインドネシアのボーキサイトやニッケルの輸出禁止の例も挙げられる。インドネシアは 2020 年 1 月から未加工の状態でのニッケルの輸出を禁止しているが，さらに 2023 年 6 月 10 日には未加工のボーキサイト鉱石のインドネシアからの輸出を禁止した。EV を含めた産業育成に関係するが，資源に関する保護主義や産業支援が各国で拡大すると，経済統合にはマイナスとなる可能性がある。

第 3 節　厳しい状況下の RCEP 発効とその後の進展

1．2022 年 1 月の RCEP 協定の発効

　厳しい状況下ではあったが，2022 年 1 月 1 日に RCEP 協定が先ずは 10 カ国で発効された。2020 年 11 月の署名後，1 年と約 1 カ月での発効となった。各国が発効を急ぎ，国内手続きを加速させた結果であった。

　国内手続き後の ASEAN 事務総長への寄託に関しては，4 月にシンガポールと中国が，6 月に日本が，10 月にブルネイ，カンボジア，ラオス，タイ，ベトナムが行った。そして 11 月 2 日にはオーストラリアとニュージーランドが寄託して発効の条件が満たされ，60 日後に発効となった。その後，韓国は 2022 年 2 月 1 日に，マレーシアは同年 3 月 18 日に，インドネシアは 2023 年 1 月 2 日に，フィリピンも同年 6 月 2 日に発効した。

　ミャンマーの発効については，ミャンマーの政治状況から，それぞれ各国で決定して ASEAN 事務局へ通知することとなり，タイでは 2022 年 1 月 1 日，シンガポールでは 3 月 4 日，中国では 5 月 1 日に発効した。ミャンマーの発効に関しては，ASEAN 全体で決めることが出来ず，ASEAN の一体性には負の影響を与えた。

2.　RCEP 協定の内容

　RCEP 協定の内容に関しても簡単に述べておきたい[10]。RCEP の目的は，地域的な貿易および投資の拡大を促進し世界的な経済成長および発展に貢献する，現代的で包括的な質の高いかつ互恵的な経済連携協定を構築することである。また RCEP の重要な特徴は，東アジア地域枠組みにおける ASEAN 中心性であり，共同宣言でも明記されている。

　RCEP 協定は，「冒頭の規定および一般的定義（第 1 章）」に始まり，「物品の貿易（第 2 章）」，「サービスの貿易（第 8 章）」，「投資（第 10 章）」，「知的財産（第 11 章）」，「電子商取引（第 12 章）」，「競争（第 13 章）」，「経済協力および技術協力（第 15 章）」，「政府調達（第 16 章）」を含めた，貿易の自由化やルールに関する多くの分野を包括する全 20 章から成る[11]。

　たとえば「物品の貿易（第 2 章）」は，締約国間の物品の貿易の自由化のための多くの規定を含む。そして多くの品目の関税が，既存の ASEAN ＋ 1 の FTA を越えて撤廃される。さらには，日中や日韓のように，これまで FTA が存在しなかった部分に FTA が構築される。関税撤廃に関しては，最終的に，参加国全体の関税撤廃率は，品目数ベースで 91％ となる（その他の章を含め詳細は，石川・清水・助川：2022 等を参照）。

　RCEP 協定の内容を見ると，ASEAN ＋ 1 の FTA を越えた部分も多い。た

だし関税の撤廃に時間が掛かる品目も多く，またルールにおいても合意できていない分野も多い。発効後にさらに内容を充実させていくことが肝要である。

3. RCEP 発効の意義

　RCEP の発効は，東アジアにとって，大きな意義を有する。世界の成長センターである東アジアで，初のメガ FTA かつ世界最大規模のメガ FTA が実現される。RCEP 参加国は，世界の GDP・人口・貿易の約 3 割を占めるとともに，それらが拡大中である。ASEAN を中心に放射上に伸びる既存の複数の ASEAN＋1FTA の上に，その全体をカバーするメガ FTA が実現し，東アジア全体の経済統合が進められる。そして，RCEP の発効は，これまで FTA が存在しなかった日中と日韓の FTA が実現されることを意味する。

　RCEP が発効して実現することは，東アジア経済に大きな経済効果を与える。第 1 に東アジア全体で物品（財）・サービスの貿易や投資を促進し，東アジア全体の一層の経済発展に資する。第 2 に知的財産や電子商取引など新たな分野のルール化に貢献する。第 3 に東アジアの生産ネットワークあるいはサプライチェーンの整備を支援する。第 4 に域内の先進国と途上国間の経済格差の縮小に貢献する可能性がある。

　世界経済においても，重要な意義を持つ。WTO による世界全体の貿易自由化と通商ルール化が進まない現在，広域の東アジアで貿易投資の自由化と通商ルール化を進める RCEP の意義は大きい。そして RCEP の発効は，拡大しつつある保護主義に対抗する。

　また RCEP は，東アジアと関係国における対話と交渉の場の確保にもつながる。RCEP は，これまで ASEAN が提供してきた広域での交渉と対話の場を，さらに増やす。

　RCEP 協定の発効は，ASEAN にとって大きな意義がある。以前の状況から見るとセカンドベストではあるが，ASEAN が提案して交渉を牽引してきたメガ FTA が発効された。今後，重要であるのは，RCEP において，ASEAN がイニシアチブと中心性を確保し続けることである。ASEAN が RCEP においてイニシアチブを発揮できるように制度整備していくことが重要である。

4. RCEP 発効後の展開と RCEP 利用の拡大

　RCEP 協定の発効後，4 月 26-27 日には第 1 回合同委員会がオンラインで開催された。協定の実施および運用に関する諸事項について議論され，また物品に関する委員会，サービスおよび投資に関する委員会，持続可能な成長に関する委員会，ビジネス環境に関する委員会の設置が決定された[12]。6 月 30 日の合同委員会では，HS2012 に基づく RCEP 協定の品目別規則を HS2022 に置き換えた品目別規則が採択され，2023 年 1 月 1 日から運用開始となった[13]。9 月 17 日には，発効後の第 1 回閣僚会議が開催され，RCEP 協定の運用等が議論された。インドネシアのジュリー・サンブアガ貿易副大臣とニュージーランドのフィル・トワイフォード貿易・輸出成長担当大臣が共同議長であった[14]。

　RCEP は，実際に利用が急速に拡大し，着実に利用されるようになってきている。たとえば日本の例を，日本商工会議所による日本からの輸出における RCEP 協定の原産地証明書発給件数で見てみよう。発給件数は，RCEP 協定発効月の 1 月にすでに 671 件あったが，その後発給数は急速に拡大して 6 月に 9,132 件となり，それまで発給数が最大だった日タイ経済連携協定（JTEPA）の 8,635 件を越えた。その後も 11 月に 10,117 件（JTEPA は 8,153 件），12 月に 8,873 件（JTEPA は 6,940 件），2023 年 3 月に 11,615 件（JTEPA は 8,174 件），4 月に 11,475 件（JTEPA は 6,846 件）であり，着実に利用されてきている[15]。

　2022 年 12 月の国別では，中国向けが 5,811 件，韓国向けが 2,937 件，タイ向けが 80 件，ベトナム向けが 21 件，マレーシア向けが 10 件等であった[16]。従来 FTA のなかった中国や韓国への輸出に多くが利用されている。タイ向け等の ASEAN 向けも一定数ある。タイ向け等では，JTEPA 等の他の FTA からの切り替えも考えられる。タイのデンソーでは，日本から輸入している燃料噴射装置のノズルに関して，JTEPA の利用から RCEP の利用に切り換えた。部品の取引形態に合わせて，使い勝手の良い RCEP への切り替えであった[17]。RCEP の利用に関しては，今後，RCEP の領域に相応しい東アジア広域の利用も拡大するであろう。

第4節　RCEP と ASEAN
― RCEP における ASEAN の重要性―

1. RCEP における ASEAN の重要性

　RCEP においては，ASEAN が中心性とイニシアチブを発揮して，重要な位置を占めてきており，その持続が重要である。RCEP は，そもそも ASEAN が 2011 年に提案して交渉を牽引してきたメガ FTA である。ASEAN の中心性に関しては，2011 年の「RCEP のための ASEAN フレームワーク」と 2012 年の「RCEP 交渉の基本指針と目標」においても明示され，それが引き継がれている。また RCEP 交渉に当たっては，ASEAN が交渉を牽引してきた。たとえば，当該年の ASEAN 議長が，RCEP 閣僚会議の議長を務めてきた。また 30 回以上行われた RCEP 交渉会合も，イマン・パンバギョ・インドネシア商業省総局長が議長を務めてきた[18]。

　RCEP の発効後においても，ASEAN がイニシアチブと中心性を確保し続けることが重要である。ASEAN にとっては，ASEAN の経済統合には従来からの域内経済協力・経済統合の重要な特徴があり，広域枠組みの整備とイニシアチブの確保が常に肝要である[19]。

　東アジアの経済統合は，中国のプレゼンスが拡大する中で，ASEAN が中心となることでバランスが取られている。ASEAN が RCEP においてイニシアチブを発揮できるように制度整備していくことが重要である。日本も，ASEAN がイニシアチブを発揮できるように協力していかなくてはならない。通商ルール重視の日本，オーストラリア，ニュージーランド，韓国が，ASEAN に協力することが重要であろう。

2. RCEP と ASEAN の関係と ASEAN 統合

　RCEP における ASEAN の重要性を考える上で，RCEP と ASEAN の関係を検討してみよう。従来，ASEAN のルールやシステムが東アジアに敷衍してきた。たとえば，AFTA の関税削減方式や原産地規則などが，中国，日本，韓国等との ASEAN+1 の FTA で採用された。また ASEAN スワップ協定

（ASA）がアジア経済危機後のチェンマイ・イニシアチブ（CMI）に発展した[20]。

　ASEAN が提案して進めてきた RCEP においても，ASEAN から RCEP への敷衍の例が多く見られる。域内先進国と途上国を包含しながら統合の深化と格差是正を目指す統合の基本的な進め方が，AEC から RCEP に引き継がれている。そして AFTA（ATIGA）の関税削減方式や原産地規則が RCEP でも基本となっている。最近では，AFTA の認定輸出者自己証明制度が RCEP に拡大している。また通関のシステム（AEO 相互認証）や電子的原産地証明も，RCEP へ敷衍している[21]。

　また逆に RCEP の制度が ASEAN よりも深化し，RCEP から ASEAN に影響を与える可能性もある。たとえば，電子商取引ルールは，ASEAN 電子商取引協定に類似するが，さらに進展して法的拘束性が増している。今後，RCEP の電子商取引ルールが，ASEAN 電子商取引ルールに作用して深化を促すであろう。このように RCEP の実現と深化が AEC の深化を促し，東アジア経済統合における相互作用とダイナミクスが生じるであろう。

　このダイナミクスの中で，ASEAN は，さらに経済統合を深化させなければならない。ASEAN にとっては，広域枠組みへ埋没する危険が自らの統合の深化を求めるからである[22]。いくつかの問題を抱えながらも，これまでのように ASEAN 全体の統合を着実に深化させることが必須である。RCEP の展開のためにも不可欠となる。

　そして最後に，ASEAN が RCEP における中心性とイニシアチブを発揮し続けるためには，ASEAN が一体性を保ち，RCEP においても ASEAN としてまとまっていることが肝要である。今後の制度やルール構築の際にも必要である。一体性に関して最近の状況では，ミャンマー問題への対応が重要である。解決は容易ではないが，ASEAN としてさらに対応しなければならない。今年の ASEAN 議長国であるインドネシアの対応が重要となるであろう。域外国との連携も必要となるであろう。

おわりに―東アジア経済統合の発展と世界経済―

　近年の保護主義・米中対立とコロナ感染の拡大に加え，さらに大きな変化が
世界と東アジアに起きている。しかし，この厳しい状況下，東アジアにおいて
は ASEAN が着実に AEC を深化させている。また RCEP が 2022 年 1 月に遂
に発効し，その利用も拡大している。

　世界経済はかつての貿易と投資の拡大による成長にさらに逆行しつつあり，
世界経済における ASEAN と RCEP の重要性は，より大きくなっている。
ASEAN は東アジアで最も深化した経済統合であり，RCEP を含めた東アジア
経済統合を牽引する。RCEP は，世界の成長センターである東アジアにおける
初のメガ FTA かつ世界最大規模のメガ FTA である。世界全体の貿易自由化
と通商ルール化が進まず，保護主義とデカップリングが拡大しつつある中で，
広域の東アジアで貿易投資の自由化と通商ルール化を進める RCEP の影響は
大きい。拡大する保護主義にも対抗するであろう。そして RCEP においては，
ASEAN がイニシアチブと中心性を確保し続けることが重要である。そのため
には一層の ASEAN 統合の深化と ASEAN の一体性が肝要である。

　最近の東アジアの地域協力枠組みは，さらに重層的かつ多様になってきてい
る。ASEAN のインド太平洋構想（AOIP）を含め，複数のインド太平洋構想
（FOIP）が進められている。2023 年 3 月にイギリスの新規加盟が決定した
CPTPP は，中国と台湾等も加盟申請しており，東アジアに影響が拡大する可
能性がある。アメリカが提案して進めてきている IPEF も，2022 年 5 月に東
京で立ち上げられ，12 月から交渉が進められている。Quad や AUKUS も東ア
ジアに影響を与えるであろう。このような状況で，多くの枠組みと補完的関係
を維持しながら，ASEAN と RCEP が東アジアの経済統合を牽引することが
求められる。

　ASEAN 統合と RCEP の深化が，東アジア経済と世界経済の発展のために
不可欠である。今年は日本 ASEAN 友好協力 50 周年である。日本と ASEAN
の一層の連携も，日本，ASEAN，東アジアと世界経済にとって必須である。

【付記】本章は，清水一史（2023）「厳しさを増す世界経済下の RCEP と ASEAN」，国際貿易投資研究所（ITI）（2023）を基に大幅に加筆修正したものである。

［注］

1　ASEAN と東アジアの経済統合の進展に関しては，清水（2019, 2023），参照。また ASEAN と AEC に関しては，石川・清水・助川（2016）等を参照。

2　最近の変化に関して詳細は，清水（2023）第 2 節を参照頂きたい。

3　バイデン政権の政策状況と対中国政策に関しては，大橋（2022, 2023）等，参照。

4　"Commerce Implements New Export Controls on Advanced Computing and Semiconductor Manufacturing Items to the People's Republic of China (PRC)," https://www.bis.doc.gov/index.php/documents/about-bis/newsroom/press-releases/3158-2022-10-07-bis-press-release-advanced-computing-and-semiconductor-manufacturing-controls-final/file.『ビジネス短信』（日本貿易振興機構）2022 年 10 月 11 日号，11 月 1 日号。

5　『ビジネス短信』2021 年 2 月 2 日号。ミャンマーの軍事クーデターとミャンマーの状況に関しては，深沢（2022）も参照されたい。

6　第 1 にミャンマーにおける暴力行為をただちに停止し，すべての関係者が最大限の自制を行う，第 2 にミャンマー国民の利益の観点から，平和的解決策を模索するための関係者間での建設的な対話を開始する，第 3 に ASEAN 議長の特使が対話プロセスの仲介を行い，ASEAN 事務総長がそれを補佐する，第 4 に ASEAN は ASEAN 防災人道支援調整センター（AHA センター）を通じ，人道的支援を行う，第 5 に特使と代表団はミャンマーを訪問し，すべての関係者と面談を行う，以上である。"Chairman's Statement on the ASEAN Leaders' Meeting," https://asean.org/wp-content/uploads/Chairmans-Statement-on-ALM-Five-Point-Consensus-24-April-2021-FINAL-a-1.pdf.『ビジネス短信』2021 年 4 月 27 日号。

7　"ASEAN Leaders' Review and Decision on the Implementation of the Five-Point Consensus," https://asean.org/wp-content/uploads/2022/11/06-ASEAN-Leaders-Review-and-Decision-on-the-Implementation-of-the-Five-Point-Consensus_fin.pdf.

8　"ASEAN Leaders' Statement on the Application of Timor-Leste for ASEAN Membership," https://asean.org/wp-content/uploads/2022/11/05-ASEAN-Leaders-Statement-on-the-Application-of-Timor-Leste-for-ASEAN-Membership.pdf.

9　"Chairman's Statement of the 40th and 41st ASEAN Summits Phnom Penh, Cambodia, on 11 November 2022." https://asean.org/wp-content/uploads/2022/11/01-Chairmans-Statement-of-the-40th-and-41st-ASEAN-Summits-2.pdf.

10　RCEP 協定の内容や意義に関しては，清水（2022），石川・清水・助川（2022）の各章，参照。

11　"Regional Comprehensive Economic Partnership Agreement,"https://rcepsec.org/wp-content/uploads/2020/11/All-Chapters.pdf（日本語訳：https://www.mofa.go.jp/mofaj/files/100114949.pdf』）. 協定の詳細な内容に関しては，石川・清水・助川（2022）の各章とともに，日本関税協会（2022）や日本貿易振興機構（2022），日本アセアンセンターによる一連の RCEP セミナーと資料等も参照されたい。

12　「第 1 回 RCEP 合同委員会の開催」（https://www.mofa.go.jp/mofaj/press/release/press6_001122.html）。

13　"Transposed RCEP Product-Specific Rules in HS 2022 (for implementation from 1 January 2023)," https://rcepsec.org/wp-content/uploads/2022/08/RCEP-PSR-in-HS-2022-adopted-by-RJC-30June2022-corrected20Aug2022.pdf.「HS2022 に従った品目別規則の採択」（https://www.mofa.go.jp/mofaj/gaiko/fta/j-eacepia/page22_003889.html）。

14　"Joint Media Statement of the Inaugural RCEP Ministers' Meeting 17 September 2022, Siem
　　Reap, Cambodia," https://rcepsec.org/wp-content/uploads/2022/09/Inaugural-RCEP-MM-Joint-
　　Media-Statement-17-September-2022.pdf.

15　「日本商工会議所での原産地証明書発給（第一種特定原産地証明書）」(https://www.meti.go.jp/
　　policy/external_economy/trade_control/boekikanri/gensanchi/coo.html)。第三者証明制度を利用
　　する場合の日本商工会議所における原産地証明書の発給数である。

16　同上。

17　2022 年 8 月のデンソー・インターナショナル・アジア（DIAT）におけるヒアリングに基づく。

18　清水（2022），石川・清水・助川（2022）等，参照。

19　ASEAN 経済統合においては，1987 年の域内経済協力から続く集団的外資依存輸出指向型工業
　　化の特徴があり，発展のための資本の確保・市場の確保が常に不可欠で，ASEAN よりも広域の経
　　済統合枠組みの整備が求められる。しかし広域枠組みへ埋没する危険が，常に自らの経済統合の深
　　化と広域枠組みにおけるイニシアチブの獲得を求める。ASEAN 統合にはこのような論理が働いて
　　いる（清水：2008，2019）。

20　清水（2008，2019），参照。

21　ASEAN 経済統合と RCEP の関係に関しては，石川（2022）や助川（2022）も参照。

22　注 19，参照。

［参考文献］

"ASEAN Framework for Regional Comprehensive Economic Partnership."

"ASEAN Leaders' Review and Decision on the Implementation of the Five-Point Consensus."

"Guiding Principles and Objectives for Negotiating the Regional Comprehensive Economic Partnership."

"Joint Leader's Statement on the Regional Comprehensive Economic Partnership (RCEP).""Regional
　　Comprehensive Economic Partnership Agreement."

"Summary of the Regional Comprehensive Economic Partnership Agreement."

ASEAN Secretariat (2015a), *ASEAN 2025: Forging Ahead Together.*

ASEAN Secretariat (2015b), *ASEAN Economic Community 2015: Progress and Key Achievements.*

ASEAN Secretariat (2015c), *ASEAN Integration Report.*

ASEAN Secretariat (2018), *AEC2025 Consolidated Strategic Action Plan (CSAP) (updated).*

ASEAN Secretariat (2020), ASEAN, *Implementation Plan of ASEAN Recovery Framework.*

ASEAN Secretariat (2021), *Mid-Term Review Report of the AEC Blueprint 2025.*

Kimura, F., Thangavelu, S. and Narjoko, D. (eds.) (2022) *Regional Comprehensive Economic
　　Partnership: Implications, Challenges, and Future Growth of East Asia and ASEAN*, ERIA.

Shimizu, K., (2021) "The ASEAN Economic Community and the RCEP in the World Economy,"
　　Journal of Contemporary East Asia Studies, Vol.10, No.1.

石川幸一（2022）「ASEAN 経済統合と RCEP」，石川・清水・助川（2022）。

石川幸一・清水一史・助川成也編（2016）『ASEAN 経済共同体の創設と日本』文眞堂。

石川幸一・清水一史・助川成也編（2022）『RCEP と東アジア』文眞堂。

石川幸一・馬田啓一・清水一史（2019）『アジアの経済統合と保護主義―変わる通商秩序の構図―』
　　文眞堂。

石川幸一・馬田啓一・清水一史（2021）『岐路に立つアジア経済―米中対立とコロナ禍への対応―』
　　文眞堂。

大橋英夫（2020）『チャイナ・ショックの経済学―米中貿易戦争の検証―』勁草書房。

大橋英夫（2022）「バイデン政権の対中政策と中国の対応」，『世界経済評論』第 66 巻第 1 号。

大橋英夫（2023）「バイデン政権の対中政策と米中デカップリング」,『世界経済評論』第67巻第2号。

外務省・財務省・農林水産省・経済産業省（2020）「地域的な包括的経済連携（RCEP）協定に関するファクトシート」。

木村福成編（2020）『これからの東アジア―保護主義の台頭とメガFTAs―』文眞堂。

経済産業省（2020）「地域的な包括的経済連携（RCEO）協定における工業製品関税に関する内容の概要」

助川成也（2022）「RCEPの物品貿易協定と日本企業の活動」, 石川・清水・助川（2022）。

日本関税協会（2022）『RCEPコンメンタール』日本関税協会。

日本貿易振興機構（2022）『RCEP協定解説書』（改訂版）。

深沢淳一（2022）『「不完全国家」ミャンマーの真実―民主化10年からクーデター後までの全記録―』文眞堂。

清水一史（2008）「東アジアの地域経済協力とFTA―ASEAN域内経済協力の深化と東アジアへの拡大―」, 高原明生・田村慶子・佐藤幸人編（2008）『現代アジア研究1：越境』慶應義塾大学出版会。

清水一史（2019）「ASEANと東アジア通商秩序―AECの深化とASEAN中心性―」, 石川・馬田・清水（2019）。

清水一史（2020）「ASEAN経済統合と自動車部品補完生産ネットワーク～AECの深化とトヨタ自動車IMV並びにデンソーの例～」ITI調査研究シリーズ No.109。

清水一史（2021）「保護主義とコロナ拡大下の東アジア経済統合―AECの深化とRCEP署名―」, 石川・馬田・清水（2021）。

清水一史（2022）「RCEPの意義と東アジア経済統合」, 石川・清水・助川（2022）。

清水一史（2023）「厳しさを増す世界経済下のASEANとRCEP」, 国際貿易投資研究所（ITI）編『RCEPがもたらすASEANを中心とする貿易・投資への影響』ITI調査研究シリーズ No.141。

（清水一史）

第7章

CPTPPの新規加盟をめぐる政治経済学

はじめに

　環太平洋パートナーシップ（TPP）は，アジア太平洋地域で高水準の貿易および投資の自由化と広範囲のルール分野を包摂する「21世紀型」の新しい通商枠組みの構築を目指し始動した。TPP交渉は2015年10月に大筋合意に達し，2016年2月に全参加国が協定に署名したが，米国のトランプ大統領が就任直後にTPP離脱を表明したことで暗礁に乗り上げた。他方，米国を除くTPP加盟11カ国は，高水準かつ拘束力のあるルールを維持しながら修正枠組みに合意し，2018年12月30日に環太平洋パートナーシップに関する包括的かつ先進的な協定（CPTPP）を発効させた。

　CPTPPにはいくつかの重要な特徴がある。第1に「質の高さ」である。「21世紀型」の貿易自由化を目指し，貿易や投資自由化のみならず国内規制などをめぐる規律を数多く含み，今後の国際経済秩序の形成に大きく影響するものと考えられる[1]。第2に，FTAでは類を見ない新規加盟に関する条項が設けられていることである。既存加盟国の賛同を得れば「APECとその他の国々」は協定に加わることができると規定されている。つまりCPTPPはこの条項により，質の高い自由貿易圏をアジア太平洋地域全体に拡大する基盤になった[2]。

　CPTPPに対する魅力が増す中で，参加に関心を表明する国が相次いで登場した。英国，中国，台湾，韓国などが関心を表明し，その後，インドネシア，フィリピン，タイ，コロンビア，エクアドル，コスタリカ，ウルグアイなども関心を示すようになり，一部の国は正式な加盟申請をした。また，英国は2023年3月31日にCPTPP加盟交渉で実質的な妥結に至り，同年7月16日

にニュージーランドで CPTPP への加盟に関する議定書に署名した。各国・地域が CPTPP 参加に興味関心を有するようになった背景や動機は異なる。本章では，世界的に保護主義が高まり，安全保障や政治的緊張が高まるインド太平洋地域において，各国・地域がいかなる理由で CPTPP に興味関心を持つようになったのか，その要因について検討する。

第 1 節　英国による CPTPP 加盟の要因

　2023 年 3 月 31 日，英国による CPTPP 加盟交渉が実質的な妥結に至り，同年 7 月 16 日にニュージーランドで CPTPP への加盟に関する議定書に署名した。英国は CPTPP 発足後の初の新規加盟国である。本来アジア太平洋地域の域外と目される英国がなぜ CPTPP に興味関心を持ったのであろうか，本節ではその要因を探る。

　2016 年 6 月 23 日，英国は欧州連合（EU）の離脱（Brexit）をめぐる国民投票を実施し，EU 離脱への支持が過半数を占めたことから離脱を決定し，2020 年 1 月 31 日に EU から正式に離脱した。英国と EU の関係は，それまでの「EU 関税同盟と単一市場」から「通商・協力協定」に基づくものへと変化した。英国が EU 離脱を決定した背景の一つに自国の通商政策の自律性が EU により制限されていたことがあった。EU は域外通商政策を段階的に統合させ EU レベルの共通通商政策を推進してきた[3]。こうした EU における共通通商政策は英国が EU 域外の第三国と個別に通商交渉することを原則不可能にした。

　英国は EU 離脱をめぐる国民投票後「グローバル・ブリテン」を掲げ，EU 域外との経済関係を目指した[4]。メイ首相はグローバル・ブリテンとは「欧州大陸を越えて，より広い世界の経済的・外交的機会に目を向ける自信と自由をもつ国」であると論じている[5]。とはいえ識者によるグローバル・ブリテンの評価は芳しくなく，伊藤は「偶発的に英国国民が離脱を選択したために掲げざるを得なくなってしまった苦しい看板」と指摘する[6]。英国は EU 離脱を契機に通商交渉権限を取り戻すことを目指したものの，EU 離脱による経済損失を

グローバル・ブリテンで穴埋めするのは難しいことが予測された。そうした中で，2018年7月12日に，英国政府はEU離脱をめぐる方針をまとめた白書を公表し，その中でCPTPPへの参加を打ち出した[7]。EU離脱後に発表した統合レビューでは，イギリスのインド太平洋への傾斜を明確にし，2022年末までに英国の貿易の80％を占める国と貿易協定を締結することを公約に掲げた[8]。2021年2月1日にトラス国際貿易大臣がCPTPPへの参加を正式に通知し，同年6月2日に加盟交渉の開始が決定され，同年9月28日から加盟交渉を始動させた。

英国政府はCPTPP加盟を模索する理由として次の3点を指摘した[9]。第1に，貿易・投資の機会を増やすこと，第2に世界的に不確実性が高まる中で貿易関係やサプライチェーンの多様化を図り経済安全保障を高めること，第3に世界における将来の地位を確保し，長期的な利益を促進しグローバル・ハブになることである。

英国は既にCPTPP加盟11カ国のうち9カ国と何らかの貿易枠組みを締結あるいは交渉中であり，これらの国からCPTPP加盟に向けた支援を期待していた。とりわけ2021年のCPTPP議長国を務める日本とは，英国の早期加盟支援で合意していた。その一方で，英国の加盟審査した原加盟国は，CPTPPをめぐる英国の例外措置を譲らず，特に日本は既存のCPTPPのルールを英国がすべて受け入れることに固執していた[10]。その理由として，英国に続いてCPTPP加盟申請した中国などにCPTPP加盟プロセスにおいて例外は認めないということを示すことが企図されたものと考えられる。

英国のCPTPP加盟をめぐり最後の障害となったのが農産物市場アクセスをめぐる英国とカナダの問題であった。Brexitに伴いEU・カナダ貿易協定（CETA）が英国に適用されなくなることから英国・カナダ自由貿易協定（FTA）交渉が始動したが，その中でカナダによる英国牛肉市場へのアクセスをめぐる意見の相違が見られた（Politico, March 13, 2023）。カナダはこの問題を念頭に英国のCPTPP加盟に異議を唱えた。カナダは日本の要請を受けこの問題について部分的に譲歩し，2023年3月に市場アクセスの懸念を多国間交渉ではなく二国間交渉で取り上げることで英国と妥結した（Politico, March 30, 2023）。2022年3月31日に，スナク首相は英国によるCPTPP加盟交渉が

実質的な妥結に至ったことを発表した[11]。そして，同年 7 月 16 日，ニュージーランドで開催された CPTPP の閣僚会合において，英国の CPTPP 加盟が正式に承認された。

　英国は CPTPP 加盟国と個別に貿易枠組みを締結しており CPTPP 加盟による英国の恩恵は限られる[12]。とはいえ CPTPP を橋頭堡としてインド太平洋地域における経済活動の拡大を図ることが可能となり，サプライチェーンの多様化や経済的強靭性の確保につながる[13]。また英国が正式に加盟した場合，CPTPP 発足後の初の新規加盟国であり CPTPP 拡大の成功事例といえる[14]。CPTPP への加盟は，スナク政権の国内政治的な正当性を高めるとともに，英国のインド太平洋傾斜に弾みをつけることに寄与すると考えられる。

第 2 節　中国による CPTPP 加盟の要因

　2021 年 9 月 16 日，中国は英国に続いて CPTPP に正式に加盟申請した。中国は長らく CPTPP に関心を示してきたが，その加盟申請は大きな驚きをもって迎えられた[15]。中国は当初 TPP のことを中国包囲網とみなし警戒していたが，徐々にその姿勢を変化させた。リンチは，中国が域外にいるよりも域内にいた方が良いと判断したからであると指摘している[16]。本節では元来 TPP に興味関心を示さなかった中国が，その姿勢を変化させ，加盟申請した要因について探る。

　2009 年の米国による TPP 参加表明は，米国による中国包囲網を彷彿させ中国に衝撃を持って迎えられた[17]。しかし，TPP 交渉が加速するとともに，日本が TPP 交渉参加を表明したことで，TPP に対し慎重な姿勢を示してきた中国が，前向きな姿勢を見せるようになった。実際，中国商務省の沈丹陽報道官が TPP 参加の「可能性を分析する」と表明するとともに，外務省の洪磊副報道局長も「TPP 交渉に関心を持ち続けている」と発表した（『日本経済新聞』2013 年 6 月 1 日）。習近平国家主席とオバマ米大統領による米中首脳会談では，習国家主席がオバマ大統領に「TPP 交渉の進展に合わせた情報提供」を求め，米国もそれに合意した（日本経済新聞，2013 年 6 月 10 日）。2013 年 11

月に大連で開催された夏季ダボス会議では李克強首相が「TPP や環大西洋貿易投資協定（TTIP）に開放的かつ寛容な態度で臨む」と論じ（日本経済新聞，11 月 13 日），その後，上海に TPP 加盟を意識したとされる自由貿易試験区が設置された[18]。2015 年 10 月に TPP 交渉が大筋合意したことについて高虎城商務部長は「TPP は中国を牽制するためのものではなく，中国を排斥しようという意図はない」という考えを示した（Reuters，2015 年 10 月 26 日）。このように日本の TPP 交渉参加表明後，中国は一貫して TPP に前向きな姿勢を見せてきた。

　他方で，中国は TPP に対抗する姿勢も示している。例えば，「アジア・インフラ銀行（AIIB）」の創設とともに，中国が主導する地域的な包括的経済連携（RCEP）の求心力を高め，TPP の求心力を弱めるような動きをするようになった[19]。TPP が大筋合意した後に開催された中韓首脳会談では，李克強首相が「TPP ではなく中韓 FTA を日中韓 FTA や RCEP のモデルにすべき」と訴えている（日本経済新聞，2015 年 11 月 2 日）。中国にとり TPP 加盟はハードルが高い一方で，中国の加盟しないアジア太平洋のルールが米国主導で進められることに中国は焦りを感じていたものと考えられる。とはいえ中国国内の改革派は引き続き TPP の重要性を訴え，中国による興味関心は継続していたといえる[20]。

　2020 年 5 月 29 日に，李克強首相は「中国は CPTPP 参加にオープンで積極的な態度を維持している」という考えを示した（China Daily, May 29, 2020）。また 2020 年 11 月に開催された APEC 首脳会議において習近平国家主席も，CPTPP 加盟を前向きに検討すると表明した（新華網，2020 年 11 月 23 日）。商務部は CPTPP の評価分析を行い，2021 年 9 月 16 日に中国は CPTPP に正式に加盟申請した。

　中国が CPTPP に加盟申請した背景には，経済要因と地政学要因が考えられる。経済要因としては，第 1 に，中国が高水準の CPTPP に参加することで，中国経済の開放性を保ち制度改革を推進することである[21]。第 2 に，国内改革を進めるための外圧としての CPTPP という位置づけである（日本経済新聞，2020 年 11 月 28 日）。地政学要因としては，第 1 に，対中包囲網を阻止することのみならず，米国不在の中で中国が国際経済秩序の主導権を握ることを企図

したものと考えられる[22]。とりわけ首脳級がCPTPP参加を言明するだけでなく中国政府の重要政策文書にも積極参加が謳われていることから，渡邉，加茂，川島，川瀬らの研究では中国によるCPTPP加盟の狙いは「制度に埋め込まれたディスコースパワー」を獲得し，アジア太平洋地域の経済秩序を書き換えることにあると指摘している[23]。第2に，馬田は，米中分断が進む中で，中国は他国からの経済制裁を想定し反撃能力を強化するべくCPTPPを通じてアジア太平洋地域のサプライチェーンが中国に依存する状態をつくることを念頭にしていると論じている[24]。

　中国のCPTPP参加のハードルは高いと考えられるが，CPTPPへの加盟申請後に，習近平国家主席，王毅国務委員兼外務大臣などがCPTPP加盟国に中国への支持を働きかけている。それに対してマレーシア，シンガポール，ベトナム，ニュージーランド，チリ，メキシコなどが中国の加盟申請を支持する姿勢を示した[25]。CPTPP加盟国11カ国のうち9カ国にとって最大の輸出相手国が中国であり中国のCPTPP加盟による恩恵は大きいと考える国は多い[26]。中国は，こうしたCPTPP加盟国からの支持を取り付けることを通じて，例外を認めてもらうことを期待している[27]。実際，ベトナムやマレーシアのような発展途上国は，CPTPP加盟にあたり関税の撤廃期間や国営企業などのルールの完全な遵守を遅らせることに成功させており，メッツラーは，中国がこうした先例を訴求する可能性を指摘する[28]。また中国は認識されている以上にCPTPPの基準に近いという指摘もある[29]。

　他方で，加盟に慎重な立場を示す日本，オーストラリア，カナダは厳しく構える。オーストラリアは新型コロナウイルスの発生源調査をめぐって中国と対立し，豪州産牛肉などの輸入が制限されるなど関係が冷え込んでいる。また，中国のCPTPP加盟が実現すれば，米国・メキシコ・カナダ協定（USMCA）から米国が離脱することも考えられることからカナダとメキシコは慎重な姿勢を示している[30]。さらにシェルトンは，CPTPP加盟国は，中国の加盟申請には懐疑的であるべきと指摘する[31]。特にソリスは，CPTPPの基準と中国の他の貿易協定における既存の約束との間には，大きな隔たりがあると論じる[32]。これまで中国は国有企業，労働，政府調達，産業補助金などの市場歪曲的行為を規律することを約束してきたが，それを遵守してこなかった。また新たな

データセキュリティ法に基づくデータ・ローカライゼーションの強化は，信頼性のある自由なデータ流通を掲げる日本の考えとは相反する。こうしたことから，中国のCPTPP加盟は，今後も困難が予測される。

第3節　台湾によるCPTPP加盟の要因

　台湾は，中国がCPTPPに加盟申請をした一週間後の2021年9月23日にCPTPPに加盟申請した[33]。これまで台湾は「一つの中国」の原則の下，常に難しい外交選択を迫られてきた。本節では，台湾がなぜCPTPPに興味関心を有するようになったのか，その要因を探る。

　中国は，一つの中国を堅持することが原則であるものの，台湾が民間レベルで海外との経済文化関係を築くことには反対しないという方針を一貫させている[34]。こうした状況下で台湾は，陳水扁政権において外交関係を有する中南米，アフリカ諸国などとFTAを締結させてきた。他方，外交関係のない国々とのFTA締結は中国の圧力によって実現しないこともあった[35]。馬英九政権ではFTAを構築するためには，まずそれを阻止する中国と両岸経済協力枠組協議（ECFA）を締結することが先決と判断した[36]。馬政権は良好な両岸関係をもとに中国と2010年にECFAを締結し，その後2013年にTPP原加盟国のニュージーランドとシンガポールと相次いでFTAを締結した。こうしたFTAを締結出来た理由として，赤羽は，第1に両国がすでに中国とFTAを締結していること，第2に両国がいずれも中国が主導しているRCEP加盟国であるという点を指摘する[37]。また，馬政権発足以来進めてきた対中融和の成果と評されている（日本経済新聞，2013年7月10日）。

　ニュージーランドとシンガポールというTPP原加盟国とのFTA締結により，台湾のTPPおよびRCEP参加の可能性が急浮上した。馬政権は2014年1月にTPPおよびRCEPに加盟する意向を表明した[38]。また経済部国際貿易課に専門部署を設置し，研究と交渉準備を本格的に開始させた[39]。蔡英文は2016年の総統就任とともに経済的に大きく依存する中国からの自立を図るべくTPP加盟に意欲を見せた[40]。当初，台湾は加盟に向け米国に期待を寄せていた

が TPP から米国が離脱したことから，台湾は加盟国の中で最大の経済規模を
持ち CPTPP を主導した日本の協力に期待した。とはいえまず日本の協力を得
るためには，東日本大震災による福島第一原子力発電所事故をめぐり台湾が
とった福島，茨城，栃木，群馬，千葉の 5 県産食品の輸入規制措置の問題を解
決する必要があった。日本は原発事故以降，国際的な安全基準に準じて管理を
強化し，その甲斐あって世界各国の規制は緩和されてきたが台湾では引き続き
維持されていた。CPTPP では，食品安全上の措置は WTO 衛生植物検疫
（SPS）協定に適合することが前提であり国際基準や科学的証拠に基づかねば
ならず，加盟申請するためには協定整合性を確保することが必要であった。
2016 年に蔡政権は福島県以外の 4 県産食品の輸入規制緩和を推進しようとし
たが，公聴会での反対などで断念した（毎日新聞，2016 年 12 月 25 日）。また
最大野党の国民党が反対運動を展開し輸入規制をめぐる住民投票を請求し，
2018 年 11 月に賛否を問う住民投票が行われ，賛成多数で禁輸継続となった
（日本経済新聞，2018 年 11 月 26 日）。住民投票において 2 年間は投票結果と
異なる政策を実施してはならないと定められていたことから台湾は 2 年間その
結果に拘束され CPTPP 加盟申請は困難に追い込まれた。

　台湾はこの間も水面下で CPTPP 加盟に向けた協議を加盟国と進めていた
が，拙速に TPP 加盟申請を行うと中国が既存の CPTPP 加盟国に圧力をかけ
台湾が各国からの支持を得ることが難しくなるため，台湾は各国の支持を得
てから正式に TPP の加盟申請を行う段取りを描いていた。しかし，2021 年 9 月
16 日に中国が突如 CPTPP に正式に加盟申請したことで状況が一変した[41]。中
国の加盟申請に焦った台湾は同年 9 月 23 日に正式に CPTPP 加盟申請をした。
台湾の TPP 加盟の正式申請に対して中国メディアの環球時報は「攪乱」と批
判した（環球時報，2021 年 9 月 22 日）。また中国外交部の趙立堅報道官は台
湾の「公的な性質を持つあらゆる協定や組織への参加に断固反対する」と反発
した（産経新聞，2021 年 9 月 23 日）。他方で，日本の閣僚は相次いで歓迎の
意を表明している（Reuters, 2021 年 9 月 23 日）。

　台湾が CPTPP に興味関心を有した要因として，第 1 に，他国が CPTPP に
加盟すると貿易転換効果が働き相対的に不利な状況に置かれるという懸念によ
るものであった。第 2 に，台湾は中国経済と深く結びついており，中国は台湾

の輸出の４割強を占めている。すなわち台湾にとってのCPTPPは，統一圧力を強める中国への経済的依存を減らし，貿易の多角化および分散化を実現するためという位置づけとなる。台湾が中国依存の脱却を狙うものの，他方で，台湾のCPTPPへの加盟には常に中国の影が付き纏う。中国が加盟申請した一週間後に台湾が慌てて加盟申請した背景には，中国がCPTPP加盟手続きを進め，参加国との関係を強めると台湾のTPP加盟へのハードルが一段と高くなる可能性を恐れたことが考えられる。台湾行政府はこのタイミングでのCPTPP加盟申請に中国による影響はないと説明したが，鄧振中政務委員は中国が台湾の国際活動の拡大を阻止し続けていると指摘し，中国の加盟が先に実現した場合，台湾にとってリスクになると論じている（東洋経済，2021年10月10日）。中国がCPTPP加盟国に台湾の加盟を承認しないよう求め，それが一カ国でも成功すると台湾の加盟は難しくなる。とはいえ平川は，APECやWTOの例は中国との同時加盟ではあるものの台湾のマルチ枠組みへの参加が不可能ではないことを示していると指摘する[42]。

第4節　ASEAN（タイ，フィリピン，インドネシア）の要因

　シンガポールをはじめ，マレーシアやベトナムがCPTPPに加盟する中で，タイ，フィリピン，インドネシアなどの他のASEAN諸国もCPTPPに一定の関心を示すとともに，参加の可能性を探るための研究を進めてきた。本節ではタイ，フィリピン，インドネシアが，なぜCPTPPに興味関心を有するようになったのか，その要因を探る。

　タイは，TPP交渉の段階から一貫して加盟に強い関心を示してきた。2018年３月にソムキット副首相が初めて公に参加意欲を表明し，その後も商務省や財務省などが研究を進めてきたが，国内調整をうまくとれず参加表明できずにいた。とはいえタイのCPTPPへの関心は高く，2021年10月，プラムドウィナイ副首相兼外務大臣により加盟に向けた協議への参加を目指す発言がなされ，また主要産業３団体による横断的な組織であるタイ商業・工業・金融合同常任委員会もCPTPPへの加盟を求める姿勢を明確にした（The Nation,

October 21, 2021）。タイが CPTPP に興味関心を示す背景に，タイが 2005 年にオーストラリアと FTA を締結した以降に他の FTA がなく，貿易と投資を促進する手段として考えられていたことにある。特に ASEAN 域内で製造拠点として競合するベトナムやマレーシアに対し輸出条件が劣後する状態を避けることが念頭に置かれていた。他方で，医薬品アクセスを懸念する利益団体や国内の農業保護を掲げる農業団体などがタイの CPTPP 加盟を阻んでいる。

　フィリピンも長らく CPTPP への加盟に関心を示してきたが，加盟条件のための法的分析が広範囲に及んでいることからその精査が長引いている[43]。2021 年に，ロペス貿易産業大臣が CPTPP 加盟に向けて再検討するよう指示し，2021 年 2 月 3 日に CPTPP の寄託国であるニュージーランドに同協定への参加を検討していることが伝えられた。フィリピンは，RCEP に加盟しているものの，CPTPP に加盟することでさらに FTA でカバーするサプライチェーンの拡大を図ろうとしている（Nikkei Asia, April 2, 2021）。他方で CPTPP 加盟は，非熟練労働者に利益をもたらす可能性があるものの，高付加価値産業の衰退により経済成長の低下につながる可能性があるという指摘もあり，加盟の判断を難しくしている[44]。

　ASEAN で唯一の G20 参加国であり，最大の経済規模を有するインドネシアの動向は域内外から注目されてきた。2015 年に米国を訪問したインドネシアのジョコ大統領は，オバマ大統領に TPP に参加できることを期待していると伝えた（Nikkei Asia, October 29, 2015）[45]。インドネシアが TPP に興味関心を示したことは，当時，米国の外交的勝利と捉えられた（New York Times, October 26, 2015）。インドネシアの TPP 参加は国内産業保護の観点から難しいと考えられていたが，他方でベトナムなどへの貿易転換効果を危惧する声もある（Jakarta Post, 26 January 2016）。しかし米国の TPP 離脱により，インドネシアの TPP への関心は低下し，貿易転換効果などの懸念が後退し，RCEP に意欲を示すようになった[46]。こうした中で，ルキタ貿易大臣は，CPTPP にまだ参加していない ASEAN 諸国に CPTPP 参加を促し，ASEAN 圏が貿易協定を集団で交渉できるようにすることを要請した。他方，インドラワティ財務相は，国内の構造的問題が解決されるまでは参加は難しいと指摘している（CNBC, April 18, 2018）。

　3カ国がCPTPP参加に関心を示す要因は多様であるが共通している点もある。特にベトナムがCPTPP批准後に貿易額を顕著に拡大させ，対内投資を堅調に高めたという意味で，CPTPPがASEAN諸国にもたらす貿易転換効果について懸念が生じた[47]。一方，ASEAN諸国はCPTPPにより貿易と投資が促進されることに期待した。他方で，広範な経済改革を求められることからCPTPP加盟の壁は高いという指摘も多くみられる[48]。そうした中で，3カ国は，CPTPPによる先進国市場への特恵的なアクセスと対内直接投資の誘致という観点からのみならず，中国がCPTPPに加盟申請したことで潜在的なCPTPPの魅力が高まると捉えている。ISEAS-Yusof Ishak Instituteによる調査では，ASEAN諸国が中国を同地域で最も影響力のある政治，安全保障，経済のパートナーと示す世論調査を示していることからも，ASEAN諸国による中国のCPTPP加盟に対する期待は高い[49]。

おわりに

　米国がTPPを立ち上げ積極的に推進してきた動機の一つに，中国の市場歪曲的な行為を牽制することを企図した戦略的な重要性があった。そうした意味で，米国が不在の中で2021年に中国がCPTPPに加盟申請したということは皮肉的な出来事である。とはいえ，TPPが有する高水準の貿易および投資の自由化と広範囲のルール分野を包摂する規律は，CPTPPになってもほぼ維持されている。

　こうした中でCPTPP加盟に興味関心を抱く国は多い。本章でも考察してきたように，各国がCPTPP加盟に興味関心を持った動機は多様である。対内直接投資を呼び込むため，有利な市場アクセスを確保するため，第三国がCPTPPに加盟していることから生じる貿易転換効果への恐れなどの経済要因がある一方で，中国のように米国不在の中で国際経済秩序の主導権を握ることを企図した地政学的要因なども考えられる。

　CPTPPに対する各国の関心が異なる中で，その質を維持することは難しい。CPTPP参加に意欲を燃やす中国は，ベトナムやマレーシアが与えられたよう

な例外を求めて各国に圧力を行使してくることが予測される。CPTPP 原加盟国の多くにとって中国は最大の輸出先であり経済的な恩恵は大きい。中国との経済的な関係を維持あるいは高めていきたいと考える国が，こうした中国の圧力に打算的に屈することは容易に想像がつく。とはいえ，中国の市場アクセスと引き換えに，中国に例外を与え CPTPP 本来の規律を緩める事態は避けなければならない。

　こうした中で，日本はルール志向で価値観を共有するオーストラリア，カナダなどの有志国とともに CPTPP の高水準なルールを維持していくことが重要である。とはいえ，ただ単に有志国が中国の CPTPP 加盟に反対する姿勢を示し続けると，中国との関係を望む他の CPTPP 加盟国による有志国離れを引き起こす可能性が危惧される。そうした観点から，このタイミングで英国が CPTPP に加盟したことは望ましい。英国が加盟した基準を基礎に，日本は英国と緊密に連携しながら妥協することなく厳格に中国の CPTPP 加盟協議を進めることが重要である。

[注]

1　Lewis, Meredith Kolsky (2009) "Expanding P-4 Trade Agreement into a broader Trans-Pacific Partnership: Implications, Risks and Opportunities" Asian Journal of WTO and International Health Law and Policy, Vol. 4., pp.401-422.

2　Fregusson, Ian F. and Bruce Vaughn (2000) "The Trans-Pacific Partnership Agreement" Congressional Research Service, R40502, December 7, 2000.

3　小林勝（2009)『リスボン条約』御茶ノ水書房。

4　U.K., Foreign Affairs Committee (2018) "Global Britain" Sixth Report of Session 2017-19, HC 780, 12 March 2018, p. 3.

5　U.K. Prime Minister Theresa May (2020) "Britain after Brexit. A vision of a Global Britain. May's Conference speech: full text," Conservativehome, October 2, 2016.

6　伊藤さゆり（2022)『グローバル・ブリテン戦略とインド太平洋傾斜』日本国際フォーラム・米中覇権競争とインド太平洋地経学研究会，2022 年 9 月 29 日。

7　U.K. Government (2018) "The future relationship between the United Kingdom and the European Union" July 2018.

8　U.K. Government, Global Britain in a competitive age: The Integrated Review of Security, Defence, Development and Foreign Policy, March 2021.

9　U.K., Department for International Trade (2023) "An update on the UK's position on accession to the Comprehensive and Progressive Agreement for Trans-Pacific Partnership (CPTPP)," 17 June 2020.

10　Arasasingham, Aidan, Emily Benson, Matthew P. Goodman, and William Alan Reinsch (2023) "The United Kingdom Is Joining the CPTPP. What Comes Next?" CSIS, March 31, 2023.

11 U.K. Government (2023) "UK strikes biggest trade deal since Brexit to join major free trade bloc in Indo-Pacific" March 31, 2023.

12 英国政府の分析によると英国のCPTPP加盟が英国にもたらす経済効果予測は15年間でわずか0.08％である。

13 菅原淳一（2023）『日本が主導したCPTPP，英国の加入決定はポストTPPにどんな影響を与えるか』JBpress，2023年4月1日。

14 Arasasingham, Benson, Goodman and Reinsch (2023).

15 Solis, Mireya (2021) "China moves to join the CPTPP, but don't expect a fast pass" Brookings Institute, September 23, 2021. またMatthew P. Goodmanは米国が立ち上げ離脱したTPPに中国が参加したことを悲劇と論じている。Matthew P. Goodman (2021) "Overcoming the Tragedy of TPP" CSIS, September 28, 2021.

16 Reinsch, William Alan (2021) "China, Again and Again and Again" CSIS, September 20, 2021.

17 大橋英雄（2016年）『TPPと中国の一帯一路構想』国際問題 No.652号。

18 JETRO（2013）『中国（上海）自由貿易試験区全体方案公布に関する国務院の通知』2013年10月15日。

19 三浦秀之（2015）『アジア太平洋地域経済統合の枠組みをめぐる米中の競争』杏林社会科学研究第30巻4号。

20 渡邉真理子，加茂具樹，川島富士雄，川瀬剛志（2021）『中国のCPTPP参加意思表明の背景に関する考察』RIETI Policy Discussion Paper Series 21-P-016。

21 前掲，渡邉，加茂，川島，川瀬（2021）。

22 柯隆（2021）『中国はなぜCPTPP加入を申請したのか』東京財団政策研究所，R-2021-010。

23 前掲，渡邉，加茂，川島，川瀬（2021）。

24 馬田啓一（2023）『米中対立下のRCEPと米国の対応』国際貿易投資研究所。

25 ただ後述するようにメキシコはUSMCAの観点から難しい対応が迫られることが予測される。

26 Meltzer, Joshua P. (2021) "US economic statecraft adrift as China seeks to join mega Asian trade deal" Brooking Institute, September 28, 2021.

27 Solis (2021).

28 Meltzer (2021).

29 Gao, Henry and Weihuan Zhou (2021) "China's entry to CPTPP trade pact is closer than you think" Nikkei Asia, September 20, 2021.

30 JETRO（2021）『メキシコ政府は中国とのCPTPP加盟交渉に慎重，北米経済圏に悪影響を及ぼすとの識者の声も』2021年9月23日。

31 Shelton, Joanna (2021) "Look Skeptically at China's CPTPP Application" CSIS, November 18, 2021.

32 Solis (2021).

33 台湾のCPTPPへの加盟申請は「主権国家」としてではなく，「経済体」である「台湾，澎湖，金門，馬祖独立関税地域」名義で行われている。

34 平川幸子（2017）「台湾の通商戦略―TPPへの期待―」日本国際問題研究所『ポストTPPにおけるアジア太平洋の経済秩序の新展開』。同論文では台湾がいかにしてAPECおよびWTOに加盟したか詳述されている。

35 赤羽淳（2017）『馬英九政権の対中経済連携―成果の予備的検証―』川上・松本編「馬英九政権期の中台関係と台湾の政治経済変動」調査研究報告書 アジア経済研究所。

36 林冠汝（2013）「ECFA締結の台湾経済・産業に対する影響と政府の対応策」『名城論叢』13(4)。

37　赤羽（2017）76 頁。

38　平川幸子（2016）「台湾の TPP/RCEP 政策と実現可能性」『問題と研究』第 45 巻 1 号。

39　前掲，平川（2017）152 頁。

40　台北駐日経済文化代表（2016）『蔡英文・中華民国（台湾）第 14 代総統就任演説』2016 年 5 月 25 日。

41　台湾にとって中国はまだ CPTPP に加入申請する準備が出来ていないと踏んでおり，予想外のタイミングであったという。

42　平川幸子（2017）。同論文では台湾がいかにして APEC および WTO に加盟したか詳述されている。

43　フィリピンは，TPP 交渉の段階でアキノ大統領が交渉参加に興味関心を示してきたが，実際参加することはなかった。貿易産業省とフィリピン大学は CPTPP の条項と国内法の間のギャップを精査している。

44　Lanzona, Leonardo A., Tuano, Philip Arnold P., Castillo, Rolly Czar Joseph T., Lubangco, Cymon Kayle, Pascua, Gerald Gracius Y. and Alvarez, Julian Thomas B. (2023) "The Effects of CPTPP on Philippine Employment and Earnings: A CGE Approach" Policy Notes, Philippine Institute for Development Studies. Cabinet Secretariat of the Republic of Indonesia (2015) "President Jokowi Asserts Indonesia does not Join TPP Yet" December 16, 2015.

45　Cabinet Secretariat of the Republic of Indonesia (2015) "President Jokowi Asserts Indonesia does not Join TPP Yet" December 16, 2015. ただしその後のインドネシアの会見でジョコ大統領はオバマ大統領にインドネシアの TPP に対するスタンスは，will join ではなく intend to join であるということを伝えており，インドネシアの TPP 参加には困難があることが示された。

46　Gnanasagaran, Angaindrankumar (2018) "What to make of Indonesia's consideration to join the TPP-11?" The ASEAN Post, 24 April, 2018.

47　Suominen, Kati (2021) "Toward CPTPP 2.0" CSIS, October 15, 2021.

48　Wilson, Jeffrey and Hyley Channer "Expanding the CPTPP: A form guide to prospective members" the Interpreter published by the Lowy Institute, February 22, 2021.

49　ISEAS-Yusof Ishak Institute (2023) "The State of Southeast Asia: 2023 Survey Report".

（三浦秀之）

第8章

IPEF の課題と展望

はじめに

　オバマ政権によるアジアリバランス政策は環太平洋パートナーシップ（TPP）協定をその中核的な柱と位置づけていた。しかし，2017年1月，トランプ大統領は就任直後に TPP からの脱退を宣言してしまった。その後，インド太平洋地域では，米国不在のまま，2018年12月に TPP を引き継いだ，CPTPP（環太平洋パートナーシップに関する包括的かつ先進的な協定）が発効，2020年11月には，ASEAN，中国，日本など15カ国によるメガ FTA の RCEP（地域的な包括的経済連携）協定が締結されるなど多国間の経済枠組み作りが進んだ。同時に中国は「一帯一路」構想の推進なども含め，同地域での経済的プレゼンスを一貫して高めてきた。こうした状況を受け，2021年1月に発足したバイデン政権が，同地域での米国の経済的リーダーシップの再建を意図して打ち出したイニシアチブがインド太平洋経済枠組み（Indo-Pacific Economic Framework for Prosperity, IPEF）である。

　IPEF は既存の FTA（自由貿易協定）とは一線を画し，市場アクセスを含まない。このため，参加へのモチベーション，その効果などに疑問の声も聞かれるが，バイデン政権は，IPEF を 21 世紀の経済課題に対応した経済枠組みのニューモデルと位置づけている[1]。IPEF は本章執筆中も交渉が続けられているところであるが，本章では，これまで発表されている内容から，IPEF の概要やその特徴を明らかにしたうえで，IPEF が直面している課題，今後の展望について考察したい。

第 1 節　IPEF の概要と特徴

1. IPEF の概要

　バイデン政権が，IPEF に初めて言及したのは，2021 年 10 月末の東アジア首脳会議（EAS）であった。その後，2022 年 2 月に，インド太平洋地域で影響力の拡大を図る中国に対抗して，米国による関与の強化を示す「インド太平洋戦略」が発表された。その中で，IPEF は 5 つの柱の一つである，「地域の繁栄を促進」する取り組みとして，位置づけられた（第 8‐1 表）。

　そして，2022 年 5 月，バイデン大統領の訪日の機会に，インド太平洋地域における多国間の枠組みとして，インド太平洋経済枠組み（IPEF）の交渉立ち上げが発表された。参加国は，米国，日本，韓国，オーストラリア，ニュージーランド，インド，フィジーに，ASEAN からシンガポール，タイ，インドネシア，マレーシア，フィリピン，ベトナム，ブルネイの 7 カ国，合計 14 カ国に上る。参加 14 カ国の GDP の合計は世界 GDP の 40％，貿易額（サービスを含む）は世界全体の 28％を占める[2]。

第 8‐1 表　米国のインド太平洋戦略の概要（2022 年 2 月）

1．自由で開かれたインド太平洋の推進
米国は（同地域における）情報公開および表現の自由を強化し，他国による干渉と戦う。
2．地域内外における連携の構築
特に同盟を結ぶ 5 カ国（オーストラリア，日本，韓国，フィリピン，タイ）およびパートナー国との関係を深化させる。
3．地域の繁栄の促進
「インド太平洋経済枠組み」を 21 世紀にとって重要な多国間パートナーシップと位置づけ，デジタル経済やエネルギー転換，気候変動への取り組みに生かす。
4．インド太平洋における安全保障の強化
台湾海峡の平和と安定を維持し，台湾の将来が彼らの願いや利益に基づいて決められる環境を確保する。
5．国境を越えた脅威に対する地域の回復力の構築
世界の平均気温の上昇をセ氏 1.5 度に抑制するために中国に行動を促し，インド太平洋地域が温室効果ガスの排出量を実質ゼロの社会を創れるようにパートナー国と協力。

（出所）ホワイトハウス。

IPEF は 2022 年 9 月に米国ロサンゼルスで開催された閣僚会合で，4 つの柱から成る交渉目標が設定され，同年 12 月，豪州ブリスベンでの第 1 回交渉官会合を皮切りに交渉が進められている。第 8-2 表は，同閣僚会議後に発表された交渉目標として示された項目である。全体として，IPEF の交渉範囲が非常に広範囲にわたるものであることがわかる。ただし，4 つの柱ごとに，参加するかどうか選択することができる。実際にインドは第 1 の柱の貿易は正式な参加を見送り，オブザーバーとして参加している。米国政府の担当は，第 1 の柱が通商代表部（USTR），第 2～4 の柱が商務省と分かれている。柱ごとに内容を順にみていきたい。

第 8-2 表　IPEF の交渉内容

柱 1：貿易	労働
	環境
	デジタル経済
	農業
	透明性と良き規制慣行
	競争政策
	貿易円滑化
	包摂性
	技術支援と経済協力
柱 2：サプライチェーン	重要分野・製品の基準構築
	重要分野・製品における強靱性の向上と投資
	情報共有と危機対応メカニズムの構築
	サプライチェーン・ロジスティクスの強化
	労働者の役割の強化
	サプライチェーンの透明性の改善
柱 3：クリーン経済	エネルギー安全保障と移行
	優先分野における温室効果ガス（GHG）の削減
	持続可能な土地，水，海洋のための解決策
	温室効果ガス除去のための革新的技術
	クリーンエネルギーへの移行を可能とするインセンティブ
柱 4：公正な経済	腐敗防止
	税
	能力構築（キャパビル）とイノベーション
	協力，包摂的連携および透明性

（出所）IPEF 閣僚声明，2022 年 9 月。

第 1 の柱（貿易）：

　貿易の柱は労働，環境，デジタル経済，農業，透明性と良き規制慣行，競争政策，貿易円滑化，包括性，技術支援と経済協力の 9 つの分野から成る。USMCA（United States-Mexico-Canada Agreement）など近年の自由貿易協定（FTA）でカバーされている分野が多くみられるが，市場アクセスが含まれていない点が最大の特徴である。「労働」が真っ先に挙げられているところは，「労働者のための通商政策」を標榜するバイデン政権の意向が色濃く反映されていることがみてとれる。環太平洋パートナーシップ（TPP）の交渉でも，当時の民主党オバマ政権が重点を置いていた，「労働における基本的原則及び権利に関する国際労働機関（ILO）宣言」に基づく国際的に認められた労働基本権に関する国内法の導入・維持・執行などが記載されている。同様に民主党が重視する「環境」では，環境関連法の執行強化，幅広い環境保全，気候変動対策の強化が盛り込まれている。

　「デジタル経済」では，包摂的なデジタル貿易を推進するとして，特に（1）信頼と安全に基づく越境データフロー，（2）デジタル経済の包摂的で持続可能な成長，（3）新興技術の責任ある開発と利用，を推進・支援する。

　市場アクセスはないものの，「貿易円滑化」で，手続きの簡素化，デジタル化の推進などが記載されている。「透明性と良き規制慣行」では，提案された新規則・規則変更に対して公衆が意見提出できる機会の確保など，ルール形成過程における透明性を促進・支援・改善する。2021 年 12 月に WTO で合意されたサービス国内規制交渉の結果も追求するとしている。

第 2 の柱（サプライチェーン）：

　米中対立が激しさを増す中で，新型コロナ感染が拡大し，半導体や医療品などのサプライチェーンの途絶が顕在化した。より端的に言えば，中国に依存したサプライチェーンのリスクを回避し，サプライチェーンを強靭化する必要性が強く認識されるようになっている。サプライチェーンが独立した一つの柱として，クローズアップされているのは，そうした現在の国際情勢を映し出しているものといえる。

　第 2 の柱のサプライチェーンは他の柱に先立ち，2023 年 5 月，デトロイト

で開催された閣僚会議において，「IPEF サプライチェーン協定」として，実質妥結に至った[3]。広範な物資のサプライチェーン途絶時における具体的な連携手続きを規定する多国間の協定は世界初であるという。同協定は各国間で最終文書の調整が行われており，その後，署名，批准のための国内手続きが進められることになる。

　実質妥結についてのプレスステートメントによると，同協定を実施するために，新たな三つの組織を立ち上げる。一つ目は「IPEF サプライチェーン協議会」。共通の重要セクター・物資についての分野別のアクションプランを共同で策定する。二つ目は「IPEF サプライチェーン危機対応ネットワーク」。参加国がサプライチェーンの途絶の危機に直面した際に，情報共有および協力を行うための緊急連絡チャネルを設置する。三つ目は「IPEF 労働権諮問委員会」。参加国の政労使からなる諮問委員会および政府代表からなる小委委員を新設し，サプライチェーンにおける労働者の権利促進などに取り組む。その他にも，投資促進，物流インフラの強化，労働者のスキルアップおよびリスキリング，不必要な制限や貿易障壁を含む市場歪曲の最小化，などが盛り込まれている。

第3の柱（クリーン経済）：

　深刻化する気候変動問題への取り組みを対象としている。第2の柱（サプライチェーン）と同様に，昨今の国際情勢を反映した新たな分野といえる。「優先分野における温室効果ガス（GHG）の削減」では，低排出・ゼロ排出の製品・サービス・燃料をスケールアップするための政策，インセンティブ制度，インフラ投資の支援を，また，「温室効果ガス除去のための革新的技術」では，地域全体の炭素の回収，利用，輸送，貯留に関する需要と供給を支える取り組みを支援する，としている。「クリーンエネルギーへの移行を可能とするインセンティブ」では，低排出・ゼロ排出の製品・サービス市場，炭素市場への協力，投資およびサステナブルファイナンスの動員への協力強化，技術協力，労働力開発の促進など，参加先進国からの経済協力的要素が強い内容もみられる。

　一方で「エネルギー安全保障およびエネルギー移行」では，各国それぞれの

エネルギー安全保障およびエネルギー移行に関する取り組みを考慮する，として，依然として，参加国の多くが化石燃料エネルギーに依存している現状に配慮する記載もみられる。

第4の柱（公正な経済）：

　腐敗の防止と撲滅，脱税の阻止および国内資金動員の改善により，インド太平洋地域のIPEFメンバー内で，ビジネスおよび労働者のための競争条件を対等にするように努める。具体的には「腐敗防止」として，「腐敗の防止に関する国際連合条約（UNCAC）」，「金融活動作業部会（FATF）勧告」，「OECD外国公務員贈賄防止条約」の効果的な実施，「税」として，税務当局間の租税に関する透明性および情報交換，税務行政や国内資源動員を改善する国際的・地域的取組の支援，などが挙げられている。

2．CPTPPとの比較

　IPEFとCPTPP（TPP）は同じ米国のイニチアチブによるものであるが，両者にはいくつかの大きな違いがある。第8-3表は両者が対象としている主

第8-3表　CPTPPとIPEFの比較（主要分野）

分野	CPTPP	IPEF
市場アクセス（関税）	○	×
貿易円滑化	○	○
投資	○	×
サービス貿易	○	×
電子商取引（デジタル貿易）	○	○
政府調達	○	×
国有企業	○	×
知的財産	○	×
労働	○	○
環境	○	○
サプライチェーン	×（注）	○
クリーン経済	×	○

　（注）第22章競争力およびビジネスの円滑化で，サプライチェーンの発展と強化へ
　　　　取り組むことが規定されているが抽象的な内容にとどまっている（第22.3条）。
　（出所）各種資料より筆者作成。

な分野を比較したものだ[4]。これをみると，違いが明確になる。まず一つは前述の通り，IPEFには市場アクセスが含まれていない。これは，物品に限らず，投資，サービスによるアクセスもない。二つ目として，逆にIPEFでは，サプライチェーン，クリーン経済など現在の国際情勢に合わせた新しい分野が対象になっている。CPTPPのもとになったTPPの交渉が開始されたのは，10年以上前の2010年3月である。IPEFは時代の要請によりマッチした面がある。三つ目として，IPEFは対象の4つの柱について，関心のあるものだけを選んで参加すればよい，という柔軟なモジュール式のシステムを導入していることである。TPPは30章からなる協定を一括して受け入れる必要があり，よりハードルが高いといえる。ただし，IPEFは柔軟な一方で，柱を超えたインセンティブと譲歩のディールができない点は逆に制約となる可能性がある。

3. 米国の他地域での取り組み（台湾，APEP）

　米国はIPEFと同時並行的に，台湾，米州諸国とも類似の枠組みを立ち上げ，ルール形成や新たな分野での協力を進めようとしている。USTRが2023年3月に発表した「2023年の通商課題と2022年の年次報告」では，2022年の主要な成果として，IPEFに加え，台湾，米州諸国との枠組みの立ち上げを挙げている[5]。IPEFに関連した動きとして，これらもみておきたい。

(1) 台湾：「21世紀の貿易に関する米国・台湾イニシアチブ」

　台湾は経済安全保障における戦略物資の代表格である半導体の世界最大の製造拠点である。半導体については，台湾を除いたサプライチェーンの強靭化は現実的ではないといえる。米国は中国からの反発を意識して，台湾を含まないかたちでIPEFを発足させた。このため，これを補う形で，米国はIPEFの交渉を立ち上げた直後の2022年6月，台湾との間で「21世紀の貿易に関する米国・台湾イニシアチブ」を立ち上げた。同イニシアチブの対象分野は，(1) 貿易円滑化，(2) 規制慣行，(3) 農業，(4) 反腐敗，(5) 中小企業の支援，(6) デジタル貿易のメリットの活用，(7) 労働者中心の貿易促進，(8) 環境と気候問題対策の支援，(9) 規格・基準，(10) 国有企業，(11) 非市場的政策・慣行，の11分野とされ，IPEFの交渉分野と概ね一致している[6]。

　2023 年 5 月，米国通商代表部（USTR）と台湾行政院は同イニシアチブの第 1 段階の合意を発表した。当初の分野から一部組み換えがあったようだが，税関手続きと貿易円滑化，良き規制慣行，サービスの国内規制，反腐敗，中小企業の 5 分野で合意に至った[7]

(2)　米州諸国：APEP（経済繁栄のための米州パートナーシップ）

　バイデン大統領は，2022 年 6 月に主催した米州首脳会議で，「経済繁栄のための米州パートナーシップ（Americas Partnership for Economic Prosperity, APEP）」を提唱した。その後，米国は 2023 年 1 月，バーチャル形式の閣僚会議を主催し，APEP の正式な発足を宣言した。参加国は提唱国の米国に加えて，バルバドス，カナダ，チリ，コロンビア，コスタリカ，ドミニカ共和国，エクアドル，メキシコ，パナマ，ペルー，ウルグアイの 11 カ国に上る。対象分野は，貿易円滑化，物流，良い規制慣行，非関税障壁，サプライチェーンの持続可能性と強靱性，環境と労働者の保護，労働力開発，高い労働基準，腐敗や脱税などに対処しつつ公的サービスの改善，責任ある民間投資の誘致に向けた協力，などが挙げられており，IPEF に類似している[8]。IPEF と APEP の主眼は中国を意識したフレンドショアリングによる経済安全保障の確保という点で共通している。また，APEP には CPTPP 加盟国であるカナダ，メキシコ，チリ，ペルーが参加しており，IPEF の参加国を合わせると CPTPP 加盟 11 カ国をすべてカバーしている点が注目される[9]。

第 2 節　課題：米国が抱える 3 つのジレンマ

　米国は，IPEF を推進していく上で，3 つジレンマを抱えている。IPEF の課題としてみていきたい。

1.　拘束性とインセンティブのトレードオフ

　IPEF は TPP と同様に，インド太平洋地域での経済ルールの形成を目指している。しかし，TPP の場合，米国への市場アクセスという，強力なインセ

ンティブがあり，参加国はその見返りとして，ハイスタンダードで拘束力のあるルールを受け入れたという経緯があった。しかし，IPEF には市場アクセスがない。IPEF の協定にどの程度の拘束性を持たせるのか，は今後の交渉次第である。しかし，拘束性の強いルールを導入しようとすればするほど，特に一部の ASEAN 諸国やインドなど開発途上国の中には受け入れらないところが出てくる可能性がある。前述の通り，柱ごとに参加が可能であるということは柱ごとに，インセンティブが必要となる。各国には各国で，国内での批准プロセスがあり，IPEF によるメリットを議会，国内ステークホルダーに説明しなければならない。市場アクセス以外の経済協力や人材育成などのインセンティブを柱ごとに示していく必要がある。

　その先行事例として，米国は 2022 年 8 月，IPEF 参加国を対象とした"IPEF アップスキリング・イニシアチブ"を発表した[10]。女性が IT（情報技術）関連技術を習得できるよう，グーグル，アップルなど米国企業 14 社が 10 年間で 700 万人を支援する。こうした支援は具体的なメリットとして，好意的に受け止められている[11]。

2.　対中連合とみられる懸念

　IPEF がインド太平洋地域で政治・経済の両面で勢力を拡大する中国への対抗策であるという米国の意図は，前述のインド太平洋戦略での位置づけからも明らかである。しかし，それが前面に出るようであれば，ASEAN 諸国のように，中国との経済関係が強い国々は，同国との関係を配慮して，IPEF と距離を置くベクトルが働く。ASEAN 諸国は中国か米国か，と選択を迫られることは避けたいと考えている[12]。この点では，現在のところ，IPEF の中身自体には対中色は一切出ておらず，それによって ASEAN から 7 カ国もの参加が得られたといえる。IPEF への参加を希望していた台湾を初期参加国として招かったことも対中色を薄めることに寄与した[13]。

　ただし，中国側からの IPEF へのけん制は強い。中国の王毅国務委員兼外交部長（外相）は 2022 年 5 月，記者会見で，「米国が IPEF をアジア太平洋地域での経済的覇権を維持するための政治的な道具として特定の国を排除するならば，正しい道を外れることになる。何らかの枠組みを作り中国を孤立させる試

みは，最終的に自分自身が孤立することになる」と述べた[14]。

3. 国内政策とのバランス

　IPEF は米国の対外経済政策の一環ではあるが，それは国内政治によって規定されている点にも留意すべきである。それは，バイデン政権が「労働者中心の通商政策」を掲げているところに如実に表れている。労働者のための通商政策は内向きの保護主義，自国第一主義と隣り合わせである。その一例が，2022年 8 月に成立したインフレ削減法だ。同法には気候変動対策の一つとして，電気自動車（EV）の購入に伴う税額控除が盛り込まれた。しかし，対象となる EV は車両の最終組み立てが北米（米国，カナダ，メキシコ）で実施されていることとされている。IPEF でもサプライチェーンの強靭化が重要な柱の一つになっているが，このような形で，米国の利益だけを持ち出すと反発を呼ぶことになる。国内政治に縛られるバイデン政権が IPEF でいかに参加国のニーズに対応できるか，そのバランスが注目される。

第 3 節　展望

1. IPEF への評価

　IPEF は様々な課題を抱えているものの，米国がインド太平洋地域で安全保障のみならず，経済の分野でもイニシアチブを発揮しようとしている点は，域内各国からもおおむね歓迎されている。IPEF への期待はシンガポールのシンクタンク，ISEAS による，ASEAN 各国への有識者を対象とした，アンケート調査でも示されている[15]。同アンケート調査で IPEF の影響と有効性について，好意的（positive）との回答は 46.5％と半数近くに上った。好意的な理由としては，「地域への米国の経済的なコミットを示している」（31.3％），「ASEAN の既存のイニシアチブを補完する」（30.4％）などが挙げられた。一方で，わからない（not sure）との回答も 41.8％と 4 割近くに上った。その理由としては，「交渉の結果で何が出て来るかによる」（35.5％）が最も多く，これに「ほとんど入手可能な情報がない」（27.2％）が続く。否定的（negative）

との回答は 11.7％と 1 割程度にとどまった。

2. 経済枠組みのニューモデルとしての IPEF

　IPEF は国内政治の制約から市場アクセスをオファーできない米国が打ち出した苦肉の策，と評される。しかし，IPEF には，今後の成長が期待される ASEAN の主要国に加え，第 1 の貿易の柱への参加は見送っているものの，インドが参加する枠組みになっている点は重要である。インドは 2023 年に人口が中国を抜いて世界一になると予測されており，市場，生産拠点として，大きなポテンシャルを有している。サプライチェーンの強靭化においても重要な役割を果たしていくことが期待されている。

　また，IPEF は，近年，米国のみならず，各国が共通して対応を迫られている脱炭素，サプライチェーンの強靭化など，新たな課題を対象としていることも大きな魅力といえる。第 2 の柱のサプライチェーンが交渉の立ち上げからわずか 1 年で，実質妥結に至ったというのも，参加各国がサプライチェーン途絶への対応策の必要性を強く認識していることが背景といえよう。労働者の人権尊重もグローバルビジネスにおいて重要性が増している。従来の FTA と違い，4 つの柱のうち，合意できるものだけでよいとする，柔軟なシステムも参加のハードルを下げている。米政府はこれらを念頭に，IPEF を「経済枠組みのニューモデル」と称して，推進しようとしている。その試みが成功するかどうかは，前述したジレンマに対して，米国がバランスよく対応できるかどうかにかかっている。具体的なインセンティブを明確に示しつつ，特に途上国の参加国には柔軟で，きめ細かな配慮が求められる。

　この点で，日本の役割も大きい。日本は米国脱退後の CPTPP 交渉においても，関係国の利害を丁寧に調整し，合意に導いた実績がある。ASEAN，インド各国からの信頼も厚い。地域の実状に合わせた現実的なアプローチによって米国との関係を仲介する役割が期待されている。実際に，これだけ多くの ASEAN 諸国が IPEF に参加したのも日本の働きかけが大きかったといわれる。今後も IPEF が参加国にとって，受け入れられ，有効な枠組みになるように，積極的な関与が期待される。

[注]

1　USTR, On-the-Record Press Call Remarks by Ambassador Katherine Tai on the Launch of the Indo-Pacific Economic Framework, May 23, 2022

2　USTR ホームページ

3　Department of commerce "Pillar II – Supply Chains" May 27, 2023

4　ただし，同じ分野を対象としていても，カバー内容は異なる点には留意が必要。IPEF では CPTPP を上回る内容，すなわち，CPTPP プラスも少なくないとみられる。

5　USTR, President Biden's 2023 Trade policy Agenda and 2022 Annual Report, March 1, 2023

6　2022 年 6 月 2 日，ビジネス短信「バイデン米政権，台湾との新たな貿易イニシアチブを立ち上げ」，ジェトロ

7　USTR, "USTR Announcement Regarding U.S.-Taiwan Trade Initiative" May 18, 2023

8　2023 年 1 月 30 日，ビジネス短信「経済繁栄のための米州パートナーシップが 12 カ国で正式発足」，ジェトロ

9　岩田伸人，コラム "米国が進める新たな経済安全保障・地域統合…IPEF と APEP の動向から" 国際貿易投資研究所（ITI），2023 年 3 月 20 日

10　Department of Commerce "Commerce Department Launches the Indo-Pacific Economic Framework for Prosperity (IPEF) Upskilling Initiative" September 8, 2022

11　筆者によるタイ外務省 IPEF 交渉担当者へのインタビュー（2022 年 11 月 1 日）

12　Lin（2023）121p

13　菅原（2023）51 ページ

14　2022 年 5 月 24 日，ビジネス短信「王毅・中国外相，IPEF の目的に疑問を表明」，ジェトロ

15　ISEAS, The State of Southeast Asia：2023 Survey Report，アンケートは 2022 年 11 月～2023 年 1 月に実施。ASEAN 10 カ国から合計 1,308 人が回答。

[参考文献]

石川幸一（2022）「インド太平洋経済枠組み（IPEF）の交渉分野と課題」世界経済評論 Impact, 国際貿易投資研究所，2022 年 9 月 26 日

菅原淳一（2023）「インド太平洋経済枠組みと米主導のフレンド・ショアリング」

『世界経済評論』2023 年 3 月 4 月号，国際貿易投資研究所

畑佐伸英（2022）「IPEF の意義と課題―アジア太平洋地域を巡る地域経済統合の行方―」大阪経済法科大学論集　第 1 回研究交流会特別号

Lin. J（2023）"ASEAN and the United States in the Indo-Pacific: Convergence or Divergence?" Rising Asia Journal, Volume3, Issue 1: 102-133p

（若松　勇）

第 9 章

揺らぐアジアの生産ネットワークと日本企業

はじめに

　日本企業の海外生産拠点の大半はアジア，中でも中国と東南アジア諸国連合（ASEAN）を中心とした地域的な包括的経済連携（RCEP）協定締約国に集中している。日本企業の海外進出現地法人企業（2 万 5,325 社）のうち RCEP に拠点を置く企業は 6 割弱（1 万 4,836 社）を占めている。製造業に注目すると，その比率は約 7 割に達する[1]。

　日本企業は RCEP 地域を中心に網目のように生産ネットワークを張り巡らせ，同地域に重層的に構築された自由貿易協定（FTA）をインフラに，効率化・競争力強化の側面から調達・供給を行っている。また国境を越えて分散配置された生産ブロック間を無駄なく結びつけるべく，効率化に磨きをかけてきた。

　しかし近年，自然災害や新型コロナウイルスの世界的大流行など，日本企業が長年に亘り構築し，かつ磨きをかけてきたサプライチェーンが寸断の危機に瀕する場面が増えてきた。さらには，ロシアのウクライナ侵攻，米国と中国との貿易戦争が技術，人権，経済安全保障にまで拡がり，かつ同盟国や友好国を巻き込む形で拡大を見せるなど，地政学的リスクが顕在化している。ASEAN は政治的中立姿勢を堅持するものの，日本など西側陣営が中心となり構築したサプライチェーンへの影響が懸念される。

　本章では，第 1 節で東アジアでのサプライチェーンのインフラでもある FTA の構築と同チェーンの効率化に向けた動きを述べ，第 2 節では ASEAN で高まる中国の経済的影響力について検討する。その上で第 3 節では日本企業

が構築してきた生産ネットワークの米中対立拡大の影響を検討する。

第 1 節　東アジアの市場統合・経済圏構築の動き

1.　ASEAN 自由貿易地域（AFTA）の構築と企業の対応

　日本企業の東南アジア諸国連合（ASEAN）への進出は，1985 年 9 月に米国ニューヨークで開かれた先進 5 カ国中央銀行・蔵相会議，いわゆるプラザ合意以降，本格化した。円高により輸出競争力を喪失した汎用品について，日本から ASEAN に移管し，ASEAN を生産・第三国輸出拠点に位置づける投資が主であった。一方，ASEAN 側もプラザ合意以降の世界的な構造変化を背景に，輸出指向型の外資系企業を呼び込み，積極的に工業化に活用すべく，直接投資誘致策を展開した。つまり両者の思惑が一致したのである。当時，これら投資受入国の武器は，安価で豊富な労働力の提供である。

　しかし企業にとっての課題は，ASEAN 市場自体が加盟国毎に高い関税で分断[2]され，加盟国各々の市場は矮小であったことである。そのため 90 年代前半，域内企業が「規模の経済」を享受出来るよう，ASEAN は域内市場統合を目指した。それが ASEAN 自由貿易地域（AFTA）である。

　ASEAN は加盟国各々の矮小な市場を，統合・単一市場化すべく，1993 年から関税削減を開始した。当初の目標は 15 年後の 2008 年までに対象品目の関税率を 0〜5％以下に削減することであったが，1997 年のアジア通貨危機を受けて，「海外投資や企業の逃避」に強い危機感を持った ASEAN は，AFTA の最終目標を「関税撤廃」に深掘りし，また先発加盟国は 2010 年までに，後発加盟国は 2015 年までに，それぞれ実現を目指した。

　日系企業等に代表されるが，これまで ASEAN 加盟各国で重複投資を余儀なくされていた企業は，AFTA による単一市場化の動きを受けて，生産・調達体制の再編に踏み切った。これが現在に至る ASEAN での生産・調達ネットワーク構築の胎動となった。

　自動車産業については，各拠点で製造する品目を棲み分けて集中生産，域内相互補完体制を構築した。一方，電気・電子機器産業は，概して企業グループ

内で生産拠点の統廃合に踏み切った。自動車分野に比べて，比較的，生産移管し易いと言われる家電やAV等の電気機器分野は，生産拠点の統廃合を通じて，規模の利益獲得・拠点全体の経営効率化を指向した。これら生産品目の調整や拠点再編は2002年から2003年にかけて本格化した。これは先発加盟国がAFTA特恵関税を2003年1月までに例外なく0～5％以下に削減したためである。

2. ASEAN＋1FTA構築と企業の対応

1993年にAFTAの関税削減が開始されて以降，東アジアでは目立ったFTA構築の動きは見られなかった。以降，多角的貿易交渉への期待が高まっていたことが背景である。GATT（関税と貿易に関する一般協定）の多角的貿易交渉ウルグアイ・ラウンドが1994年に決着，1995年にはGATTを改組する形で世界貿易機関（WTO）が誕生，同機関が主導する形で自由貿易のルール作りへの期待が高まった。

しかし，その期待とは裏腹に，WTOでの新ラウンド立ち上げが難航，2001年になってようやくドーハ開発アジェンダ（ドーハ・ラウンド）が立ちあがったものの，先進国と新興国との対立等により度々暗礁に乗り上げるなど，なかなか成果を生み出せず，WTOへの期待自体が次第に萎んでいった。

WTOの停滞を尻目に，輸出指向型工業化を目指すアジア各国では，自由貿易の理念を共有する国・地域同士で，二国間または複数国間での「部分最適」を目指した自由貿易協定（FTA）構築の動きが顕在化した。アジア各国は，このままでは欧米などFTAを既に有する国々と比べて，輸出機会を逸するなど経済的損失の拡大を懸念した。以降，アジアではASEANを中心にFTA網構築に踏み出した。

最初にFTAでASEANに接近したのは中国である。中国・朱鎔基首相は2000年11月にシンガポールで開催されたASEAN中国首脳会議で，ASEAN側に自由貿易圏構想，いわゆるASEAN中国自由貿易地域（ACFTA）構築に向けた作業部会を設置するよう提案した。その結果，翌2001年11月にブルネイで開催されたASEAN首脳会議で，中国とASEANとが10年以内のFTA設置に合意，その結果，ASEAN先発加盟6カ国と中国は2010年までに，ま

た後発加盟国は2015年までに，それぞれ関税を撤廃するとした物品貿易協定を締結，2005年7月に発効した。

中国のFTAを通じたASEAN接近は，東アジア主要国に刺激を与え，「FTAドミノ」を誘発した。東アジア主要各国は，ACFTAによる貿易コスト減少により，自国商品の競争力劣位化，いわゆる貿易転換効果に対する危機感から，FTA構築競争に駆り立てられた。実際にACFTAを機に，インド，韓国，日本，豪州・ニュージーランドが，次々とASEANとのFTA構築に乗り出した。これら5つのASEAN＋1FTAは2010年までにすべて発効した。

ASEANにとって自らが東アジアのFTAのハブになることは，輸出のみならず投資誘致の面でも好都合であった。企業にとっては東アジア主要国向け輸出で，関税削減を通じてコスト競争力が発揮出来ることを意味する。そのためASEANは企業にグローバルな最適地生産・調達環境を提供した。

以降も，ASEANのFTA構築作業は続いている。ASEANは2014年に香港とのFTA交渉を開始し，またASEAN＋1FTAを束ねた広域FTAの地域的な包括的経済連携（RCEP）協定の交渉も2013年に開始された。各々は2019年，2022年に発効した。RCEPは生産ネットワークの側面からみれば非常に重要な枠組みである。RCEP自体は世界経済の約3割を占めるメガFTAであるが，製造業分野に限れば，世界の生産活動のおよそ半分弱（2021年：45.7％）がRCEP域内で行われており，RCEPの本格活用が待たれる。また2022年8月にはカナダとのFTA交渉を開始した（第9-1表）。

これまでASEANが締結してきたFTAについて，ASEAN先発加盟国および対話国については，RCEPおよび香港を除き，すべて関税削減・撤廃作業が完了している。後発加盟国についても，中国，インド，韓国とのFTAでは完了している。一方，世界の人口およびGDPの約3割を占めるRCEPが発効したことで，RCEP地域で複数の拠点を有する企業は，域内でより効率的な生産・調達体制構築を目指し，拠点再編や分業体制の見直しが期待される。これらは東アジア自体の競争力向上に寄与する。しかしRCEPのステージング期間は通常のFTAが10年程度であるのに比べて20〜25年と長く，これら拠点再編はしばらく先になろう。

第9-1表　ASEAN の FTA の交渉・発効状況と関税削減完了年

FTA 名		交渉開始	発効年	関税削減完了			
	国・地域名			対話国側	先発加盟国	後発加盟国	備考
AFTA	ASEAN 域内	1992 年	1993 年	－	2010 年	2015 年 (18 年)	
ACFTA	中国	2002 年	2005 年	2012 年	2012 年	2018 年	
AIFTA	インド	2004 年	2010 年	2016 年末	2017 年	2022 年	比のみ 19 年末
AKFTA	韓国	2005 年	2007 年	2010 年	2012 年	2020 年	越のみ 18 年
AJCEP	日本	2005 年	2008 年	2018 年	2018 年	2026 年	越のみ 24 年
AANZFTA	豪州・NZ	2005 年	2010 年	2020 年	2020 年	2025 年	越のみ 22 年
RCEP	日中韓豪 NZ	2013 年	2022 年	2042～43 年	2042～47 年	2042～47 年	中韓間を除く
AHKFTA	香港	2014 年	2019 年	即時撤廃	2028 年	2036 年	越のみ 27 年
ACAFTA	カナダ	2022 年	－	－	－	－	－

（資料）各種協定書をもとに著者が作成。

3. サービスリンクコスト削減に向けた取り組み

　1985 年のプラザ合意による日本企業の ASEAN 進出ラッシュは，主に汎用品の第三国輸出拠点を加盟各国に設置する動きであった。また加盟各国の内需獲得が目的の進出の場合，たとえ同タイプの製品工場であっても，重複投資を承知で各国に製造拠点を置く必要があった。しかし AFTA の本格稼働以降，企業は重複投資を行う必要はなくなり，拠点再編および生産品目の調整による棲み分けと相互補完が進展した。

　これらを後押ししたのは，前述の FTA 等による関税障壁の削減もあるが，輸送コストの低下や情報通信技術（ICT）の進化を受けて国境を越えた工程間分業が促進されたのである。これら動きはフラグメンテーションと呼ばれる。特にこれら動きが活発に行われてきたのはアジアである。直接投資の初期段階では，製品生産の原材料・部材調達から完成品まで一貫生産体制を採る形態が多かったが，これら工程を幾つかの生産ブロックに分け，生産コスト，労働力の賦存量，生産に必要な技能の習熟度，産業集積の厚薄など様々な条件に応じて，各々の工程に適した国内外の生産地が選ばれ，複数国間に跨って生産活動が行われるようになった。

　国境を越えて分散配置された生産ブロック間を結び付けるコストはサービス

リンクコストと呼ばれる。ここには関税や輸送コスト，通信連絡調整コストなども含まれる。サービスリンクコスト削減の動きは，関税のみならず，税関手続き・貿易円滑化として各国政府が取り組んでいる。

　ASEAN は 2017 年 9 月の経済相会議で「ASEAN 経済共同体（AEC）2025 貿易円滑化戦略的行動計画」を採択，貿易取引コストを 2020 年までに 10％削減すること，2025 年の ASEAN 域内貿易額を 2017 年比で倍増させること，世界経済フォーラムや世界銀行関連の国際ランキングで順位を含む加盟国のパフォーマンスを改善すること，等を目標として打ち出した。

　また WTO の下では貿易円滑化協定（TFA）が 2017 年 2 月に発効した。WTO は TFA が完全に実施されれば，加盟国の貿易コストが 14.3％削減され，また貨物の輸入に要する日数は 1.5 日程度，輸出については 2 日程度，それぞれ短縮，その結果，通関手続きに要する時間は輸入で 47％，輸出で 91％程度削減されるとしている。

　RCEP においても，税関手続を簡素化し，国際的な基準に調和させ，予見可能性，一貫性および透明性を確保し，並びに税関手続きの効率的な運用及び物品の迅速な通関を促進すること等を目的に，第 4 章で「税関手続きおよび貿易円滑化」を規定した。

　特に，通関手続き時間の短縮と早期引取りは，企業にとって輸送中在庫削減に直結する重要関心事である。新型コロナ禍やロシアのウクライナ侵攻に伴う物流混乱，さらには米中対立の先鋭化と経済安全保障等の影響を受け，先行き不透明感が漂う中，税関手続き・貿易円滑化措置はますます重要になっている。ジェトロ（2019）によれば，アジア太平洋地域（但し，中国・韓国は調査対象外）で輸入における平均通関日数は海上輸送で 4.5 日を要し，概して南西アジアの国々が長い傾向にある。RCEP 参加国では，ミャンマーが 6.8 日で最も長く，これに豪州およびインドネシアが 4.7 日で続く。

　RCEP では通関許可について，急送貨物は貨物の到着・必要情報提出後の「6 時間以内」に，一般貨物は「48 時間以内」に，それぞれ引き取りを許可することが定められている。RCEP の関税削減・撤廃にはまだまだ時間を要するが，RCEP にはその他にも各種コスト削減に資する措置が盛り込まれており，サービスリンクコスト削減が期待できる。

第2節　東アジア貿易で存在感を高める中国

1.　ASEAN の貿易で台頭する中国

　ASEAN は世界の成長センターであり，その存在感は経済的にも政治的にも年々高まっている。ASEAN の経済規模（GDP）は 2022 年で世界全体の 3.6%を占めたが，国際通貨基金（IMF）は 2027 年に日本の経済規模を上回ると予測している[3]。ASEAN の経済成長の原動力の一つは輸出である。ASEAN の輸出は 2022 年で世界全体の 7.9% を占め，前述の対世界 GDP 比率と比べても圧倒的に高い。

　ASEAN の輸出で最大の相手国・地域は，1991 年以降 30 年以上に亘って ASEAN 域内である。輸入でも 98 年以降 2018 年までの約 20 年間，ASEAN 域内であった。域内貿易は 20～25% の幅で推移している。これをインフラとして下支えしているのは前述の AFTA である。

　近年，急速に貿易相手国として存在感を高めているのは，世界第 2 位の経済力を持つ中国である。ASEAN の対中国輸出は，1985 年以降，ほぼ一貫してシェアが拡大し，2009 年前後には欧米日のシェアと並び，以降も拡大を続けている（第 9-1 図）。一方，輸入は輸出を上回る速度でシェアが拡大，2019 年以降，ASEAN 域内を抜いて最大の輸入相手国に躍り出た。

　中国が世界貿易の牽引役になったのは，中国自体の構造・体制変化と深く関係している。1992 年に最高実力者の鄧小平が南巡講話で，「社会主義計画経済」から「社会主義市場経済」への体制移行など改革開放路線を明確に打ち出したことが契機である。この動きに外国企業が呼応，中国向け直接投資が急増した。さらに 1994 年 1 月に通貨・人民元は 33.3% もの切り下げが行われ，中国製品の輸出競争力が増大，外国市場での中国製品の存在感が一気に高まった。

　さらに中国は国際貿易体制への参画を目指して 1995 年 7 月に世界貿易機関（WTO）加盟交渉を開始，2001 年 12 月に正式に加盟を果たした。中国は WTO 加盟交渉の際，多岐にわたる市場開放措置実施を約束し，これを梃子に国内経済改革を推し進めた。WTO 加盟は，中国の経済改革と対外開放について，「選択的自由化」から「包括的自由化」へ，「一方的自由化」から「WTO

第 9-1 図　ASEAN の国・地域別貿易構成比推移（上：輸出／下：輸入）

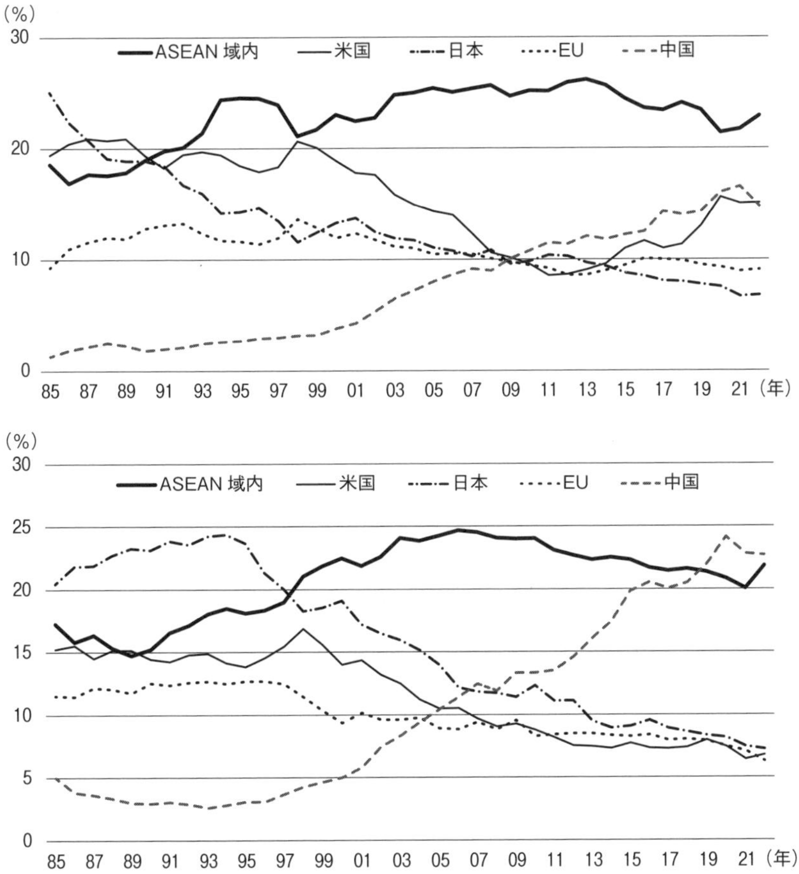

(%)

凡例：ASEAN 域内　米国　日本　EU　中国

（資料）Direction of Trade（IMF）.

ルールに基づく自由化」に取り組んだ。

　当時，国内の資本蓄積が乏しく，かつ技術水準が低い中国にとって，外国資本および同資本が有する先進技術の導入は同国の経済発展に不可欠であった。WTO 加盟は中国にとって，外国資本をより一層導入する上でのブースターの役割を果たした。また WTO 加盟による最恵国待遇（MFN）の享受は，労働力が豊富で，輸出型企業の製造拠点を誘致する上で好都合であった。

　1997 年にタイを震源地に発生したアジア通貨危機により，ASEAN 自体が今後の投資先として懐疑的にみられたこともあり，中国が製造・輸出拠点として脚光を浴びた。2002～4 年には世界の対内直接投資額の 1 割弱[4]を集め，中国の WTO 加盟は「世界の工場」としての台頭の大きなステップとなった。

　実際に 2000 年代半ば，中国の貿易の相当部分は外資系企業によるものである。その比率は 2005 年前後で約 6 割に達した[5]。以降，外資系企業の中国国内市場への重心のシフトや地場企業の台頭により，年々，外資比率は低下しているものの，依然として 3 割を上回る。

　ASEAN にとって中国は隣接する巨大成長市場である。中国は 2010 年以降，ASEAN にとって域内に次ぐ輸出先であったが，米国トランプ政権発足により環境変化が起きている。トランプ政権は 2018 年，約 2,500 億ドルの中国製品に対して 25％の追加関税を課すと，ASEAN の米国向け輸出比率が 2017 年を底に反転，2022 年には米国向け輸出比率が中国を上回った。米国が中国製品に追加関税を課したことにより，ASEAN 製品が中国製品に取って代わったのである。

2.　ASEAN・中国間の貿易緊密化に寄与した ACFTA

　90 年代半ば以降，ASEAN と中国との貿易関係は年々拡大してきた。さらに両国・地域の経済的緊密性強化に寄与したのは，2005 年に発効したASEAN中国 FTA（ACFTA）である。それを明らかにするため，ACFTA発効年と直近年（2022 年）で，貿易関係の強さを表す貿易結合度指数（Trade Intensity Index）[6]により，ASEAN から見た中国との貿易緊密度を計測する。指数は「当該加盟国の中国製品の輸入シェア」が世界平均に比べて何倍かを示している。基本的に 1 ポイント以上であれば，2 カ国間の貿易関係は「（平均以上に）緊密」であることを示している。

　2 時点での ASEAN の対中国貿易結合度について，概して輸出，輸入とも 2005 年よりも 2022 年の面積が大きく，一部加盟国を除き，貿易面でのASEAN の対中国貿易緊密度は増している。そのため ACFTA が貿易関係強化に貢献したと推測できる（第 9-2 図）。

　しかし実際に企業が ACFTA を利用しなければ，貿易関係強化に寄与した

第9-2図　ASEANの対中国貿易結合度指数（左：輸出，右：輸入）

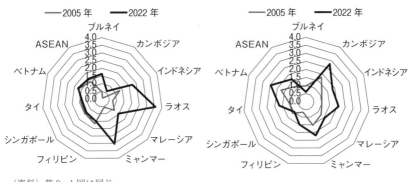

（資料）第9-1図に同じ。

とは言えない。その意味でACFTA利用の実態を把握することは重要である。ASEANにおいて，ACFTAがどの程度利用されているのかを把握するに際して，一部の国で原産地証明書の発給を元にACFTA利用輸出額を把握することが出来る。例えば，タイで輸出者がACFTAを利用する場合，タイ商務省に原産地証明書（C/O）の発給を依頼するが，その際にFOBベースで輸出金額を報告することになる。これを当該国向け総輸出額で除すると，名目ベースの利用率が算出出来る。

　しかし名目利用率は，既にMFNベースで関税が撤廃されている品目が多く，あえてFTAを利用する必要がない場合や，逆に多くの品目がFTAの関税削減・撤廃の対象外である場合，自ずと低くなる。それらの品目を除外し，FTAが利用可能な品目の輸出額を分母として算出したのが実質ベースの利用率である。

　タイの対中国向け輸出における名目FTA利用率は年々上昇しており，直近では8割に迫っている。実質FTA利用率でも2019年以降，9割を超えており，企業のACFTA利用は他のFTAに比べても進んでいる。既にACFTAは東アジアにおける生産ネットワークを支えるインフラになっており，その活用を前提に企業活動が行われている（第9-3図）。

　一方，輸入は輸出と比べて利用水準が低い。原材料や中間財であれば，タイ投資委員会（BOI）の投資恩典を用いて無税で輸入出来る可能性がある。

第9-3図　タイの対中貿易におけるACFTA利用率推移

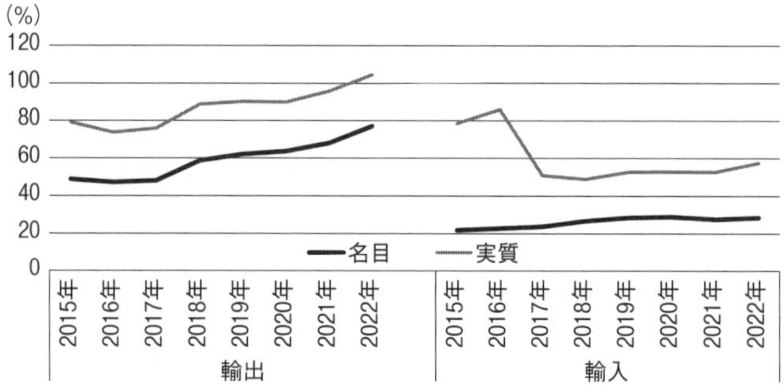

（資料）タイ商務省貿易交渉局。

それらBOI制度の存在が，輸入でのACFTA利用率が低い要因の一つと考えられる。輸入ではBOI措置が使われていることを鑑みると，ACFTAはASEAN中国間貿易で活用されており，両国・地域間の貿易関係強化に寄与していると結論づけられる。

第3節　日本企業のアジア生産ネットワークの米中対立の影響

1.　東アジアに張り巡らされた日系企業の生産ネットワーク

　日本企業はプラザ合意以降，主に日本から中間財や部品を輸入し，労賃が安価なアジアで組み立てを行い，完成品を欧米市場に輸出したり，または日本に戻してきた。しかしAFTAやASEAN＋1FTAなどFTA網の構築の進展とともに，FTAによる関税逓減環境の実現から，多国籍企業の中には調達において「世界最適調達」（グローバル・ソーシング）を指向する企業も登場した。そのため輸出および調達先は多様化した。アジアに進出した日系企業は，現地調達率向上を基本方針に据えながらも，長年に亘ってアジア全体での高効率な調達・販売網の構築を指向してきた。

　アジアに製造拠点を構える日系企業の特徴は，輸出や輸入調達において日本を中心としながらも，ASEAN・中国にもそのネットワークを拡大している。その結果，輸出入はほぼRCEPで完結している。2022年にRCEPが発効した

第 9-2 表　日系企業の所在国別輸出・輸入調達比率

(単位：%)

相手先→ 所在国↓		RCEP						インド
			ASEAN	日本	中国	韓国	オセアニア	
輸出	ASEAN	81.9	28.7	46.5	4.9	0.9	1.0	2.6
	中国	76.3	12.8	60.6	－	2.6	0.3	1.2
	韓国	74.9	19.4	32.5	19.3	－	3.7	1.1
	豪州	84.3	8.7	39.4	11.3	5.3	19.6	4.0
	NZ	96.7	4.0	51.6	11.2	1.2	28.7	0.5
	インド	56.3	22.8	31.5	1.8	0.1	0.1	－
輸入 調達	ASEAN	90.1	16.1	54.7	15.9	2.5	1.0	0.8
	中国	90.7	6.6	81.8	－	2.2	0.1	0.0
	韓国	96.0	5.7	76.3	14.0	－	0.0	0.0
	豪州	89.5	19.5	41.2	23.6	4.3	0.8	0.0
	NZ	54.6	12.1	30.3	10.1	0.0	2.0	0.1
	インド	89.2	24.1	52.6	7.9	4.6	0.0	－

(注) 調達比率（＝100）のうち，輸入調達を 100 として割り戻して算出。
(資料) 在アジア・オセアニア日系企業活動実態調査（2022 年／ジェトロ）。

が，関税削減・撤廃作業が進めば，RCEP 全般に輸出・調達網を張り巡らせている日本企業にとって，競争力強化が期待できる（第 9-2 表）。

　ただし，ASEAN と中国両方に拠点を構える日系企業の場合，もともと中国と ASEAN とは別々の部署が管轄していた場合も多く，自ずとサプライチェーンは別々に構築されてきた。その垣根が ACFTA によって徐々に取り払われようとしていた。しかし，2011 年のタイ大洪水，2010 年代後半以降の米国と中国との貿易戦争の勃発，新型コロナウイルスの世界的大流行による都市封鎖などもあり，これらリスクを鑑みながら，再び ASEAN と中国とで機能分担を再検討する企業も出ている。

2. 同盟国・友好国と連携した中国対峙を目指す米国

　世界では 1990 年代から 30 年近くに亘り，多国間や複数国間，そして二国間でもグローバル化に向けた自由貿易に資する枠組み作りが行われてきた。しかし 2010 年代後半以降，米国トランプ政権の誕生や英国の欧州連合（EU）離脱

等に象徴されるが，グローバル化が所得格差を拡大させるといった不安・不満の声が高まり，自由貿易に対して反対の声が高まるなど転機が訪れた。

　特に米国はトランプ政権の誕生を機に，中国との間で貿易戦争に突入，相互に関税で報復し合う状況となった。トランプ政権下での中国との主な対立は，貿易不均衡，知的財産権保護，技術移転の強要，産業補助金，サイバー攻撃，ファーウェイ問題など安全保障面に重点が置かれていた。

　2021年に誕生したバイデン政権は，中国原産品に対する追加関税（301条関税）を継続するなど通商分野での対中国制裁を維持しながらも，規制範囲は投資，技術，政府調達分野にまで広がっている。投資規制では，外国政府の影響力下にある投資家による重要インフラ・機微技術を持つ米国企業の経営に影響を与える投資の事前審査を義務化した。政府調達では，ファーウェイ，ZTE等中国製の通信機器・ビデオ監視装置の調達・使用禁止や，これら企業の機器を使用する別の事業者からの調達も禁止した。また新疆ウイグル強制労働防止法を施行し，同自治区や強制労働の疑いがある団体が関与した製品は，原則として税関が輸入を差し止めることを決めた。対立範囲はトランプ政権と比べても拡大している。

　米国トランプ前政権とバイデン政権との大きな違いは，トランプ政権が「米国第一主義」を掲げ，共に民主主義を掲げる欧州とも対立，対中国政策も米国単独での対処が中心であった。一方，バイデン政権では一転，同盟国や友好国に協調・連携を求め，共に中国包囲網を築こうとしている。特に重要物品について中国に依存しないサプライチェーンを同盟国と共に構築することを目指している。

　例えば，米国は2022年10月，先端半導体やその製造装置などを対象に，対中輸出規制を発表した。対象は，回線幅16／14ナノ以下のロジックやメモリーなど最先端半導体および先端コンピューター・スーパーコンピューター半導体製造用装置・ソフトである。またこれら輸出管理は，リスト品目，最終需要者，最終用途，仕向地の観点から実施され，従来のリスト品目，最終需要者[7]から拡大されている。また米国人が中国における先端半導体の開発・製造などに関わることを禁止した。

　これら半導体関連の対中輸出規制に，日本，オランダも協調して対応するよ

う求められた。その結果，経済産業省は 23 年 3 月 31 日，先端半導体の製造装置 23 品目について輸出管理を厳格化すると発表，同年 7 月に施行した。

　ASEAN 加盟各国も今後，様々な場面で協調を求められる可能性がある。バイデン政権は 2022 年 2 月，インド太平洋戦略を発表，インド太平洋地域で影響力の拡大を図る中国に対抗し，米国の関与強化を打ち出した。中でも，高水準の貿易を促進し，デジタル経済を管理し，サプライチェーンの弾力性と安全性を改善する新しいパートナーシップ「インド太平洋経済枠組み」（IPEF）構築を目指している。米国は「21 世紀の経済統合ルール形成を主導する」として IPEF を提示，インド太平洋諸国に対して，「重要な問題に対する中国のアプローチに代わる選択肢を提示する」（レモンド米商務長官）とした。これは中国排除を念頭に，重要技術のサプライチェーンの強靭化が期待されている。イエレン米財務長官は 2022 年 4 月 13 日に大西洋評議会（アトランティック・カウンシル）で，地政学的な緊張がある中，「継続的で信頼できる供給が期待できない国に強く依存するのではなく，一連の規範や価値観を強く守っている国々との関係を深め，協力して重要な材料を確実に供給する必要性」を説き，これが友好国にとっても「リスク軽減に繋がる」とした。これが「フレンドショアリング」である。IPEF は同長官が指摘する「フレンドショアリング」への入場券であろう。そのため中国と経済的な繋がりが強い ASEAN 各国にも，IPEF の下での連携を求めており，ASEAN は米中の板挟みになる可能性がある。

　IPEF では，① 貿易，② サプライチェーンの強靭化，③ クリーンエネルギー・脱炭素化・インフラ，④ 税・腐敗防止，の 4 分野で協力を目指し，交渉を進めている。IPEF は 2022 年 12 月に交渉が開始されたが，同交渉には ASEAN からはミャンマー，カンボジア，ラオスを除く 7 カ国が参加している。

　特に日本企業のアジアでのサプライチェーンに深く関係するのが，① 貿易，② サプライチェーンの強靭化，である。前者は，高水準でバランスのとれた公正な貿易に係るコミットメント構築，労働者中心の幅広い目標を推進することを目指す。想定される項目として，労働，環境，デジタル経済，農業，透明性と良い規制慣行，競争政策，貿易の円滑化，包摂性，技術支援と経済協

力があげられている。後者では，サプライチェーンの透明性，多様性，安全性，および持続可能性の向上や，危機対応，供給網混乱対応における協力拡大を目指す。重要分野・製品の基準構築，重要分野・製品における強靭性の向上と投資，情報共有と危機対応メカニズムの構築，サプライチェーン・ロジスティクスの強化，労働者の役割の強化，サプライチェーンの透明性の改善，貿易の円滑化，包摂性，技術支援と経済協力，が想定されている[8]。

　ASEAN を中心に RCEP 大に生産ネットワークを張り巡らせる日本企業は，IPEF の交渉の行方を注視している一方で，中国と ASEAN の各々の拠点の機能や役割を再定義し，米中対立を前提とした「チャイナ・プラスワン」を採る企業もある。また，米中貿易摩擦に加えて，新型コロナウイルスの拡大抑止を目的に行われた都市封鎖など，中国リスクが顕在化している。多くの日系企業は，手探りで対応策を検討しているが，一部は中国拠点の ASEAN シフトを検討する企業もある。

　ASEAN 加盟各国は，米国などを中心とした西側陣営，または中国やロシアを中心とした東側陣営の何れにも与せず，中立政策を堅持している。米国は供給網を一定の規範と価値観を共有する国々による「フレンドショアリング」を目指すが，IPEF 交渉に参加している ASEAN7 カ国であっても，必ずしも米国側に立っている訳ではない。IPEF の立ち上げメンバーに加わった ASEAN 主要国は，米国が目指す「フレンドショアリング」への入場券を期待している。4 つの柱ごとに参加するかどうかを，交渉によってより明らかになったメリット・デメリット，米国の政治情勢や地政学リスクを踏まえた上で，最終的に「自ら決められる」ことから，とりあえず参加を優先した。

　またフレンドショアリングに参加すれば，仮に中国と米国の供給網が分断され，デカップリングが進んだとしても，ASEAN 加盟国が米中両方の供給網に入ることができ，かつ中国企業が米国の供給網から排除された場合，その後に自国企業がうまく入り込めれば，さらに大きな恩恵を享受できる。

おわりに

　2010 年代後半以降から続く米国と中国との対立は，グローバル化の恩恵を受け，輸出主導型工業化により発展を遂げてきた ASEAN 諸国に暗い影を落としている。ASEAN の基本戦略は，米国などの西側陣営，中国などの東側陣営，いずれか一方の側に与することなく，中立を目指す方針である。しかし，実際の貿易面では少なからず影響を受けると見られる。

　ASEAN 各国は，これまで日本や米国，EU など西側陣営を中心に直接投資を受け入れ，それら多国籍企業の生産活動や輸出を原動力に経済成長を遂げてきた。例えば，ASEAN 最大の貿易国ベトナム[9]ついて，21 年におけるベトナムの総輸出の 73.4％を外資系企業が担っている。一方，輸入においても 65.6％が外資系企業によるものである。また ASEAN 随一の産業集積を誇るタイについても，2022 年の輸出において，外資系企業または外資との合弁企業の輸出額が 74.4％と，約 4 分の 3 を占めている[10]。

　政治的中立を指向する ASEAN であるが，その貿易の大半は多国籍企業など外資系企業によるものである。そのため現地法人の活動の一定程度は本社の戦略の影響を受けるとみられる。「米中を軸とした世界の分断は，（中略）著しく大きな影響を世界経済および両陣営の国々に与える」とし，「どちらの陣営にも属さない中立国が大きな『漁夫の利』を得る」との分析もある[11]。米国はIPEF について，行政協定として「ルール・テキストに基づく交渉により拘束力を持たせることが目標」（サラ・ビアンキ米国通商代表部次席代表）としている。現地法人を含めて，どこまでそれらの権限や規制が及ぶか，慎重に見極めたうえで対処する必要がある。

[注]

1　経済産業省（2023）。

2　世界銀行によれば，1993 年当時，ASEAN の最恵国待遇（Most Favored Nation：MFN）税率は，タイが最も高く 45.6％，これにフィリピン（同 22.6％），インドネシア（同 19.4％），マレーシア（同 14.3％）が続いた。

3　World Economic Outlook, IMF, April 2023.

4　UNCTADSTAT。中国は世界の直接投資の 2002 年は 8.9％，03 年は 9.7％，04 年は 8.7％を集

めた。

5　中国海関総署によれば，外国資本による貿易シェアのピークは，輸出で2005年の58.3%，輸入で2006年の59.7%であった。また2022年では，輸出は31.3%，輸入は35.1%であった。

6　ASEANの対中国貿易結合度は次の式で算出できる。

　　輸入結合度＝（加盟国の中国からの輸入／加盟国の総輸入）／（中国の総輸出／世界の総輸出）

　　輸出結合度＝（加盟国の中国向け輸出／加盟国の総輸出）／（中国の総輸入／世界の総輸入）。

7　最終需要者も，これまで禁輸対象でなかった新興半導体メーカーや，AIなど新興技術に関わる中国企業がエンティティリストに追加された。

8　ジェトロビジネス短信（2022年09月12日付）。

9　中継貿易を除けば，ベトナムの貿易額はシンガポールを上回り，ASEAN最大である。

10　タイ商務省貿易政策・戦略事務局（TPSO）による。

11　ジェトロ・アジア経済研究所（2023年）。

［参考資料］

石川幸一・清水一史・助川成也編（2016）『ASEAN経済共同体の実現と日本』文眞堂。

海老原毅「中国のWTO加盟をめぐる対外政策過程―日中二国間協議を事例として―」『現代中国の政治変容：構造的変化とアクターの多様化』日本貿易振興機構（ジェトロ）アジア経済研究所，2005年。

経済産業省（2023）「第52回海外事業活動基本調査」。

ジェトロ（2019）「アジア・アセアニア進出日系企業実態調査」

ジェトロ・アジア経済研究所（2023）「『デカップリング』」が世界経済に与える影響――IDE-GSMによる分析」。

助川成也（2017）「ASEANの自由貿易協定（FTA）―AFTAを中心として―」，九州大学大学院経済学府。

助川成也（2021）「交渉から20年を経たASEAN中国FTA」，『通商政策の新たな地平【畠山襄追悼論叢】』ITI調査研究シリーズNo121，国際貿易投資研究所（ITI）。

瀬口清之「経済政策の視点から見た中国の対外関係」，フィナンシャル・レビュー，令和元年（2019年）第3号（通巻第138号）（財務総合政策研究所）

姚国利「中国社会主義の改革開放と経済発展」『東アジアのグローバル化と地域統合』ミネルヴァ書房，2007年。

プライス・ウォーターハウス・クーパーズ（2023）『加速する米中デカップリング：米国主導の対中半導体輸出規制とその事業影響』。

（助川成也）

第10章

東アジアの経済統合と経済安全保障
―東アジア各国の対応と課題―

はじめに

　東アジアでは21世紀に入り経済統合が急速に進展した。その中心となったのはASEANである。ASEANは自由貿易地域（AFTA）に続き経済共同体（AEC）を2015年に実現した。ASEANをハブとする5つのASEAN＋1FTAが2010年までに東アジアの主要国との間で結ばれ，広域かつ包括的なメガFTAであるCPTPPとRCEPが2020年末までに締結・発効した。

　しかし，貿易投資の自由化に逆行する動きが2018年以降米国により導入され，中国に対する追加関税賦課から安全保障貿易投資管理（経済安全保障戦略）に拡大した。米国は米中対立を経済・技術覇権を巡る大国間競争と認識し，中国を最大の競争相手と位置づけている。

　米国の対中競争戦略はインド太平洋戦略と経済安全保障戦略から構成されている。米国は中国との貿易と投資を厳しく管理するデカップリングを進めているが，その対象分野は全分野ではなく先端半導体など新興技術・基盤技術であり部分的デカップリングである。

　東アジア各国は米中対立の狭間にあるが，対応は一様ではない。日本，豪州は経済安全保障やインド太平洋戦略で米国と連携を強めているが，ASEANは中国とFTAを結びながらIPEFに参加するなど米中両国と緊密な協力関係を進める米中均衡戦略を維持している。アジアの経済成長の持続には，自由な貿易投資を促進する経済連携と経済安全保障の両立が重要である。日本は経済安全保障政策を進めながらASEANと協力して自由でルールに基づく東アジアの通商環境を維持していかねばならない。

第1節　東アジアの経済統合の現況

　東アジアの経済統合は 21 世紀に入り急速に進展し現在は域内で 36, 域外と 51 の FTA が発効している[1]。東アジアの経済統合の中核に位置するのは ASEAN の経済統合である。東アジア主要国との5つの ASEAN ＋ 1FTA が 2010 年までに締結され, ASEAN をハブとする FTA ネットワークが形成された。2010 年以降は広域かつ包括的なメガ FTA である TPP と RCEP の交渉が始まり, 2020 年までに発効した。2国間 FTA も数多く締結され, 東アジアでは重層的な FTA ネットワークができている。例えば日本ベトナム間では日越 EPA, 日 ASEAN EPA（AJCEP）, RCEP, CPTPP（環太平洋パートナーシップに関する包括的かつ先進的な協定）という4つの FTA が利用可能である[2]。

1.　ASEAN が主導した東アジアの経済統合

　東アジアの経済統合をリードしたのは ASEAN である。ASEAN は 1993 年から ASEAN 自由貿易地域（AFTA）に向けて関税削減を開始し 2003 年に ASEAN6（ブルネイ, インドネシア, マレーシア, フィリピン, シンガポール, タイ）が目標の5％以下への関税削減を実現し, 2010 年には域内関税を撤廃した。新規加盟4カ国（カンボジア, ラオス, ミャンマー, ベトナム：CLMV）は 2018 年に関税撤廃を実現し ASEAN 全域で自由貿易地域が完成した。

　ASEAN は AFTA の次の段階の経済統合として, 物品に加え, サービス, 投資, 資本および熟練労働者の自由な移動を目指す ASEAN 経済共同体（AEC）の構築を目標に掲げ, 2007 年から実現のための行動計画である AEC ブループリントを実施し 2015 年に AEC の実現を宣言した。ただし, 関税撤廃を除くとサービス貿易, 投資などの自由な移動の制限は残っており, 2015 年の AEC 実現は通過点と評価されている。そのため, ASEAN は AEC2025 を新たな目標としてサービス貿易, 投資の自由化, 輸送の円滑化などに加え, デジタル化, イノベーションなど新しい課題への取組みを進めている。

2.　メガ FTA 交渉の開始と締結

　5つの ASEAN＋1FTA により ASEAN を中心とする FTA ネットワークは
できたが，日中，日韓，中印，印豪などの間の FTA は欠如していた。アジア
全域を対象とする FTA は原産地規則の累積規定などにより企業のサプライ
チェーン構築に効果的であり経済効果も大きい。また，FTA の対象分野は物
品の貿易からサービス貿易，投資，政府調達，知財，デジタル貿易等に拡大し
ていた。そのため広域かつ包括的なメガ FTA の交渉が課題となり，2010 年に
TPP（環太平洋経済連携協定）と 2013 年に RCEP（地域的な包括的経済連携
協定）の交渉が始まった。

　TPP は 2015 年に大筋合意に達し 16 年 2 月に署名に至ったが，2017 年 1 月
にトランプ政権の米国が離脱した。そのため，残りの 11 カ国で CPTPP の交
渉を行い 2018 年 3 月に署名に至り 12 月に発効した。CPTPP は凍結された知
的財産を中心とする 22 項目以外は TPP と規定は変わらない。CPTPP は，①
99 - 100％の高いレベルの自由化（日本は 95％），② 電子商取引，国有企業，
労働などの新しいルールを含む高いレベルのルール，③ 中国をけん制するルー
ルを規定などの特徴を持っている。CPTPP には 2021 年 2 月に英国が加入申
請を行い，6 月に交渉が開始された。英国の加入は 2023 年 3 月 31 日の閣僚級
会合で合意され，7 月 16 日に正式承認された。その後，中国（21 年 9 月 16
日），台湾（21 年 9 月 22 日），エクアドル（21 年 12 月 17 日），コスタリカ
（22 年 8 月 11 日），ウルグアイ（22 年 12 月 1 日）が加入申請を行った[3]。

　RCEP は 2019 年にインドが交渉から離脱し，15 カ国（ASEAN＋日中韓豪
ニュージーランド）で 2020 年 11 月 15 日に署名に至り，2022 年 1 月 1 日 10
カ国で発効した。RCEP は ASEAN が提案し交渉を主導した ASEAN 中心性
を具現する FTA であり，5 つの ASEAN＋1FTA を統合した東アジアの初め
ての広域かつ包括的 FTA（メガ FTA）である。RCEP は人口，GDP，貿易
額で世界の 3 割を占め，中国，ASEAN という世界の生産基地・消費市場を含
む将来性の極めて大きな FTA である。RCEP により日中 FTA，日韓 FTA が
実現し，日本の FTA カバー率は 8 割に達した。RCEP は後発開発途上国（カ
ンボジア，ラオス，ミャンマー）を含む包摂的な FTA であり，開発途上国へ
の特別かつ異なった待遇を多くの分野で設けている。国有企業，環境，労働に

関する規定はない。RCEP の関税撤廃率は 91％と低く関税撤廃期間が 20 年以上と極めて長い。サービス貿易，投資，電子商取引などのルールは CPTPP に比べ見劣りがする。そのため，多くの分野で見直しと改善を規定している[4]。

3.　東アジア経済連携に積極参加する中国と IPEF を立ち上げた米国

　中国は ASEAN，韓国，豪州，ニュージーランド（NZ）と FTA を締結し，日本とも RCEP により FTA を締結した。2021 年 9 月には CPTPP，11 月にはデジタル経済パートナーシップ協定（DEPA）に参加を申請した。中国は東アジア主要国の最大の貿易相手国であり，2013 年からは一帯一路構想によりインフラ投資など経済協力を大幅に拡大している。それに対し，米国は 2017 年に TPP から離脱し，バイデン政権も「国内で労働者や教育への大規模な投資行うまでは新たな貿易協定を締結しない」と述べ，TPP への復帰を明確に否定している。米国はシンガポール，韓国，豪州と FTA，日本と貿易協定を締結しているが，アジアのメガ FTA には参加していない。そのため，世界の成長地域である東アジアの経済連携に積極的に参加する中国の経済的なプレゼンスと影響力が強まる一方で，東アジアの経済連携から除外されている米国の影響力の低下が懸念されていた。

　米国のアジア経済連携戦略の欠如への批判が高まる中でバイデン政権は 2022 年 5 月にインド太平洋経済枠組み（IPEF）を立ち上げた[5]。日米豪 NZ に加え，ASEAN から CLM を除く 7 カ国とインド，太平洋島嶼国からフィジーの 14 カ国が参加した。IPEF は，① 貿易，② サプライチェーン，③ クリーンエネルギー・脱炭素化・インフラ，④ 税・腐敗防止を 4 つの柱としている。9 月に交渉が始まり，貿易はインドを除く 13 カ国，他の 3 分野は 14 カ国が参加した。IPEF は関税撤廃など市場アクセスを含まないため途上国にとり参加するメリットが小さいことが懸念されていたが，ASEAN から 7 カ国が参加し立ち上げは成功と評価されている[6]。労働，環境，デジタル貿易，競争政策，規制慣行，貿易円滑化，腐敗防止などは CPTPP の対象分野であり，IPEF は CPTPP を代替する役割が期待されている。IPEF は基本的価値を共有する同志国と安全で信頼できるサプライチェーンを構築するフレンドショアリングの推進を目指している[7]。中国と緊密な経済関係がある ASEAN をフレンドショ

アリングに関与させることが課題である[8]。サプライチェーン強化については
23 年 5 月 27 日に先行合意した。

第 2 節　米中の大国間競争と米国の戦略

1．2 つの対中競争戦略

　東アジアでは 21 世紀に入り経済統合による貿易投資の自由化が順調に進展
したが，2018 年から米国で貿易投資の自由化に逆行する措置が取られ，時間
の経過とともに拡大強化された。トランプ政権が始めた中国との貿易戦争，そ
して中国に対する安全保障貿易投資管理（経済安全保障戦略）である。米国が
中国と大国間競争の関係にあるという認識を明確に打ち出したのは 2017 年の
国家安全保障戦略である[9]。その背景には，2008 年の世界金融危機で 2009 年
に欧米がマイナス経済成長に陥る中で中国はプラス成長を続け世界経済の回復
を主導し，2010 年には GDP で日本を抜いてアジアで第 1 位，世界で第 2 位の
経済大国となったことがある。2009 年以降南シナ海での海洋進出を活発化さ
せ，2013 年には一帯一路構想を打ち出すなど経済と軍事面で急速に台頭した
ことも大きい。

　2017 年の国家安全保障戦略は，「中国とロシアが米国の力，影響，国益に挑
戦し，米国の安全保障と繁栄を弱体化しようとしており，大国間競争が復活し
ている」と分析している。そして，中国に対する関与政策の前提は間違いだっ
たと断定し，大国間競争はインド太平洋で起きているとしている。中国との大
国間競争がインド太平洋で起きているという認識は，2018 年の国家防衛戦略
（NDS），2019 年の国防総省のインド太平洋戦略報告，2020 年 5 月の米国の対
中戦略的アプローチに引き継がれた。バイデン政権でもこの認識は変わってい
ない。2022 年 10 月の国家安全保障戦略は，「中国は国際秩序を作り直す意図
とそれを実行する経済，外交，軍事，技術力を強化している唯一の競争相手で
あり，インド太平洋で影響圏を創出し世界を主導する強国になる野心を持って
いる」とみている[10]。そして，「中国との競争は今後 10 年が決定的に重要であ
り，選択とプライオリティが将来の米国の競争における位置を決める転換点に

米国はある」と強調している。

　米国の対中競争戦略は，地域的な競争戦略であるインド太平洋戦略と経済覇権・技術覇権を巡る競争戦略である安全保障貿易投資管理（経済安全保障戦略）の2つから構成されている（第10‒1図）。インド太平洋戦略と経済安全保障戦略はトランプ政権時に策定され，バイデン政権に継承されて強化されている。本論では紙幅の都合から経済安全保障戦略についてのみ論じる[11]。

第 10‒1 図　米国の対中競争戦略

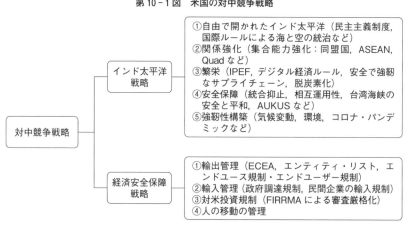

（出所）執筆者が作成。

2.　拡大・強化される経済安全保障戦略

　従来，大量破壊兵器などの輸出管理はワッセナー・アレンジメント（通常兵器・関連汎用品：WA）など国際輸出管理レジームにより実施されていた[12]。中野（2021）によると，現代は AI 兵器革命により電子戦，宇宙戦，サイバー戦争など兵器と戦い方が変化し，情報通信技術の発展が鍵を握る[13]。また，現代は民生用に開発された新興技術や製品が軍事目的で使用されるデュアルユースが増加している。中国は高度先端技術の軍民共有と技術移転の促進により将来の戦争で主導権を握る軍民融合戦略を国家戦略として 2016 年に導入し，軍事力を飛躍的に強化した。米国は中国の経済力，技術力，軍事力の急激な強化で技術覇権，経済覇権，軍事的な覇権の維持が困難になるという強い危機感を

持ったのである[14]。従来の輸出管理レジームではデュアルユース品の輸出管理
はリスト化に時間がかかり，先端技術がカバーされていないなどの問題があっ
た[15]。そのために導入されたされたのが，2019 年国防授権法に組み入れられた
2018 年輸出管理改革法（Export Control Reform Act of 2018：ECRA）である
（第 10 - 1 表）[16]。

　輸出管理改革法により，米国の安全保障にとり重要で従来の輸出規制で補足
できない「新興技術」と「基盤技術」の輸出は商務省産業安全保障局（BIS）
の許可が必要となり，第 3 国からの再輸出も対象となった[17]。これは，技術・
製品レベルでの輸出管理であり，輸出対象企業の管理はエンティティ・リスト
（EL）により行う。EL に掲載されていない企業であっても軍事エンドユース
および軍事エンドユーザー向け輸出の規制を行うのがエンドユーザー規制であ
る（第 10 - 2 表）[18]。

　これらの輸出管理に加えて，2019 年国防授権法では，ファーウェイなど 5
社からの政府調達禁止，投資リスク審査現代化法（FIRMMA）により対米外
国投資委員会（CFIUS）が強化され，中国企業の対米投資審査が厳格化され
た。その後，ファーウェイなど 5 社の米国での輸入と販売の禁止などの民間企

第 10 - 1 表　デュアルユース品と兵器の輸出管理体制

	デュアルユース品	兵器
監督官庁	商務省産業安全保障局（BIS）	国務省貿易取引管理局（DDTC）
根拠法	2018 年輸出管理改革法（ECRA）	1976 年武器輸出管理法（AECA）
規則	輸出管理規則（EAR）	国際武器管理規則（ITAR）
規制リスト	商務省規制リスト	米国軍事品目リスト（USML）

（出所）小野（2021）41 頁。

第 10 - 2 表　米国の安全保障貿易管理

規制の名称	対象
輸出管理改革法（ECRA）	新興技術と基盤技術の輸出規制
エンティティ・リスト（EL）	輸出規制の対象者（企業）を明示して規制，米国以外の国からの輸出も規制（再輸出規制）
エンドユース規制，エンドユーザー規制	エンティティ・リストに掲載者以外の軍事エンドユース（最終用途）向け輸出の規制

（出所）中野（2021）121-135 頁により作成。

業による輸入の管理が実施されている。また，人の移動の管理：中国人研究者，留学生などのビザ管理が強化された，

　2022年10月7日に商務省産業安全局が半導体製造関連エンドユース規制，スーパーコンピューター関連エンドユース規制を発表，中国のスーパーコンピューター開発，半導体製造工場で使用される先端半導体，電子部品，製造装置，ソフトウェア，材料などの対中輸出は輸出管理規則による許可対象なった[19]。輸出先が中国の事業体により所有されている場合は原則不許可，外国企業による所有の場合は事案ごとに審査される。また，先端コンピューティングとスーパーコンピューターおよびエンティティ・リスト掲載中国企業28社についての外国直接製品規制（FDPR）を導入され，米国製機器・技術・ソフトウェアなどを使って製造した機器などを米国以外から輸出する場合米国の当局の許可が必要となった。米国政府は日本など同盟国にも同様の規制の導入を打診しており，日本政府は2023年3月31日に先端半導体の製造装置など23品目の輸出規制を発表した。中国も対抗措置として2020年に輸出管理法を制定し，エンティティ・リストを作成するなど貿易規制を強化した[20]。輸出管理法も第3国企業による再輸出も対象としており，米中の経済安全保障による貿易管理は日本企業を含め第3国企業にも影響を及ぼしている。

第3節　米中対立と東アジア各国

1.　変化する通商環境：統合と分断

　経済統合と経済安全保障では，通商政策の方向が正反対である。経済統合は物品，サービス，投資，人の自由などを進めるために貿易，投資，人の移動の自由化，円滑化を行う。経済安全保障では，輸出の管理を中心に輸入の管理，対内投資の審査の厳格化，政府調達の規制強化，人の移動の管理強化を行う。企業の対応は，経済統合はサプライチェーンの構築や拡大，効率化であり，経済安全保障は安全で信頼できる強靭なサプライチェーンの形成である。経済安全保障は中国をサプライチェーンから排除するデカップリングであり，世界経済が分断されるとの見方が広がった。

　デカップリングにより米中貿易はどう変化したのだろうか。中国側統計でみると，米中貿易は追加関税を相互に賦課し始めた翌年の2019年は減少したが，2020年は輸出が8.2％増，輸入が10.4％増に回復し，2021年は輸出27.5％増，輸入31.4％増と大幅増となった。2022年は輸出0.9％増，輸入は1.0％減だったが往復貿易は過去最高を記録した。一方，集積回路が22.6％減，半導体などの製造用機器は21.6％減と半導体関連品目は大幅に減少した。これは，経済安全保障の対象が先端半導体など新興技術と基盤技術に限定されており，デカップリングが部分的（partial）であったためである。

2.　様々な東アジア各国の対応

　東アジア各国は米中両国と緊密な政治経済関係を有する。中国は大半の国で最大の貿易相手国であり，FTA を締結している国も多い。米国は主要な貿易相手国であるとともに投資国として重要である。日本，豪州，韓国，タイ，フィリピンは同盟国であり，パートナーシップ関係にある国も多い。しかし，東アジア各国の米中対立下での対応は一様ではない（第10‐3表）。米国とインド太平洋戦略で連携し，安全保障貿易管理でも協力の姿勢を示しているのが日本と豪州である。日本は米国と共通する FOIP により普遍的な価値や航行の自由，質の高いインフラ建設を推進し，Quad と IPEF に参加している。2019年頃から経済安全保障への体制整備が始まり，2020年4月に国家安全保障局に経済班を設置，5月に外為法改正により重要な技術を持つ日本企業への投資の際の事前届け出の義務付けを発効済株式か議決権の10％以上から1％以上に厳格化し，2022年には経済安全保障推進法を策定した[21]。米国と貿易協定，デジタル貿易協定を締結しているが，同時に中国とは RCEP により FTA が形成され対中貿易で活用されている[22]。

　豪州は Quad，IPEF に参加するとともに AUKUS により原潜の配備を進めようとしている[23]。中国とは2国間 FTA を締結しているが，新型コロナの発生源を巡り独立した調査を要求し主要輸出品である牛肉，石炭などの輸入規制という激しい経済的な威圧（エコノミック・ステートクラフト）を中国から受けている。韓国は米国の同盟国であり，韓米 FTA を締結しているが，韓中 FTA も締結している。対中貿易は対日，対米貿易の合計よりも大きく経済的

第 10-3 表　東アジア主要国と ASEAN の米中対立における対応

	貿易に占める中国の割合（2020 年）	中国とのFTA	一帯一路構想および対中関係	インド太平洋構想	対米関係
日本	23.9%第 1 位	RCEP によりFTA 締結	一帯一路 AIIB 不参加，領域問題	FOIP，IPEF 参加，Quad 参加	同盟国，貿易協定，デジタル貿易協定
韓国	24.6%第 1 位	2 国間 FTA締結	高い貿易の中国依存，THAAD 配備で関係悪化	尹政権インド太平洋戦略発表，IPEF 参加	同盟国，2 国間FTA
インド	12.0%第 1 位	なし，RCEP不参加	国際フォーラム欠席，国境紛争，上海協力機構，BRICS，AIIB 参加	自由で開かれ包摂的なインド太平洋 (FOIIP)，IPEF 参加，Quad 参加	パートナー国
豪州	32.3%第 1 位	2 国間 FTA締結，RCEP	一帯一路不参加，コロナ発生源調査を巡り中国が輸入規制	安定し繁栄するインド太平洋 (SPIP)，IPEF参加，Quad 参加	同盟国，AUKUS形成，2 国間 FTA
ASEAN	19.4%第 1 位	ACFTA，シンガポール，カンボジアは2 国間 FTA	一帯一路，AIIB 参加，南シナ海領域問題（ベトナム，フィリピンなど）	インド太平洋 ASEANアウトルック，7 カ国が IPEF 参加	タイ，フィリピンは同盟国，4 カ国がパートナー国，シンガポールは2 国間 FTA

（出所）執筆者が作成。

に中国に深く依存している。文政権はインド太平洋構想に距離をおいていたが，尹政権が IPEF に参加するとともに 2022 年 12 月にインド太平洋戦略を発表した。韓国のインド太平洋戦略は，経済を含めた安全保障協力を普遍的価値を共有する国と連携して進めるとしているが，中国を主要な協力国と位置づけている。

　インドにとり中国は最大の貿易相手国であるとともに最大の貿易赤字国でもある。中国とは 2 国間 FTA を締結しておらず，2019 年に RCEP 交渉から離脱した。中国とは国境紛争を抱えているが，上海協力機構に参加し BRICS 首脳会議のメンバーでもある。インドは独自のインド太平洋構想 FOIIP を発表しており，Quad のメンバーかつ IPEF には貿易を除く 3 つの柱に参加している。ASEAN は米中の狭間で均衡戦略を採用している（次節）。

3. 米中均衡戦略の ASEAN

　米中対立における ASEAN の基本的なスタンスは，米中のどちらかを選ぶことを避けるというものである[24]。その理由は，① 域外大国の東南アジア地域への介入を避けるため中立政策を伝統としている[25]，② 近年は東アジアの地域協力で ASEAN が主導権をとるという ASEAN 中心性を強調している，③ 米国，中国と緊密な政治，経済関係を持っている，④ 米中両国から経済援助を受けている（実利），があげられる。

　ASEAN の統計により貿易をみると，2005 年の往復貿易は 1,113 億ドルでシェア 8.0％だった中国は 2010 年に ASEAN の最大の域外貿易相手国となり，2020 年に 5,033 億ドル，シェアは 19.4％を占めている。とくに輸入では中国のシェアは 23.5％と ASEAN 域内輸入の 21.2％を上回っている。ASEAN 加盟 8 カ国で中国は最大の貿易相手国となっている。ASEAN と中国の貿易の急拡大に役立ったのは 2005 年 1 月に発効した ASEAN 中国 FTA（ACFTA）である。ACFTA 発効後，ASEAN 中国貿易は対世界貿易の 2 倍を超えるスピードで拡大し，2020 年には 2005 年の 4.4 倍（対世界は 2.2 倍）となった。ASEAN10 カ国はすべて一帯一路構想（BRI）とアジアインフラ投資銀行に参加している。

　一方，米国は ASEAN の第 2 位の貿易相手国であり，最大の投資国である。タイとフィリピンは同盟国であり，ASEAN 米国戦略的パートナーシップと広範な分野の協力（安全保障を含む）を実施している。インド太平洋構想については，2019 年に中国を排除せず ASEAN への経済協力が中心となるインド太平洋に関する ASEAN アウトルック（AOIP）を発表した[26]。

　ASEAN は米中対立の板挟みになっているとの見方があるが，ASEAN の米中均衡戦略はうまくいっている。米中とも対立の狭間に位置する ASEAN を重視し協力を強化するとともに ASEAN 中心性を尊重しているためだ。ASEAN は，① インド太平洋地域の中心，② マラッカ海峡や南シナ海などシーレーンで極めて重要，③ ASEAN 全体では人口で世界第 3 位，GDP で第 6 位など経済面で重要，④ 東アジアの地域協力や経済統合で ASEAN が中核となるなど戦略的に極めて重要である。ただし，加盟国レベルでは，カンボジアとラオスは中国の経済協力を積極的に受け入れており親中国家といってよい。

第4節　展望と課題

1．米中対立は長期化

　米中対立は長期化する可能性が高い。米国のアジア戦略はアジアに覇権国が出現することを妨げることである[27]。そのために外交的，経済的，軍事的な手段を駆使することを求めるのがアジア政策となっている[28]。米中対立の本質は覇権争いである。中国の成長率は漸減しつつあるが5％程度の成長は今後も継続し，軍備の強化も続くことは確実である[29]。技術覇権，経済覇権を巡る米中の大国間競争は地域ではインド太平洋，経済では先端半導体など新興技術・基盤技術でさらに強まるだろう。国レベルではインド太平洋構想と経済安全保障政策を推進するとともに企業レベルでは経済安全保障に対応したリスク管理が課題となる[30]。中国の様々ビジネスリスクが高まることは確実であり[31]，日本企業が米中対立前から取り組んできたチャイナ・プラスワン戦略を強化することも重要である。その対象はASEANとインドである。

　米ソ冷戦と決定的に違うのは，中国と米国は経済的に緊密であり，相互依存の関係にあることである。中国の経済的な重要性は米中対立下でも変わっていない。米中貿易が活発なことは前述の通りだが，投資先としての重要性も変わっていない。中国には米国の多国籍企業が1,919社進出（2020年，世界で4位，アジアで1位）しており，中国国内売り上げ3,700億ドルは米国の対中輸出の約2倍である[32]。全面的なデカップリングは不可能であり，半導体サプライチェーンの武器化というべき部分的なデカップリングが続けられるだろう[33]。米国の対中競争戦略であるインド太平洋戦略と経済安全保障戦略に積極的に協力しているのは西側先進国であり，グローバルサウスといわれる開発途上国の大半は消極的である。

2．協力と競争，経済交流と経済安全保障の両立

　米中対立下の東アジアの課題は，インド太平洋戦略では共存・協力と競争の両立であり，経済安全保障戦略貿易では経済交流（および経済連携）と経済安全保障の両立である。バイデン政権の国家安全保障戦略には，「米国と中国の

平和共存は可能であり，競争を責任をもって管理するとともに気候変動やパンデミックなどの分野では中国と共働する」と述べている[34]。インド太平洋では，①2国間およびASEANプラス[35]など多国間の枠組みにより外交と統合抑止により平和共存を追求するとともに，②気候変動，感染症，環境保護，貧困，食糧やエネルギーなどグローバルな課題での協力とインフラ整備，デジタル経済化，人材育成などの開発協力を行い，③東アジアの経済連携をさらに進めること（次項参照）が課題である。

　重要なのは，マルチの協力と経済連携の枠組みに中国を参加させることである。中国は東アジアのGDPの6割を占め，大半の国の最大の貿易相手国であり，近年は中間財の供給国として重要になるなどサプライチェーンでも不可欠となっているからである。メディアでは分断や対立が強調されているが，前述のように実体経済をみると経済交流と経済安全保障の両立は可能である。自由な貿易投資を原則とし，安全保障上重要な技術製品サービスなどの貿易投資は厳重な管理（部分的なデカップリング）を行うべきである。

3. 自由でルールに基づく東アジアの通商秩序の維持・発展とASEANとの協力

　東アジアの持続的経済成長のためには活発な貿易投資が不可欠である。自由な貿易は自転車と同様に前に進めないと倒れてしまうといわれる。自由な貿易の推進に重要なのは，東アジアの経済連携の拡充である。RCEPの発効により東アジアの経済連携は完成に近づいた印象があるが，取り組むべき課題はCPTPPに比べ自由化とルールの質で見劣りのするRCEPの見直しと改定の着実な実施である。RCEPは自由化とルールの面でCPTPPに見劣りがする。さらに，サプライチェーン，デジタル経済，環境，労働など新たな分野に取り組むことも求められる。

　既存のFTA協定のアップグレードも重要であり，すでに取組みが始まっている。2021年11月に実質合意に達したASEAN豪州ニュージーランドFTA（AANZFTA）ではサプライチェーンの強靭化，重要物資の円滑なフローなどを目標とし，ASEAN中国FTA（ACFTA）もデジタル経済，グリーンエコノミー，サプライチェーン連結性など新たな分野を含むアップグレード交渉が始まった。FTAネットワークの拡大も課題だ。EUとは日本，豪州，ベトナ

ムがFTAを締結し，インドネシア，タイ，マレーシア，フィリピン，インド
が交渉中である。日本はパキスタン，バングラデシュなど南西アジア，メルコ
スールや太平洋同盟など中南米，トルコおよびイスラエル，パレスチナなど中
東諸国，さらには21世紀後半に人口大国となるアフリカなど域外とのFTA
をさらに推進すべきである。

　グローバル化の後退や終焉が論じられているが，東アジアではグローバル化
へのモメンタムは失われていない。日本は東アジアの経済連携の推進に向けて
ASEAN，豪州などと連携を強化すべきである。

[注]
1　2023年1月時点の東アジア（ASEAN日中韓台湾印豪ニュージーランドの17カ国）の発効
　FTA数，ジェトロFTAデータベースによる。
2　関税撤廃スケジュールと原産地規則が異なるため比較の上最も有利なFTAを利用することが可
　能となる。
3　CPTPPへの加入申請増加については，本書第7章を参照。
4　RCEPについては，石川・清水・助川（2022）を参照。RCEPとASEANについては，本書第6
　章を参照。
5　IPEFについての詳細な論述は本書第8章を参照。
6　IPEFへの参加を強く望んだ台湾が参加できなかったのはASEANへの配慮といわれる。また，
　IPEF立ち上げの直前の5月12日−13日にワシントンで初めての米中特別サミットを開催してい
　る。
7　菅原（2023）pp.49-51.
8　たとえば，シンガポールのリー・シェンロン首相は「シンガポールはインド太平洋経済枠組み
　（IPEF）に参加する」と語ると同時に「中国のCPTPP加入を支持する」と語り，中国への配慮を
　示した（日本経済新聞5月23日付け）。
9　The White House, 'National Security Strategy of the United States of America', December
　2017.
10　The White House (2022), National Security Strategy, October 12,2022. pp.23-24.
11　米国のインド太平洋戦略については，石川（2021），他の国を含めたインド太平洋戦略の全貌に
　ついては，キャノン・墓田（2022）を参照。
12　国際輸出管理レジームには，ほかにオーストラリア・グループ（生物化学兵器：AG），原子力供
　給国グループ（NSG），ミサイル関連技術管理レジーム（MTCR）がある。
13　中野（2021）113-117頁。
14　中野（2021）113頁。
15　中野（2021）119-120頁。
16　米国の対中通商政策の詳細については，本書第2章を参照。
17　ECRAの新興技術14分野は，①バイオテクノロジー，②AI・機械学習，③測位技術，④マイ
　クロプロセッサー，⑤先進コンピューティング，⑥データ分析，⑦量子技術・量子センシング技
　術，⑧輸送関連技術，⑨付加価値技術（3Dプリンタなど），⑩ロボティクス，⑪ブレインコン
　ピューターインターフェース，⑫極超音速，⑬先端材料，⑭先進セキュリティ技術である。

18　詳細については，中野（2021）121-135 頁を参照。

19　対象となる先端半導体は，16/14 ナノメートル以下のロジック半導体，128 層以上の NAND 型メモリー半導体，18 ナノメートルハーフピッチ以下の製造技術ノードを使用する DRAM 半導体の 3 種類である。CISTEC 事務局「米国による対中輸出規制の著しい強化について（改定 2 版）」，2022 年 12 月 13 日付。

20　中国の経済安全保障政策については，箱崎（2023）を参照。

21　日本の経済安全保障への取組みについては，北村（2022）172-201 頁を参照。

22　2022 年に RCEP は日本の輸出入で使用される最大の FTA となった。RCEP の最新状況については，国際貿易投資研究所（2023）を参照。

23　2023 年 3 月 13 日の米英豪首脳会議で 2030 年代に原潜を最大で 5 隻豪州に配備することを決定した。

24　シンガポールのリー・シェンロン首相は，「It is very desirable for us not to take sides」と発言している。ASEAN の立ち位置についての国際関係論の視点での詳細な分析と検討は本書第 1 章を参照。

25　東南アジアでは 2 頭の象が喧嘩をすると草が迷惑するといわれる。大国間競争に巻き込まれるのを避けるのは各国の国益を守る基本戦略である。

26　AOIP については，石川幸一（2020）を参照。

27　ヘンリー・キッシンジャー，伏見威蕃訳（2022）35-36 頁。

28　カート・キャンベル，村井浩紀訳（2017）200 頁。また，マイケル・グリーンは，米国のアジア戦略的の中心的なテーマは，米国は他の強国がアジアあるいは太平洋で独占的な覇権国になることを許容しないことであると述べている。Green, Michael J. (2017), p5.

29　歴史的には中国は過去 2000 年の大半の期間世界の最強国の一つだった。清朝末期から 20 世紀末までが例外であり，21 世紀に入り中国が強大国になったのはノーマルに戻ったことを意味する。米ソ冷戦は約 40 年だったが，米中の大国間競争がいつまで続くかは予測が困難であり長期的に続く与件と考えるべきである。

30　対象となる品目や技術で米中とのサプライチェーンを分断して構築することが求められる。たとえば中国でのビジネスはサプライチェーンを中国国内で構築する地産地消を進めることが対応策になる。

31　中国でのコスト増，人民元高，高齢化などによる成長率の低下などに加え，米中対立，台湾有事など地政学的リスクが大きくなっている。

32　Department of Commerce, Bureau of Economic Analysis, 'Activities of U.S. Multinational Enterprises2020', November 18.2020.

33　ミラー（2023）427-428 頁。

34　The White House (2022), National Security Strategy, October 12,2022.

35　ASEAN プラスの枠組みは，ASEAN プラス 3（日中韓：APT），ASEAN プラス 6（日中韓印豪 NZ），ASEAN プラス 8（日中韓印豪 NZ 米露：東アジアサミット），EU や北朝鮮も参加する ASEAN 地域フォーラム（ARF）などがある。

［参考文献］

石川幸一（2020）「ASEAN のインド太平洋構想：AOIP 求められる構想の具体化と FOIP との連携」ITI 調査研究シリーズ　No.121.

石川幸一（2021）「米国のインド太平洋構想と ASEAN 支援」『アジア研究所紀要』第 48 号，亜細亜大学アジア研究所。

石川幸一・清水一史・助川成也編（2022）『RCEP と東アジア』文眞堂。

小野純子（2021）「米国における輸出管理の歴史」，村山裕三編著，鈴木一人・小野純子・中野雅之・土屋貴裕著『米中の経済安全保障戦略』芙蓉書房出版。

北村滋（2022）『経済安全保障　異形の大国，中国を直視せよ』中央公論新社。

キッシンジャー，ヘンリー，伏見威蕃訳（2022）『国際秩序』，日本経済新聞出版社。

キャノン，J・ブレンダン，墓田桂編（2022）『インド太平洋戦略　大国間競争の地政学』中央公論新社。

キャンベル，カート，村井浩紀訳（2017）『The Pivot アメリカのアジア・シフト』日本経済新聞出版社。

国際貿易投資研究所（2023）『RCEP がもたらす ASEAN を中心とした貿易・投資への影響調査』ITI 調査研究シリーズ No.141，国際貿易投資研究所。

菅原淳一（2023）「「インド太平洋経済枠組み」と米主導のフレンドショアリング」，『世界経済評論　特集通商秩序の構築と日本の役割』Vo,67, No.2 2023 年 3・4 月号，文眞堂。

中野雅之（2021）「米国の輸出管理の新展開　従来型の限界と今後」，村山祐三編前掲書所収。

CISTEC 事務局「米国による対中輸出規制の著しい強化について（改定 2 版）」，2022 年 12 月 13 日付け。

箱崎大（2023）「対中規制に反発する中国とその対応」，『世界経済評論　特集通商秩序の構築と日本の役割』Vo,67, No.2 2023 年 3・4 月号，文眞堂。

ミラー，クリス（2023）『半導体戦争』ダイヤモンド社。

Department of Commerce, Bureau of Economic Analysis, 'Activities of U.S. Multinational Enterprises2020'.

Green, Michael J. (2017), *"By more than Providence, Grand Strategy and American Power in the Asia Pacific since 1783"*. Columbia University Press.

The White House, 'National Security Strategy of the United States of America', December 2017.

The White House (2022), National Security Strategy, October 12,2022.

（石川幸一）

第Ⅲ部

アジアのニューノーマル（新常態）への課題

第11章

「改革開放」に依存する中国の産業集積政策と
一帯一路建設

はじめに

　中国では，1978年の改革開放後に各時期区分の発展段階において，産業集積政策と産業政策が車の両輪のように実施され，成果を得た。本章は，「改革開放後の中国経済において，産業集積政策がGDP成長率の向上に有効であった」ことを計量分析により検証する。産業集積政策に関して，外国直接投資を利用した経済特区などの経済開発区は全国で成功を収めた。産業集積政策の成功をもたらした要因は，「改革開放」による外資の導入であった。

　しかし，2022年にロシアのウクライナ侵攻により米中覇権争いが激化した。これにより外国人材の招致が制約される。中国がアメリカを先端技術でまだ追いついていない状況において，中国の中長期の成長は外国人材の制約を受ける。中国が先端技術でアメリカにキャッチアップすることは，難しくなった。

　なお，中国の一帯一路建設を左右する条件は，中国が「改革開放」を継続できるかである。プラスの面として，ロシアのウクライナ侵攻のあった2022年に，ヨーロッパと中国を結ぶ鉄道輸送の中欧班列は，運行回数の伸び率が前年比9％伸びた。米中貿易に関しても，中国からアメリカへの輸出額も前年比0.9％伸びた。そして，2023年に全人代で新しく選出された李強首相は，「改革開放」が現中国の命運を決定する鍵であると述べた[1]。このことを本章で明らかにする。

　本章の構成は，以下の通りである。第1節では，中国の産業政策と産業集積政策の変遷を説明する。第2節では，「自由貿易試験区」による産業集積政策を説明し，北京の事例を紹介する。第3節では，貿易構造と計量分析により二

つの政策の成功を示す。第4節で，2022年には一帯一路建設が継続していることを示す。

第1節　「産業集積政策」と「狭義の産業政策」の変遷

「狭義の産業政策」とは，市場の失敗の一例であり，経済理論としては「幼稚産業保護論」により説明される。幼児として第1期に補助金で保護し，成長した第2期に余剰を生む。余剰の方が保護費用よりも大きければ，その産業を育成する。中国では，支柱産業や戦略的新興産業の育成として実施された。

産業集積とは，一つあるいは複数の産業に関わる企業群が地理的に集って一つの産業構造を形作ることである。本章では，改革開放後の中国を「狭義の産業政策」と「経済開発区への外資導入による産業集積政策」の実施という観点から分けた。ここで，経済開発区とは，経済特区（SEZ），経済技術開発区（ETDZ），ハイテク産業開発区（HIDZ），自由貿易試験区（PFTZ）を指す。

1978年の改革開放政策以降，広義の産業政策を時間軸で分けると，大きく7つの時期に分けることができる。第11-1表〜第11-3表は，①「産業集積政策」と②「産業政策」を大きく7つの時期に分けている。「地域特化型」は産業集積政策であり，「産業特化型」は産業政策ある。中国では，いずれも実施されている。

1. 第1期（1978〜1984年）① 産業集積政策の開始（第11-1表参照）

1978年から1984年までの第1期は，計画経済が主流となり，市場経済の導入が開始された。この時期の特徴は，外国直接投資（FDI）の導入と産業集積のための政策として，1979年に「経済特区」が設置されたことである。① 経済開発区は，優遇政策によって工業団地に外資を導入し，成長の中心地となった。具体的には，① として，経済特区（SEZ），国家レベルの経済技術開発区（ETDZ），国家レベルのハイテク産業開発区（HTDZ）の3種類がある[2]。

第1に，経済特区は，経済改革のパイロットゾーンとして，対外開放政策として優遇制度により外資導入を促した。優遇制度とは，法人税の免除や設備輸

第 11-1 表　① 産業集積政策と ② 産業政策のクロノロジー

	第 1 期　① 産業集積政策・開始	第 2 期　② 産業政策・開始
時期区分	1978－1984 年 市場経済の導入	1984－1992 年 市場経済の形成
基本理念	供給不足の解消 産業構造調整	統一市場の形成
政策	① SEZ：経済特区 1979 年	① ETDZ：国家級経済技術開発区 1984 大連，上海，広州など 14 カ所
産業	軽工業「郷鎮企業」 農業改革	基礎産業
	繊維 農業	インフラストラクチャー エネルギー産業 鉄鋼等の素材産業
地域政策	① 特区：4 地域：深圳，珠海，仙頭，アモイ 1980 年	① ETDZ：大連，上海，広州など 14 市 ② 華南経済圏
手段	数量，価格の直接コントロール 資本・外貨割り当て 製品の配給キップ制	① ETDZ：外資導入政策 ② 産業政策（司）部設置　1988 年 ②「産業政策」の重点産業リストの発表 1989 年
特記事項	① 産業集積政策 1980 ①「経済特区」の設置	② 企業の合併と再編

（資料）筆者作成。

入の関税免除などの税制優遇，外国企業に対する経営自主権や外貨管理などの優遇措置のことである。1980 年に指定されたのは，広東省の深圳，珠海，汕頭と福建省の厦門である。その後に，広東省は「経済特区」を地域固有のものとし，他の地域は「国家経済技術開発区（ETDZ）」と「国家ハイテク産業開発区（HTDZ）」を採用した。

　第 2 に，国家経済技術開発区（ETDZ）は，さらなる対外開放を目指し，1984 年に経済特区に倣って，経済特区と同様の優遇政策を付与された。国務院は沿岸部の 12 の開放都市に 14 の区を指定した。ここで注意しなければならないのは，例えば，「国家級」開発区では法人税率が 30％から 15％に引き下げられたが，「省級」開発区ではそうではなかったことである。

　第 3 に，次の第 2 期では，新興産業の育成を目的として，1988 年に国家ハイテク産業開発区（HTDZ）が実施された。北京ハイテク産業開発区は国務院の認可を受けたもので，「中関村科学技術園」の前身である。これは，2020 年

に設立される「北京試験自由貿易区」の一部としてつながった[3]。

　このように，経済特区方式は，中国の「産業集積政策」の原型となった。この点を，以下で明らかにする。

2. 第2期（1984年〜1992年）② 産業政策の開始（第11-1表参照）

　1984年から1992年までの第2期は，計画経済の第1期と市場経済の第3期との間の過渡期であった。この時期に，中国は市場経済を発展させ，「統一市場」を形成した。

　この間に幼稚産業保護政策による産業政策に乗り出した。第11-1表に示すように，1987年には，自動車の重点企業が指定されるなど，②「産業政策」の準備期間であった。1988年に国家計画委員会に産業政策部（司）が設置され，1989年に初めて「産業政策」の名の下に重点産業が発表された。これが幼稚産業保護政策の始まりとなった。

　また，この時期には，インフラや素材などの基礎産業も整備された。具体的には，交通インフラ，石炭，石油，鉄鋼などの産業が中心であった。

3. 第3期（1992年〜1997年）① 産業集積政策と ② 産業政策の併存（第11-2表参照）

(1) 産業集積政策

　1992年，鄧小平氏は「南巡講話」を発表し，改革開放を呼びかけ，外資導入による ① 産業集積政策を推進した。この政策は，上海浦東開発を皮切りに，沿海都市で実施された。この間に，「産業別」産業政策と「地域別」産業集積政策が実施された（『香港大公報』1992年6月19日）。

　政府は上海の重要性を強調し，1990年代には3つの主要プロジェクトが実施された。第1に上海の浦東開発，第2に三峡ダムの建設，第3にハイテク産業の発展であった。

　第1と第2は，上海・長江流域を軸とした経済発展である。沿岸部から内陸部へ成長を波及させ，沿岸部と内陸部の所得格差を縮小させることを目指した。第3に関して，外国直接投資の導入による ① 産業集積政策に基づく発展メカニズムは，上海に続いて天津，重慶が成功した。

第11-2表　① 産業集積政策と ② 産業政策のクロノロジー

	第3期：① 産業集積政策と ② 産業政策の併存	第4期　産業集積政策の強調
時期 区分	1992-1997年 ① 産業集積政策と ② 産業政策	1997年-2004年 ① 産業集積政策の重視
基本 理念	企業の国際競争の重視 産業構造合理化	グローバル化 多国籍企業との競争
政策	① HTDZ：国家級ハイテク産業開発区　1992 　　52カ所 ② 幼稚産業保護産業政策	① WTO加盟 2001年
産業	② 産業政策要綱：1994年大支柱産業 ② 自動車産業政策　1994年	① 国際競争力の重視
	② 4大支柱産業：自動車，機械・電子，石油化 　　学，建築	情報通信産業 新素材，バイオ
地域 政策	長江経済圏	① 環渤海経済圏 ① 西部大開発 2000年
手段	① ETDZ，HTDZによる外資導入 ② 産業政策	① 外資との合弁・技術提携
特記 事項	① 鄧小平「南巡講話」外資導入 1992年 ① 外資の重点産業リストの発表 1997年 ② 産業政策要綱　② 自動車産業政策 1994年	① アジア通貨危機 1997年 朱鎔基首相 ② 国有企業改革 1998年

（資料）筆者作成。

　ハイテク企業とは，ハイテクを活用した知識・技術集約型企業のことである。① 国家レベルのハイテク産業開発区（HTDZ）は1988年に北京の中関村科学技術園を前身として認可され，1990年に27，1992年に52に増加した。

(2) 産業政策

　国際競争力のある幼稚産業を保護する政策が採られた。第11-2表に示すように，1994年に「4大支柱産業」が指定され，② 産業政策として「産業政策要綱」と「自動車産業政策」が導入された。これが，本格的な産業政策の始まりだった。産業政策要綱では，「電子機械，建設，自動車，石油化学」を4つの柱とする産業として指定した。

　1989年，中国政府は「三大三小プロジェクト」を発表した。三大は第一汽車集団，東風汽車，北京汽車集団，三小は上海汽車，広州汽車工業集団，天津汽車である。1994年，「自動車産業政策」が公布された。それまでのグループ

化，乗用車の参入制限，部品の国産化などの政策が集大成された。

4. 第4期 (1997年〜2004年) ① 国際競争重視による産業集積政策（第11‐2表参照)

　1997年のアジア通貨危機は，韓国，マレーシア，日本など，アジア諸国の産業政策に疑問を投げかけた。2001年に，中国は自国企業の国際競争力を高めるため，産業政策ではなく，世界貿易機関（WTO）加盟による外資導入政策を進めた。「WTO加盟」に向けて，中国は「独占禁止法」の制定や「外国貿易法」「輸出商品検査法」の改正など，国内の法制度を整備し，投資環境の整備を行った。また，流通，金融，保険，通信などサービス業の各分野を対外的に開放した。これにより，それまで広東省や深圳市を中心に成功していた華南経済圏に加え，上海市を含む長江経済圏，その後北京市，天津市，河北省を含む北京・天津・河北経済圏にも外資が導入されるようになった。この政策により，中国の ① 産業集積が進んだ。中国の産業集積政策として，① 経済開発区の成功体験に基づき，第7期の「自由貿易試験区」を設置した。

　沿岸部では経済発展政策が積極的に導入されたため，沿岸部と内陸部の所得格差が大きな問題となった。この間，1997年に内陸部の重慶市が第4の直轄市として指定され，長江流域の内陸部の開発に着手した。

　「産業政策」に関しては，朱鎔基首相が1998年から歴史的改革，すなわち「3大改革」を実施した。それは，国有企業改革，行政機構改革，銀行改革である。国有企業改革は，その後の中国の産業政策を成功させるための前提条件となる鍵であった。

5. 第5期 (2004年〜2010年) 転換期後の科学的発展（第11‐3表参照）。

　工業部門が発展すると，最低賃金は上昇し始め，工業部門が生存水準賃金で無制限に雇用できなくなり，賃金が上昇し始める時点を「転換点」と呼ぶ。中国は2004年頃に転換点を通過している。

　中国は五カ年計画と全国人民代表大会を通じて，経済を適切に管理し，高い経済成長を実現し，科学的発展観を通じて発展パターンを変えてきた。科学的発展観とは，2003年に発足した中国の胡錦濤政権が2004年に打ち出した指導

第11-3表　① 産業集積政策と ② 産業政策のクロノロジー

	第5期：調和のとれた社会	第6期：① 産業集積政策と ② 産業政策の再出発	第7期：① 産業集積政策と ② 産業政策の統合
時期区分	2004年-2010年 調和のとれた社会	2010年-2013年 経済発展パターン転換	2013年-2022 中国の特色のある社会主義
基本理念	科学的発展観 「転換点」の通過	「中所得国のわな」から脱出目標	国内双循環：2035年目標
政策	格差是正 環境保全	① PFTZ：上海自由貿易試験区 2013年 ② 戦略的新興産業 2010年 一帯一路共同建設 2013年	①② 北京自由貿易試験区 ①② 戦略的新興産業
産業	産業構造の高度化： ② ハイテク産業 ② バイオ医薬 ② ハイテク情報化	② 7大戦略的新興産業 環境保護，情報通信 新エネルギー 新エネルギー自動車など	①② 現代サービス業 新型コロナ後 2020： デジタル経済 グリーン経済
地域	① 西部大開発	東北地域振興計画（2016～20）	①② 21自由貿易試験区
手段	② 自主技術の創出	新農村建設	①② 新型インフラ建設
特記事項	最低賃金の上昇 三農問題	腐敗削減 グリーン産業重視	ロシアのウクライナ侵攻 2022年 新型コロナ　2020年
	リーマン・ショック 2008	中国GDP世界第2位 2010年	② 世界500大企業1位：中国124社　2020年

（資料）筆者作成。

思想である。高い経済成長を大前提に，都市と農村の発展，地域の発展，経済社会の発展，人と自然との調和ある発展，国内の発展と対外開放の5項目を統一的に企画した。中国政府は，成長志向から所得格差の縮小，環境問題の解決，産業構造の高度化へと中心課題を変更した。

　製造業の技術という観点から，外国の技術を導入するだけでなく，中国に独自の技術を蓄積することの重要性を認識したのである。それゆえ，中国政府は「産業政策」の重要性を強調した。

6. 第6期（2010年～13年）「中所得国の罠」からの脱却（第11-3表参照）。

　中国は，この期間に「中所得国の罠」からの脱却を目指す。第12次5カ年計画（2011～2015年）では，幼稚産業保護政策として7大「戦略的新興産業」を指定した。産業集積政策としての地域政策はさらに拡大され，成都・重慶経済圏を中心とした西部大開発や東北地域の振興に重点が移された。

7. 第7期新時代（2014年〜2022年）①②中国の特色ある社会主義市場経済

（第 11 - 3 表参照）。

　①第3次産業の新たな成長ポイントを探るため，2013年に上海自由貿易試験区を設立し，消費者関連サービス産業で外資を誘致した。中国は「現代サービス産業」の発展を目指した（第2節で詳細に説明する）。

　自由貿易試験区は「現代サービス業」の「集積」を目指した（唐文弘・中国商務部外投局局長，新華社，2019年5月29日）。金融業を中心に，航空・運輸サービス業，商業・貿易サービス，専門サービス，文化・コンテンツ，社会サービスの6分野が「現代サービス業」として指定された。自由貿易試験区は，保税区であり，設備や原材料の輸入関税が免除される。2020年には，自由貿易試験区が北京市，湖南省，安徽省で設立されて合計21となった。

　②戦略的新興産業について説明しよう。国務院が2010年10月18日の第12次5カ年計画で示した戦略的新興産業は，「次世代情報技術，省エネ・環境保護，バイオテクノロジー，新材料，新エネルギー，新エネルギー自動車，先進設備製造業」の7分野であった。2015年5月8日に国務院が通知した「中国製造 2025」の10大主要部門は，上記の7つの戦略的新興産業と同じ産業の他に，先進デジタル制御工作，航空宇宙設備，海洋建設設備，先進軌道設備，動力設備，農業設備であった[4]。第14次5カ年計画（2021-2025年）の戦略的新興産業には，第12次5カ年計画の7分野に加え，航空宇宙機器や海洋建設機器も含まれた。

第2節　北京自由貿易試験区・「亦庄新市街計画」(2017-35) 意義

　自由貿易試験区は2035年に向けて戦略的新興産業の「集積」地点となる。北京の「亦荘新市街計画」の対象地域における2035年に向けた集積政策を以下で明らかにする。

　ところで，この試験的な自由貿易区は，2020年に外資導入政策に大きな一歩を踏み出した。能勢（2021）によれば，「外資投資法」が施行され，外資に対する優遇政策が廃止され，外国企業と中国企業が同じ条件で競争することに

なった[5]。したがって，産業集積は国内投資と外資の双方によって形成される。

ここに，「戦略的新興産業と自由貿易試験区政策の収束」の条件が整った。つまり，産業政策と集積政策がある地域で同時に実施されるための条件が整った。次に北京の亦庄新市街計画の事例を説明する。

亦庄新市街計画によると，北京自由貿易試験区は貿易自由化に関する保税機能を持ち，現代サービス産業だけでなく「戦略的新興産業」の誘致を目指す[6]。

第 11 - 4 表は，北京自由貿易試験区と 1980 年に設立された経済特区との関

第 11 - 4 表　北京自由貿易試験区・亦庄新市街計画 2017～35 年

A．中関村地域	科学技術革新地域
1．中関村科技城	
2．中関村国家自主革新モデル区・北京生命科学園の周辺	
B．首都国際空港地域	国際ビジネスサービス地域
天笠総合保税区・臨空経済革新区など首都国際空港の周辺：越境 EC など	
C．大興国際空港地域	先端産業地域（ハイエンド産業エリア）：北京・天津・河北省共同発展の要
1．北京経済技術開発区（1994 年～）	
	亦庄新市街計画 2017～35 年
	（1）亦庄新市（中核都市，河西地区など）
	（2）大興新市（青雲店，長子営の北など）
	（3）新漢市（通州区の一部（光電機，大興湖，金橋など））
	目的：「戦略的新興産業」集積
2．大興国際空港臨空経済区：国際消費ハブ 2019～35 年	
	（1）国際コンベンション PJ・国際消費ハブ
	（2）物流区，総合保税区，国際航空コミュニティ・国際生命健康コミュニティ
	（3）国際航空本部園，バイオ医療インキュベータ，国際ビジネス複合施設，幹細胞産業園，自由貿易区
	集積：国際ビジネス，科学技術研究開発，文化交流，国際人材誘致
3．中日国際協力産業園（第 14 次 5 カ年計画 2021～25 年重点プロジェクト）（3 コア 5 チェーン 1 サポート）	
	（1）中科電商谷：越境 EC 産業区（スタートエリア）空港から 28 キロ：国際的な交流窓口
	（2）医療機器産業区（ヘルスケア）：研究・生産・販売・集積
	（3）大興国際水素エネルギーモデル区（先端スマート）
	ア．生物工学，現代工法，AI
	イ．中小企業本部，臨空ハイエンド産業，生物化学及びワンヘルス，ロボット製造，新エネ車の園
	ウ．現代サービス業
	国際的な科学技術共同イノベーションと産業協力の発展のモデル区
	目的：生命と健康，先端スマート製造，未来モビリティーのリード役

（出所）筆者作成。

係を示したものである。北京大学や清華大学がある中関村科学技術城周辺，首
都国際空港周辺，大興国際空港周辺の大きく３つのエリアから構成されてい
る。大興国際空港周辺の大興区亦荘新市街計画区は，「北京経済技術開発区」
に立地する。

　北京経済技術開発区の「亦荘新市街計画」（2017-35）では，「戦略的新興産
業」の集積を形成することが明確に目指されている。(i) 国際空港の運用，(ii)
北京パイロット自由貿易区の設置，(iii) 人材の育成・招聘，(iv) 新型インフ
ラの建設により，2035 年までに産業集積が形成される。

第 3 節　貿易構造と計量分析

　本節では，計量分析により中国の産業集積政策と産業政策が成功したことを
明らかにする。

1.　産業集積政策と産業政策に関する統計分析

　中国の経済成長には，資本財や原材料を輸入し，製品を生産し，それを輸出
することが含まれていた。このことは，第 11 - 5 表，第 11 - 6 表の統計に見ら
れる。

　一方で，輸出では，「機械・輸送用機器」の輸出全体に占める割合は，1997
年の 26.7％から 2008 年には 47.1％に上昇した。これが 2017 年には 47.8％とほ
ぼ同じ水準であった。他方で，輸入では，輸入総額に占める機械・輸送用機器
のシェアは，1997 年に 40.6％，2008 年に 39％，2017 年も 39.9％と同じであっ
た。ここでいう機械とは，機械，電気製品，電子機器および部品，レコーダー
および再生機器，録音用機器である。したがって，これらの輸入が工業成長に
つながり，それが，輸出そして GDP の成長につながった。

　次に，国内投資の対 GDP 比，対内直接投資，輸入の間のグレンジャー因果
と相関を検証すると，第 11 - 7 表，第 11 - 8 表のようになる。

　第 11 - 7 表のグレンジャー因果関係のテストによれば，1987 年から 2009 年
の間，国内投資対 GDP 比率は 1 年のラグをもって輸入増加率にグレンジャー

第 11-5 表　輸出・輸入構造

（単位：百万ドル，%）

	1997		1998		1997		1998	
	輸出	占有率	輸出	占有率	輸入	占有率	輸入	占有率
機械，輸送機器	488.16	**26.7**	564.21	**30.7**	578.66	**40.6**	620.89	**44.3**
機械類：機械，器具，電気機器および部品，レコーダーおよび再生機器，映像・音声の記録・再生機器，部品および付属品。	382.7	20.9	436.29	23.7	467.58	32.8	509.09	36.3
車両：航空機，船舶および関連輸送機器	52.73	2.9	63.96	3.5	55.54	3.9	55.9	4.0
鉄道・路面電車用機関車，車両および部品，鉄道・路面電車用備品，各種機械（電気），交通信号機器	11.95	0.7	18.21	1.0	1.19	0.1	2.24	0.2
車両およびその部品・付属品（鉄道および路面電車を除く）。	21.57	1.2	22.72	1.2	18.96	1.3	20.03	1.4
航空機，宇宙船およびその部品	2.91	0.2	4.4	0.2	32.35	2.3	31.75	2.3
船舶・浮体構造物	16.3	0.9	18.63	1.0	3.04	0.2	1.88	0.1
光学，写真，映画，測定，試験，医療または外科用器具，精密機械器具，時計，楽器およびその部品と付属品	63.21	3.5	65.64	3.6	46.72	3.3	49.26	3.5
合計	1827.92	100.0	1837.57	100.0	1423.7	100.0	1401.66	100.0

（出所）Chinese Statistical Yearbook, Chinese Bureau of Statistics（1998）に基づき著者作成。

因果している[7]。また，輸入成長率は 5 年のラグで工業成長率に，工業成長率は 3 年のラグで GDP 成長率にそれぞれグレンジャー因果している。したがって，「国内投資対 GDP 比は，輸入成長率，工業成長率，GDP 経済成長率の順にグランジャー因果を持つ」ことが確認された。以上より，第 1 に，国内投資が GDP 成長率に影響を及ぼしていることが確認された。

　1987 年から 2018 年にかけて，外国対内直接投資は 2 年のラグをもって輸入成長率にグレンジャー因果した。このように，1987 年から 2009 年の間，国内投資対 GDP 比と同様に，「外国対内直接投資は輸入成長率，工業成長率，GDP 経済成長率にグレンジャー因果した」ことが確認できる。以上により，

第11-6表　輸出輸入構造

輸出（FOB）

(単位：百万ドル，%)

分類	2008		2009		2017		2018	
	金額	占有率	金額	占有率	金額	占有率	金額	占有率
工業製品	1,352,736	94.6	1,138,564	94.7	2,145,813	94.8	2,352,021	94.6
機械・輸送機器	673,329	**47.1**	590,427	**49.1**	1,082,905	**47.8**	1,208,055	**48.6**
繊維　ゴム　鉱産物	262,391	18.3	184,775	15.4	368,054	16.3	404,753	16.3
化学と関連製品	79,346	5.5	62,048	5.2	141,329	6.2	167,525	6.7
その他製品	335,959	23.5	299,670	24.9	547,767	24.2	565,814	22.7
その他の分類不明	1,710	0.1	1,645	0.1	5,758	0.3	5,873	0.2
1次産品	77,957	5.4	63,099	5.3	117,709	5.2	135,086	5.4
合計	1,430,693	100.0	1,201,663	100.0	2,263,522	100.0	2,487,401	100.0

輸入（CIF）

(単位：百万ドル，%)

分類	2008		2009		2017		2018	
	金額	占有率	金額	占有率	金額	占有率	金額	占有率
工業製品	770,167	68.0	716,353	71.2	1,263,918	68.7	1,434,025	67.1
機械・輸送機器	441,765	**39.0**	407,999	**40.6**	734,846	**39.9**	839,524	**39.3**
繊維　ゴム　鉱産物	107,165	9.5	107,732	10.7	135,075	7.3	151,452	7.1
化学と関連製品	119,188	10.5	112,124	11.2	193,744	10.5	233,683	10.9
その他製品	97,641	8.6	85,192	8.5	134,175	7.3	143,759	6.7
その他の分類不明	4,409	0.4	3,306	0.3	66,079	3.6	75,607	3.5
1次産品	362,395	32.0	289,202	28.8	577,064	31.3	701,613	32.9
合計	1,132,562	100.0	1,005,555	100.0	1,840,982	100.0	2,135,637	100.0

（出所）Chinese Statistical Yearbook, Chinese Bureau of Statistics（1998）を基に著者作成。

第2に，外国対内直接投資は GDP 経済成長率にグレンジャー因果した。

　第11-8表の回帰分析によれば，外国対内直接投資の伸び率は，工業成長率と有意水準0%で回帰し，GDP 成長率とも有意水準0%で回帰する。このことから，「外国対内直接投資は GDP 経済成長率に影響を与えた」ことが確認できる。以上より，第3に，第5期（1987年～2009年）までは，国内投資，外国対内直接投資ともに GDP 成長率に対して有効であったことが確認された。

　第11-9表のダミー分析により，中国の経済成長における大きなトレンドの

第 11-7 表　国内投資と外国直接投資に関するグレンジャー因果テスト

仮説	遅れ年数	F 値	p 値	期間
(i)国内投資から(m)輸入伸び率への因果	1	5.8534	0.02019 *	1987-2009
(m)輸入伸び率から(g)工業成長率への因果	5	3.9988	0.01519 *	1987-2009
(g)工業成長率から(y)GDP 成長率への因果	3	2.7723	0.05998 *	1987-2009
(i)->(m)->(g)->(y) (1987-2009)				
(i)国内投資・GDP 比から(x)輸出伸び率への因果	3	3.186	0.03905 *	1987-2009
(i)国内投資・GDP 比から(g)工業成長率への因果	2	5.7014	0.007324 ***	1987-2009
(i)->(x), (i)->(g)				
(f)外国直接投資から(m)輸入伸び率への因果	2	3.5913	0.0346 *	1987-2018
(f)->(m)->(g)->(y) (1987-2009)				

（注）*** 0%有意水準，** 1%有意水準，* 5%有意水準。
（出所）著者作成（補論データ参照）。

第 11-8 表　外国直接投資の伸び率に関する線形回帰分析の結果

	係数	p 値	自由度調整済み決定係数	期間
(g)工業成長率				1987-2018
切片				
(a)外国直接投資の伸び率	0.08552	2.24e-06 ***		
			0.5157	
(y)GDP 成長率				1987-2018
切片				
(a)外国直接投資の伸び率	0.040663	0.000148 ***		
			0.3655	

（Δf/f）=(a)<->(g)<->(y)

（注）*** 0%の有意水準，a(n) = 100x[f(n)-f(n-1)]/f(n-1).
（出所）著者作成（補論データ参照）。

変化を確認した。工業成長のトレンドは，鄧小平氏の南巡講話の1992年に大きく変化した。この年に，外国対内直接投資の変化率のt値が1.973と有意に変化し，トレンドが変化した。同様に，GDP成長率もt値が3.057であり，有意に変化した。

　また，WTO加盟は2001年であった。輸入伸び率が2000年にt値が2.162で有意になった。輸出伸び率が2002年にt値が4.12で有意となり，そして

第11-9表 1992年鄧小平の南巡講話と2001年WTO加盟

（単位：T値）

	輸入	輸出	GDP	産業	外国直接投資
1991	1.921	0.022	3.001	3.766	1.888
1992	1.700	0.216	3.057	3.474	1.973
1993	1.083	0.217	1.529	1.558	-0.239
1994	0.284	0.633	0.496	0.250	-2.561
1995	0.493	-0.200	-0.060	-0.522	-2.423
1996	0.485	-0.570	-0.225	-0.752	-2.087
1997	0.936	0.147	-0.280	-0.815	-1.794
1998	0.928	0.462	-0.164	-0.713	-1.315
1999	1.654	1.128	0.275	-0.267	-1.044
2000	2.162	1.931	0.929	0.299	-0.396
2001	1.452	2.883	1.335	0.626	-0.008
2002	1.876	4.120	1.918	1.115	0.082
2003	1.484	3.391	1.933	1.314	0.192
2004	0.186	1.891	1.598	0.917	0.496
2005	-0.870	0.646	1.220	0.783	0.529
2006	-1.050	-0.140	0.753	0.509	0.407
2007	-1.330	-0.855	-0.041	-0.006	0.629
2008	-1.648	-1.523	-1.224	-0.817	0.539
2009	-1.889	-1.774	-1.451	-0.828	0.157
2010	-0.725	-0.345	-1.432	-0.823	0.536
2011	-1.920	-1.287	-1.945	-1.316	0.256
2012	-1.496	-1.748	-2.171	-1.523	0.206
2013	-2.173	-1.670	-2.001	-1.456	0.315
2014	-1.976	-1.623	-1.856	-1.378	0.321
2015	-1.496	-1.388	-1.614	-1.256	0.283

（注）輸出，輸入，GDP，外国直接投資は伸び率。
（出所）著者作成。

GDP成長率が2003年にt値が1.933となり有意となった。以上により，第4に，鄧小平氏の南巡講話，また中国のWTO加盟がGDP成長率に統計的に有意な変化を与えた。

第4節　ウクライナ危機後の中欧班列運行回数と米中貿易の増大

1.　中欧班列の運行回数の増加

　「中欧班列」とは，中国各都市と欧州や「一帯一路」沿線国を結ぶ鉄道コンテナ定期輸送サービスの統一ブランドの総称である。

　運行本数は，2016 年から 2019 年まで 1,702 本，3,673 本，6,363 本，8,225 本と急速に伸びた[8]。2020 年に 12,406 本となり，運行本数が初めて 1 万本を超えた。新型コロナウイルスの感染拡大により，欧州向けの貿易関連物資の輸出が約 931 万件，7 万 6,000 トンとなった。その背景として，航空・海上輸送が感染拡大で減少したと指摘された[9]。

　2021〜25 年の第 14 次 5 カ年計画では，運行本数を年平均 6％で増やし，新たに 15 都市と結ぶ 10 ルート以上の開通を目標とした。中国国家鉄路集団は，沿線国の鉄道管理部と時刻表の編集をし，国境沿いの主要駅の通関処理能力を拡張した[10]。2021 年に運行本数は，15,183 本と前年比 22.4％の大幅な増加であった。例えば，江蘇省発の運行本数は，2018 年 1〜8 月に前年同期比 1.8％増の 1,046 本であった[11]。

　なお，2021 年の中国からウクライナへの輸出額は，前年比 36.8％増の 94 億ドル，輸入額は 25.2％増の 97 億ドルで，輸出，輸入とも過去最高となった。中欧班列について，中国・武漢市からウクライナ・キーウ向け定期直行列車が，2020 年 6 月に運行開始した。また，キーウから西安市向け直行列車が，2021 年 9 月に運行開始した[12]。

　しかし，2022 年 2 月 4 日にロシアのウクライナ侵攻が始まった。2022 年 7 月末時点で，路線は 82 本であり，欧州 24 カ国 196 都市に乗り入れた。中国・武漢市商務局は，2022 年 1〜2 月の運行本数が前年同期比の 18％増と，過去最高を記録したと 3 月 7 日に発表した。

　この時点でウクライナ侵攻のビジネスへの影響は見受けられないとジェトロによるインタビューでは得られた[13]。ただし，中国・商務部国際貿易経済合作研究院国際市場研究所の白明副所長は，中欧班列の運行に影響すると説明した。また，中国交通運輸協会国際班列コンサルティングサービスの楊傑氏は，

中欧班列の貨物量は著しく減少すると述べた。

　ところが，2022年の運行回数は，前年比9％増の16,000本に達した。また，貨物輸送量は，同10％増の160万TEUとなった。ただし，これは，中国と中央アジア5カ国との「一帯一路」共同建設協力が推進されたこととロシアへの輸出が増えたことなどによると推測された[14]。

2.　米中貿易の安定

　中国のアフリカへの融資（契約額）は，2000年に1.4億ドルから始まり，2003年に18億ドルとなった[15]。一帯一路建設の開始された2013年に175億ドルとなり，2016年に284億ドルまで増大した。ところが，新型コロナの影響も出た2020年に19億ドルまで減少した。

　中国の債権交渉にIMFの資金支援の道を開く大転換があった。ザンビアの債務問題で，中国が主導する債権国グループが債務削減交渉入りに合意した。中国が他の債権国と強調する先例となる[16]。中東欧17カ国と中国の「17＋1」2021年5月にリトアニアが離脱した。以上のように一帯一路建設は大きな転機を迎えた。

　ただし，2021年の中国とアメリカの輸出入額は過去最高であった。中国からアメリカへの輸出額は，前年比27.6％増の5,766億ドルで，中国のアメリカからの輸入額は32.9％増の1,794億ドルであった[17]。2022年の中国からアメリカへの輸出額は，前年比0.9％増の5,815億ドルであった。また，中国のアメリカからの輸入は1％減の1,776億ドルであった。このように米中貿易は大幅に減少したわけではない。

　米ブルッキングズ研究所のシニアフェロー（元世界銀行中国担当局長）のデービッド・ダラー氏は「テクノロジーを巡って戦争状態にありながら，それ以外は全て非常に強力な貿易関係を維持することが可能」と直感すると述べた[18]。また，2023年に全人代で李強首相が新しく選出され，その後の記者会見で，李強首相は改革開放が現中国の命運を決定する鍵であると述べた。また，「改革で飯を食い，開放の道を歩む」と改革開放を発展の原動力と活力とすると述べた。

第 5 節　一帯一路建設を左右する「改革開放」

　産業集積を開始するスイッチとなる二つの条件は，広義の「輸送費」の削減と他では生産できない代替の弾力性の低い「異質財」の生産である（Kuchiki (2021)）[19]。第 1 に，広義の輸送費の削減と関連するのは，習近平 3 期目の中国のカントリー・リスクの拡大である。リスクの拡大が広義の「輸送費」を高めることになる。第 2 に，リスク負担が大きくなると，これまでの成長の原動力の一つであった外国直接投資の流入が難しくなる。外国直接投資が代替の弾力性の低い「異質財」の生産を可能としてきた。輸送費が高まり，異質財の生産ができなくなれば，産業集積が始まらない。こうして産業集積政策が，行き詰まる可能性がある。

　この行方を決めるのは，これまで成功してきた「改革開放」を習近平氏が継続するかに依存する。

［注］
1　北京新華社 2023 年 3 月 13 日。
2　財団法人自治体国際化協会・北京事務所（2003），「中国の企業誘致政策」，『CLAIR REPORT』，財団法人自治体国際化協会，第 248 号。http://www.clairbj.org/sys/wp-content/uploads/2017/04/248-1.pdf（2021 年 8 月 11 日アクセス）。
3　中国国務院（2020a）「国家ハイテク産業開発区の質の高い発展の促進に関する若干の意見」，8 月 17 日，http://www.gov.cn/zhengce/content/2020-07/17/content_5527765.htm（2021 年 8 月 11 日アクセス）。
4　中国商務省国際貿易経済合作研究院（2016），『中国政府が中国製造 2025 年を打ち出した目的』，6 月 27 日。みずほレポート，2016 年 6 月 27 日（『2025 年の製造強国を目指す中国の新製造業振興策』https://www.mizuho-ir.co.jp/publication/mhri/research/pdf/report/report16-0627.pdf（2021 年 7 月 30 日アクセス）。
5　能勢徹（2021）「中国の外資導入政策の変遷と日系アパレル産業の歩み」，『日中経協ジャーナル』，No.331，8 月号，20-22 ページ。
6　中国国務院（2020b）「北京，湖南，安徽自由貿易試験区の全体計画と浙江自由貿易試験区の地域拡大計画に関する国家協議会の通知」，8 月 30 日，http://www.gov.cn/zhengce/content/2020-09/21/content_5544926.htm（2021 年 8 月 11 日アクセス）。
7　現在と過去の x の値だけに基づいた将来の x の予測と，現在と過去の x と y の値に基づいた将来の x の予測を比較して，後者の平均二乗誤差（各データに対して予測値と正解値の差（＝誤差）の二乗値）の方が小さくなる場合，x から y へのグレンジャー因果性（Granger causality）が存在すると言われる。例として，外部気温とアイスクリーム販売の時系列データがある。外部気温がアイスクリーム販売の予測度を上げるときに，外部気温はアイスクリーム販売にグレンジャー因果が

あるという（厳密な説明は注 19 の Kuchiki（2021））。

8　中井邦尚,『ビジネス短信』, 2022 年 2 月 3 日。

9　方越,『ビジネス短信』, 2021 年 1 月 6 日。

10　方越,『ビジネス短信』, 2021 年 9 月 7 日。

11　尹世花,『ビジネス短信』, 2021 年 9 月 10 日。

12　中井邦尚,『ビジネス短信』, 2022 年 1 月 30 日。

13　楢橋広基,『ビジネス短信』, 2022 年 3 月 9 日。

14　外交部（外務省）の 2023 年 1 月 10 日汪文斌報道官,「人民網日本語版」2023 年 1 月 11 日 http://j.people.com.cn/n3/2023/0111/c94474-10194578.html（2023 年 2 月 4 日アクセス）

15　Boston University Global Development Policy Center. 2022. Chinese Loans to Africa Database.

16　https://www.nikkei.com/article/DGXZQOGR02EB00S2A800C2000000/（2022 年 8 月 25 日アクセス）。

17　グローバル・トレード・アトラスを基にジェトロ作成。https://www.jetro.go.jp/biznews/2023/02/0be52e2b4c435e67.html（2023 年 2 月 4 日アクセス）。

18　https://www.bloomberg.co.jp/news/articles/2023-01-17/ROM9OZDWRGG401（2023 年 2 月 4 日アクセス）。

19　Kuchiki, A. (2021) "Linking Spatial Economics and Sequencing Economics for the Osaka Tourism Agglomeration," *Regional Science Policy & Practice*. https://doi.org/10.1111/rsp3.12476.

（朽木昭文）

第12章

サプライチェーン強靭化に向けた韓国政府の取り組み

はじめに

　韓国のサプライチェーンを巡る環境が大きく変化している。それを象徴するのが，コロナ禍の初期局面で中国からのワイヤーハーネス輸入が中断したことにより，国内の自動車生産が相次いで操業中断した事例である。それまで韓国企業は各国の比較優位などに基づきグローバルな生産ネットワークを構築してきた。しかし，予期せぬサプライチェーンの断絶により，経済性のみを重視した国際分業体制の限界が露呈した。さらに，米中対立激化や米国の保護主義的な産業政策により，半導体，電気自動車（EV）・車載電池業界などを中心に，韓国企業は国際生産分業やサプライチェーンの見直しを迫られている。2022年5月に発足した尹錫悦政権はこのような環境変化に対処すべく，サプライチェーン強靭化に向けた法制度の整備などを進めている。

　以上の問題意識を基に，本章では以下の順で議論を進める。第1節では，対中輸入依存度が高い韓国のサプライチェーン分断リスクについて言及する。第2節では，特に焦点となっている半導体，車載電池について，韓国政府の産業政策や業界動向について整理する。第3節では，サプライチェーン強靭化に向けた韓国政府の法整備に向けた取り組みを概観する。第4節では，韓国政府が取り組んできた企業の国内回帰促進政策の成果と課題について述べる。

第1節　脆弱性が露呈した対中輸入依存

　2020年初めに本格化した新型コロナウイルス感染拡大は，韓国のサプライチェーンの脆弱性を浮き彫りにした。その象徴的な事例が中国からのワイヤーハーネス輸入中断である。

　韓国はワイヤーハーネスの供給を海外に依存している。韓国貿易協会「K-stat」データベースによると，コロナ禍前の2019年の韓国のワイヤーハーネス（HS854430）輸入量は10万3,616トンで，国別シェアは中国89.2％，ベトナム5.6％，フィリピン3.1％，カンボジア1.7％の順と，中国に大きく依存していた。ところが，新型コロナウイルス流行初期に，中国のワイヤーハーネス工場が感染拡大により操業停止し，中国からの輸入が止まったため，韓国自動車メーカーはワイヤーハーネスの在庫が底をついた2020年2月上旬に操業中断に追い込まれてしまった。ワイヤーハーネス以外にも，2021年秋に中国からの尿素輸入が停止し，国内トラック物流に支障が生じた事例もあった。

　対中輸入依存度が高い品目は，幅広い分野にまたがっている。韓国貿易協会「K-stat」データベースによると，2022年に中国から1億ドル以上を輸入した品目（全244品目，HS6桁ベース）について，対中輸入額が輸入総額に占める割合をみると，70％以上が85品目（37.9％），このうち80％以上に限ると58品目（25.9％）に達した。

　近年，韓国企業は高い対中輸入依存度をリスク要因と考えるようになった。ワイヤーハーネスの場合，ASEAN諸国からの輸入を増やした結果，2022年の対中輸入比率は72.0％に低下した。他の品目についても，一部の調達先を中国からASEAN諸国などに分散させる「チャイナ＋1」戦略を進めていくことになろう。

第2節　米中対立等に翻弄される韓国半導体・車載電池産業

　尹政権は半導体と車載電池についてそれぞれ産業政策を発表しているが，い

ずれの産業も米中対立激化や保護主義的な米国政府の政策動向に翻弄されている。

　ここでは，両産業のサプライチェーンに関する尹政権の政策を概観した後，特に，米国政府の政策による影響と韓国企業の対応策についてみることとする。

1.　米国政府の対中牽制の影響を受ける半導体産業

　尹政権は2022年7月21日，政権5年間の政策となる「民・官の力量を結集する半導体超強大国達成戦略」を発表した（関係部署協同（2022a））。そこには，半導体市場の成長性・関連産業への影響力や半導体を巡る世界の覇権争い，韓国でしばしば問題提起されている「半導体危機論」について言及されている。その上で，韓国政府は「達成戦略」として，「企業投資の総力支援」「民・官が一体となって人材育成」「システム半導体の先端技術確保」「堅硬な素材・部品・装備エコシステム構築」の4点を挙げた（「装備」は「製造装置」を意味する。以下同様）。このうち，最も関心を集めたのが「企業投資の総力支援」である。これについては，① 工場の容積率緩和といった許認可の特例を設ける，② 企業投資の税額控除を拡大する，③ 労働・安全などの規制を緩和する（半導体R&D業務の労働時間制限の柔軟化，化学物質・安全規制の緩和等）といった項目を挙げた。他方，半導体のサプライチェーン強靭化政策は「堅硬な素材・部品・装備エコシステム構築」が該当し，もっぱら，半導体の素材・部品・装備の国産化推進に関する項目が並んでいる。具体的には，素材・部品・装備の国産化率を現在の約30％から2030年までに50％に引き上げるという目標を掲げ，コア戦略技術の開発と共に，将来性が見込まれる技術開発への支援拡充，半導体素材・部品・装備クラスター形成のための企業立地支援，半導体素材・部品・装備企業の投資支援等のための「半導体ファンド」造成，といった項目が並んでいる。

　しかし，現実の韓国の半導体産業は，米国の対中半導体規制により大きく揺れており，落ち着いて産業政策を遂行できる環境にはない。

　韓国の半導体メーカーは中国に大規模な生産拠点を有している。サムスン電子は陝西省西安市にNAND型フラッシュメモリ工場を運営している。「聯合

ニュース」（2023年3月22日）によると，サムスン電子が生産するNAND型フラッシュメモリの4割を西安工場で生産している（中国生産比率はメディア報道によって若干異なる。以下同様）。SKハイニックスは江蘇省無錫市でDRAMを生産している。「聯合ニュース」（同上）によると，同社はDRAM生産全体の4割を無錫で生産している。さらに，同社はインテルのNAND型フラッシュメモリ部門を買収したが，その中にインテルの遼寧省大連工場が含まれていた。「聯合ニュース」（同上）によると，同社はNAND型フラッシュメモリ生産全体の2割を大連で生産している。

　他方，米国は2022年1年間だけみても，対中半導体規制を矢継ぎ早に行った。7月末に上院・下院で可決され，8月にバイデン大統領が署名した「CHIPSおよび科学法」により，米国政府の補助金を受領した企業は10年間，中国での半導体関連の設備投資が制約される。米国テキサス州でファウンドリー工場の建設を進めているサムスン電子や，米国で半導体パッケージング工場や研究開発拠点の建設計画を進めているSKハイニックスが制約を受ける。また，同じ頃から，米国政府主導の協議体「チップ4」構想が進められている。これは，日米韓台の4カ国・地域で半導体サプライチェーン強靭化を目指すものである。韓国では，この構想への参加が中国を刺激する恐れがあるとして，懸念が広がった。さらに，10月7日に米国政府が発表した先端半導体技術を巡る対中輸出規制強化は，韓国の半導体企業に大きな影響を与える恐れがある。この規制強化は，スーパーコンピュータや人工知能（AI）に使われる先端半導体や特定の半導体製造装置の対中輸出を規制する内容を含んでおり，サムスン電子・SKハイニックスの中国工場が半導体製造装置を調達する際に支障が生じる可能性がある。仮に，支障が生じた場合には，両社の中国工場の技術進歩が頓挫し，中国・地場半導体企業のキャッチアップを受け，存在意義を失う可能性も否定できない。

2.　サプライチェーン戦略の見直しを迫られる車載電池

　尹政権は2022年11月1日，政権5年間の産業政策となる「二次電池産業革新戦略」を発表した（民官協同（2022））。特徴としては，サプライチェーン強靭化に重点を置いている点，後述する米国インフレ削減法（IRA）の影響を受

けた政策である点が挙げられる。

　同戦略では，「2030年二次電池世界最強国」達成のために，3つの目標を設定した。第1の目標として「安定的なサプライチェーン確保」を挙げ，これを最も重視している姿勢を示した。具体的には，① 米国のインフレ削減法への対応は個別企業では限界がある，② コア鉱物資源の確保のために関係企業や政府が一体となった「バッテリー・アライアンス」を構築する，③「バッテリー・アライアンス」を通じ，コア鉱物の地図作成，プロジェクト発掘，製錬事業推進，金融支援などを推進する，④ 車載電池の循環体系を構築する，といった項目が挙げられている。ちなみに，残りの二つの目標は，一つは政府のR&D投資による他国との技術格差拡大，もう一つは国内投資の支援・専門人材育成である。

　尹政権の車載電池サプライチェーン政策は，2022年8月に成立した米国インフレ削減法の影響を受けている。インフレ削減法自体は，韓国企業にプラス・マイナスの双方の影響を及ぼすが，特に，サプライチェーン分断の観点では鉱物資源の対中輸入依存度の高さが懸念材料である。インフレ削減法では，米国のEV購入者が最大7,500ドルの税額控除を受けられる要件として，① 車両の最終組み立てが北米で行われる，② 車載電池材料の重要鉱物の一定割合を米国，または米国とFTAを締結した国から調達する，③ 車載電池の主要部品の一定割合を北米で製造する，といった内容が定められた。その後，2023年3月31日に税額控除のための指針が発表され，韓国の車載電池企業の懸念が一定程度解消された。しかし，韓国企業が，車載電池材料に使用する鉱物原料を中国に依存している点が依然，課題として残されている。「聯合ニュース」（2023年1月24日）によると，2022年の輸入総額における対中輸入の割合は水酸化リチウムが87.9％，コバルトが72.8％となっている。インフレ削減法では，重要鉱物を「懸念される外国法人」から調達する場合，2025年以降，税額控除の対象外になる。中国法人がこれに含まれる可能性があるため，韓国企業は，鉱物原料調達先の「脱中国」化を進める必要がある。

第3節　「サプライチェーン3法」制定・改正の動き

　韓国政府は，サプライチェーン強靭化に向けた法制度の整備に取り組んできた。関連法の制定・改正案はすでに国会に上程されているものの，執筆時点（2023年3月末）では制定・改正までの道筋は見えていない。韓国政府は危機感を募らせている。「聯合ニュース」（2023年2月14日）は，「企画財政部は，『供給網基本法』（後述）制定が遅れれば遅れるほど，（中略）韓国企業のサプライチェーン競争力が低下せざるをえないと強調している」と報じた。

　本節では，サプライチェーン強靭化に関する関連法の制定・改正に向けた今までの動きについて概観する。

1. サプライチェーン強靭化に向けた尹政権の取り組み

　政権発足間もない2022年6月16日，尹政権は政権5年間の経済政策の骨子をまとめた「新政府の経済政策方向」を発表した。全体の構成は，① 経済の現状，② 新政府の経済運営ビジョン，③ 新政府の経済政策方向の主要内容，④ 当面の懸案への対応，⑤ 2022年の経済展望，となっている。このうち，④については2点が書かれており，そのうちの一つが「リスク管理」である。さらに，「リスク管理」の第1点目として，サプライチェーンを中心とする「経済安全保障対応」が挙げられており，尹政権がこの問題を非常に重要視していることが読み取れる。

　「新政府の経済政策方向」の中で，サプライチェーンに関連して次のような政策が記載されている。

　　・対外経済長官会議を中心に経済安保対応のコントロールタワーの役割を強化する。
　　・「素材・部品・装備特別法」「供給網基本法」「国家資源安保特別法」（いずれも仮称・略称）の「サプライチェーン3法」を制定・改正する。
　　・インド太平洋経済枠組み（IPEF）をはじめとした国際的な協力枠組みに積極的に参加する。
　　・民間企業の海外資源確保を支援する。

・海外に進出した韓国系企業の国内回帰を促進する。

　次項で述べるように，尹政権は文在寅前政権のサプライチェーン対策は不十分だったとみており，さらなるサプライチェーン強靭化を目指している。

2.「素材・部品・装備特別法」改正に向けた動き

　「素材・部品・装備特別法」（正式名称は「素材・部品・装備産業競争力強化のための特別措置法」）は，それまでの「素材・部品専門企業等の育成に関する特別措置法」を全面改正したもので，2020 年 4 月 1 日に施行された。

　全面改正の発端は，日本政府の韓国向け輸出管理の運用見直しに対抗すべく，文前政権が 2019 年 8 月 5 日に「素材・部品・装備競争力対策」を発表したことである。その骨子は，特定の素材・部品・装備の品目について，輸入先の多角化，国内生産拠点の新・増設支援，技術開発に対する支援等により，これら品目の安定供給を確保することを目指したものであった。その後，前述のコロナ禍によるサプライチェーン断絶危機を受け，2020 年 7 月にサプライチェーン全般を念頭に置いた内容に見直された。

　尹政権は文前政権の素材・部品・装備産業政策をどのように評価しているのであろうか。産業通商資源部は 2022 年 10 月 18 日，「新政府の素材・部品・装備産業政策方向」を発表した（産業通商資源部（2022））。それによると，文前政権の素材・部品・装備産業政策について，① 事実上，日本を念頭に置いた政策であった，② 高難度技術品目中心の政策だった，とみている。その上で，① については一定の成果を上げたと評価した一方で，中国をはじめ，日本以外とのサプライチェーン対策としては不十分と評価した。また，② についても，尿素不足で物流の混乱が生じたように，汎用品や鉱物資源のサプライチェーン対策としては不十分と評価した。そこで，尹政権は，① 全世界を対象にしたサプライチェーン対策に拡張する，② 汎用品や鉱物資源を対象に加えるといったかたちで，素材・部品・装備産業政策を見直す方針を明らかにした。

　政府では「素材・部品・装備特別法」についても，同様の趣旨で法改正を推進している。前後するが，産業通商資源部は 2022 年 8 月 18 日に発表したプレスリリースの中で，「素材・部品・装備特別法」改正の方向性について言及し

ている。ポイントは次のとおりである。

- 現在の「素材・部品・装備特別法」は，素材・部品・装備産業の中長期的な競争力強化と技術開発に焦点を合わせており，国際的なサプライチェーン・リスクに対して十分な対応ができない。
- 政府は，サプライチェーン安定化のための民間企業の備蓄・輸入先多角化等に対する政府支援の根拠や，素材・部品・装備のサプライチェーン情報分析強化といった内容を改正法に盛り込むことを目指している。

なお，「素材・部品・装備特別法」改正は当初予定より遅れている。上述の産業資源部の発表では「2022 年内の改正を目指す」としていたが，同部の2023 年 1 月 17 日発表のプレスリリースでは「2023 年上半期の国会通過を目指す」としている。

3.「供給網基本法」制定に向けた動き

企画財政部は 2022 年 10 月 17 日，与党国会議員が「供給網基本法」（案）（正式名称案は「経済安保のための供給網安定化支援基本法」）を発議したことを受け，同法（案）についての解説を発表した（企画財政部（2022））。「供給網基本法」は，日本の「経済安全保障推進法」の 4 本柱のうち「重要物資の安定的な供給の確保」を規定した部分に相当するものである。同部の発表によると，日米 EU などがサプライチェーン関連の法律・組織を設け，対策を講じており，韓国も同様の取り組みが必要としている。

「供給網基本法」（案）の骨子は次のとおりである。

- 同法の位置づけ：サプライチェーン安定化などの一般的な事項と対応体系を規定し，「素材・部品・装備特別法」「国家資源安保特別法」など，個別分野の法令の制定・改正の方向性を示す。
- 推進体制：大統領直属のコントロールタワーとして「供給網安定化委員会」を設置する。
- リスク管理：国民生活に必須の「経済安保品目・サービス」を指定する。サプライチェーン安定化に寄与する民間企業を「安定化先導事業者」に認定する。財政・税制優遇や「供給網安定化基金」造成により，民間企業によるサプライチェーン安定化努力を支援する。

4.「国家資源安保特別法」制定に向けた動き

　尹政権は，エネルギー・資源安全保障の確保のため，「国家資源安保特別法」制定を進めている。政府が 2022 年 7 月 5 日に発表した「新政府のエネルギー政策方向」によると，特別法には次の内容が盛り込まれる予定である（関係部署協同（2022d））。

　　・推進体制：国家資源安保のコントロールタワー（資源安保委員会，資源安保センター等）を設置する。資源安保の範囲を，従来の石油・天然ガス・石炭に加え，重要鉱物，水素，再生可能エネルギー（素材・部品），ウラン等に拡大する。

　　・早期警報：先制的な危機識別のための資源安保診断・評価，エネルギー・サプライチェーン点検・分析等，早期警報システムを構築・運営する。

　　・危機対応：現在，エネルギー源別に個々に対応体系が構築されているが，これを総合的に対応できるように体制を強化する。

　その後，2022 年 12 月 15 日に与党国会議員が政府との調整を経て「国家資源安保特別法」（案）を発議した。内容は前述に沿ったものであるが，特に注目すべき点として，次が挙げられる。

　　・「重要鉱物」には，半導体生産に必要なレアメタル・レアアースや，車載電池原料のニッケル・リチウム・コバルト等を含む。

　　・韓国企業の海外資源開発を支援する。これは，李明博政権（2008〜2013年）時に推進された政策だったが，巨額の赤字を生むなど失敗に終わり，以降，撤回されていた。同法は，海外資源開発促進政策に回帰することを意味する。

　　・重要鉱物の供給機関を指定し，備蓄を管理する。さらに，販売価格高騰時に備蓄を放出しても価格が抑制できない場合に，「最高価格制」により，価格を統制する。

第 4 節　道半ばの政府の国内回帰促進政策

　サプライチェーン強靭化の手段として，自国企業の海外生産拠点の他国への

移転を促進することで，サプライチェーンを再構築する方法が挙げられる。具体的には，リショアリング（以下，「国内回帰」と表記），ニアショアリング（地理的に近い国に移す），フレンドショアリング（同盟国や同志国など，信頼できる国々に移す）がありうる。これらのうち，韓国政府はもっぱら国内回帰に注力している。

　他方，ニアショアリングについては，在中韓国系企業の生産拠点の ASEAN 諸国への移転を促進する政策が考えられる。実際，サムスン電子が携帯電話の主力生産拠点を中国からベトナムに移管するなど，企業レベルでは中国から ASEAN 諸国への生産移管が進行している。また，尹政権は 2022 年 12 月に「自由，平和，繁栄のインド太平洋戦略」を発表し，中国への依存度を引き下げる狙いを込めて，ASEAN 諸国等との関係強化を図る考えを示した。しかしながら，ことニアショアリングに関しては韓国政府では明確な言及はないようである。

　また，尹大統領は就任以来，同じ価値観を共有する国々との連携強化を訴えている。例えば，2023 年 1 月 1 日の国民に向けた「新年の辞」でも，「自由，人権，法治という普遍的価値を共有する国々が経済と産業を通じて連携しており，普遍的価値を基盤にした連帯は現在の外交的現実で最も戦略的な選択」と演説している。米国主導のフレンドショアリングと親和性が高いものの，フレンドショアリングに対する韓国政府の立場ははっきりしない。

　そこで，以下では国内回帰支援政策に焦点を当て，政府政策の変遷と成果，課題についてまとめることとする。

1. 韓国企業の国内回帰の推移と現状

　産業通商資源部は 2023 年 1 月 5 日，「2022 年海外進出企業の国内復帰動向」を発表した（産業通商資源部（2023））。それによると，政府が認定した国内回帰企業数や国内回帰企業の投資予定額・雇用予定者数は増加傾向にある（第 12‐1 表）。同部では，「中堅・大企業の割合の上昇，サプライチェーン関連の企業の国内回帰の増加など，国内回帰の質も高まっている」とした。さらに，国内回帰企業が増加している理由として，①外部環境として，海外の投資環境の悪化，国内市場の拡大を，②政府支援策として，先端・サプライチェー

第 12-1 表　韓国企業の国内回帰（リショアリング）の推移

（単位：社，億ウォン，人）

年	企業数	国内投資予定額	国内雇用予定者数
2014	15	745	685
2015	2	52	65
2016	10	334	368
2017	4	416	143
2018	8	414	276
2019	14	3,948	315
2020	23	5,140	1,114
2021	26	7,724	2,280
2022	24	11,089	1,794

（出所）産業通商資源部（2023）。

ン関連の海外事務所の縮小義務の廃止等をそれぞれ挙げた。ちなみに，2014年～2022年の累計 126 社がどの国から韓国に回帰したかをみると，中国が77％（97 社）で圧倒的に多く，次いで，ベトナム 12％（15 社），米国 3％（4社）の順となっている。

　ただし，国内回帰企業数が増加したとはいえ，韓国企業のリショアリングが大きな流れになっているとは言い難い。ちなみに，2014 年 1 月から 2022 年 9月までに韓国企業が海外に新規に設立した現地法人数（実行ベース）は 25,791社で，国内回帰企業数はその 0.5％の水準に過ぎない。

2.　韓国政府の国内回帰支援政策の変遷と課題

　韓国政府が企業の国内回帰支援政策を初めて打ち出したのは，2006 年 9 月に発表した「企業環境改善総合対策」であった。当時，韓国から中国に進出した中小製造企業の中で，人件費上昇などで経営難に陥っている企業が少なくなかった。こうした企業の韓国への回帰を支援すべく，国内回帰時に外国人雇用の条件緩和や低廉な工場用地の提供といったインセンティブを供与するものであった。

　国内回帰支援政策をさらに進める契機になったのが，「海外進出企業の国内回帰支援に関する法律（以下，「Uターン法」）」の施行（2013 年 12 月）で，

その狙いは，国内の雇用創出と地域経済活性化にあった。国内回帰企業と認定されれば，立地・設備補助金の支給，法人税・所得税・関税の減免，雇用創出奨励金の支給，外国人労働者ビザの発給といったインセンティブを受けられる仕組みであった。しかし，認定条件が厳しい，インセンティブが少ないといった批判もあり，国内回帰企業数は少なかった。そこで，政府は2018年11月に「Uターン企業総合支援対策」を発表し，認定条件の緩和や，雇用補助金支給期間の延長などのインセンティブ強化を行った。

　このような中，前述のワイヤーハーネス不足問題が生じるなど，外部環境が大きく変化した。そこで，韓国政府は国内回帰支援政策の目的として，地域経済活性化，雇用創出と共に，サプライチェーン強靱化を掲げるようになった。政府は2020年6月，「2020年下半期経済政策方向」の一環として「Uターン企業誘致のための総合パッケージ」を発表し，認定条件緩和やインセンティブ強化をさらに進めた。さらに，2021年6月の改正「Uターン法」施行により，先端産業，サプライチェーン強靱化につながるコア部品について，さらなる認定条件の緩和やインセンティブの強化を進めた。

　尹政権の国内回帰政策も文前政権の延長上にあり，国内回帰支援の強化をさらに進める考えである。産業通商資源部は，前述の「2022年海外進出企業の国内復帰動向」発表時に，「先端・サプライチェーンのコア業種について海外事業場縮小義務を免除する，韓国国内での工場新増設なしに既存工場の有休地に設備投資する場合も国内回帰企業として認定する，といったように制度改善を続けていく」と述べている。

　とはいえ，韓国政府の国内回帰政策は依然，課題が残されている。大企業の国内回帰支援に注力すべき，認定条件として海外事業場の縮小よりも国内投資・雇用拡大に焦点を合わせるべき，といった議論がなされている。また，国内回帰後に倒産したり，再度，中国に生産拠点を移管したり，国内雇用者数が十分でなく政府から受けた補助金を返納したりした企業も少なくないことも課題である。

[参考文献]

〈日本語文献〉

百本和弘（2023a），「米中対立の波紋と尹政権のサプライチェーン政策」『北東アジア情勢研究会コメ
　　ンタリー』No.8，中曽根平和研究所。

百本和弘（2023b），「米中半導体対立に翻弄される韓国半導体産業」『東亜』2023 年 2 月号 No.668，
　　一般財団法人 霞山会。

〈韓国語文献（カナダラ順）〉

関係部署協同（2022a），「民・官の力量を結集する半導体超強大国達成戦略」

関係部署協同（2022b），「新政府の経済政策方向」

関係部署協同（2022c），「新政府の素材・部品・装備産業政策方向」

関係部署協同（2022d），「新政府のエネルギー政策方向」

企画財政部（2022），「供給網リスク管理のための国家指揮本部および基金設置『経済安保のための供
　　給網安定化支援基本法』法案発議」

民官協同（2022），「二次電池産業革新戦略」

産業通商資源部（2022），「新政府の素材・部品・装備産業政策方向」

産業通商資源部（2023），「2022 年海外進出企業の国内復帰動向」

（百本和弘）

第 13 章

アジアのデジタル貿易の進展

―ICT 関連財貿易とデジタル関連サービス―

はじめに

　本章の目的は，デジタル技術の発展と普及（デジタル化）がアジアの経済統合に及ぼす影響を検討する一助として，デジタル化に関連する財・サービス貿易データを整理・考察することである。

　近年，デジタル技術の発展と普及は目覚ましい。先進国・途上国を問わず，デジタル化は経済社会に多大な影響を及ぼしている。そのようななか，アジア各国の政府や企業は，デジタル化を新しい成長の源泉とする成長戦略を模索している。また，デジタル技術は，スマートフォンが普及したことに加えて，コロナ感染拡大を回避できる非接触型技術であることから，広範な分野で活用されるようになった。これらデジタル化が，国内経済社会だけでなく，財・サービス貿易を通じて経済統合に及ぼす影響は小さくない。

　しかしながら，デジタル化の経済への影響を数値化することは容易ではない。デジタル技術の利活用は広範囲に及び，その対象範囲を見定めることが難しいからである。現在，経済協力開発機構（OECD）や世界貿易機関（WTO），国連貿易開発会議（UNCTAD）などの国際機関が中心となって，その数値化が議論されている[1]。

　そこで本章では，UNCTAD が，デジタル化の指標として集計しているデータを用いて，財については情報通信技術（ICT）関連財の貿易，サービスではデジタル関連サービス貿易の観点から経済統合への影響を考える。

　本章の構成は以下のとおりである。

　第 1 節では，経済社会のデジタル化を概観し，デジタル経済とデジタル貿易

について述べる。次いで，第 2 節では，ICT 関連財の貿易について，第 3 節では，デジタル関連サービスの貿易について観察する。最後に，議論の結果を整理し，日本の立ち位置を確認する。

なお，本章は科研費基盤研究（C）20K12367「アジアにおけるデジタル化の国際比較—利活用水準，政策体系，電子認証制度に注目して」（研究代表者：伊藤亜聖）の支援を受けている。

第 1 節　アジアの経済社会のデジタル化とデジタル貿易

1.　世界レベルで加速するデジタル化

　人工知能（AI），フィンテック，ブロックチェーン，プラットフォームなどのデジタル技術の利活用は，現在においては先進国だけでなく，途上国の経済社会においても可能である。そのデジタル化のスピードは国や企業によって異なるものの，いずれの国の政治家，官僚，経営者もデジタル技術の導入を成長戦略の中心に据えるようになってきた。このことは，各国でデジタル・トランスフォーメーション（DX）という言葉が頻繁に用いられるようになったことからも明らかであろう。

　この動きは 2010 年代半ばから加速している。

　たとえば，2016 年に世界銀行は，途上国もデジタル技術を積極的に取り入れる時代に突入したことを世界開発報告『デジタル・ディビデンド（デジタル化の恩恵）』として指摘した。そこでは，スマートフォンなどのデジタル・デバイスの活用による，新しい開発経路の可能性とリスクが網羅的に示されている（World Bank 2016）。

　実際にデジタル技術の基づくビジネスは先進国で急成長し，その影響はほとんど時間差なく途上国にも波及した。これについて，UNCTAD（国際貿易開発会議）は，2017 年に世界投資報告『投資とデジタル・エコノミー（Investment and Digital Economy）』のなかで詳細に検討している（UNCTAD 2017）[2]。そのなかで，Apple やサムソン，鴻海精密工業，マイクロソフトなどのテック多国籍企業が，これまでの多国籍企業とはまったく異なる経済成長の

担い手として登場してきたこと，そして，これらテック多国籍企業が創り出すデジタル経済への対応が，途上国にも求められることを指摘した。

　その後，アジア新興国・途上国においても，中国ではアリババやテンセント，マレーシアではグラブ，インドネシアではゴジェックなど，地場ユニコーン企業が出現した。そして，このデジタル化は，デジタル技術が非接触型技術であることとあいまってコロナ禍で加速した（大泉 2021）。

2. スマートフォンの普及

　アジアにおいて経済社会のデジタル化を加速させる基盤となったのは，携帯電話の急速な普及である。アジア各国の携帯電話の契約件数（100 人当たり）をみると，2021 年において，ラオスを除くすべての国で100 件を超えている（第13-1 表）。この背景には，世界レベルでの通信環境の改善と安価な携帯電話の普及があった。

　ここで注意を喚起したいのは，所得水準がいまだ低いカンボジアやミャンマーでも携帯電話が急速に普及していることである。2021 年においてカンボジアの1 人当たり GDP は1700 ドル，ミャンマーは1200 ドルに過ぎない。しかし，携帯電話の契約件数はカンボジアで2010 年の56.7 件から2021 年には120.0 件に，ミャンマーでは1.2 件から126.3 件へ急増した。両国では，固定電話の普及を経ずに携帯電話が普及するという社会の「蛙飛び的な発展」が実現したといってよい。

　そして，この携帯電話がスマートフォンに置き換わることで，インターネットへのアクセス状況が改善した。それまでインターネットへのアクセスは，有線（ブロードバンド）の整備が不可欠であったが，無線を活用した携帯電話の使用が，有線の未整備という問題を緩和させたのである。たとえば，タイのインターネットへのアクセスの度合いを人口比率でみると，2015 年の39.3％から2021 年は85.3％と飛躍的に伸びた。携帯電話の普及が遅れているラオスでも同期間に18.2％から62.0％に上昇した（第13-1 表）。

　これが，アジアにおいてコロナ禍でスマートフォンを介したデジタルビジネスが急速に拡大する基盤となった。コロナ禍以前から普及していた配車アプリや電子決済に加えて，食品のデリバリーや遠隔診療，遠隔教育なども広まっ

第 13-1 表　東アジアの携帯電話の契約件数とインターネットアクセス率

国・地域	携帯電話の契約件数 (100 人当たり)			インターネットアクセス率 (人口比)		
	2010	2015	2021	2010	2015	2021
香港	193.4	226.0	319.4	72.0	84.9	93.1
タイ	105.1	146.4	168.8	22.4	39.3	85.3
日本	96.2	126.2	160.9	78.2	91.1	90.2
シンガポール	143.0	145.7	145.8	71.0	83.2	92.0 *
フィリピン	87.9	114.4	143.4	25.0	36.9	49.8
マレーシア	117.9	142.0	140.6	56.3	71.1	96.8
韓国	104.0	115.6	140.6	83.7	89.9	97.6
ベトナム	127.6	130.5	138.9	30.7	45.0	74.2
ブルネイ	109.9	110.0	135.5	53.0	71.2	95.0
インドネシア	86.6	130.8	133.7	10.9	22.1	62.1
ミャンマー	1.2	79.6	126.3	0.3	10.9	35.1 *
中国	63.7	92.7	121.5	34.3	50.3	73.1
カンボジア	56.7	135.2	120.0	1.3	18.0	−
ラオス	63.3	54.9	65.0	7.0	18.2	62.0
世界	75.8	96.1	110.0	28.8	40.3	59.6 *

(注) ＊2020 年値。
(出所) World Development Indicators（2023 年 2 月 16 日アクセス）。

た。また，都市部では，わが国と同様にテレワークが導入され，働き方にも変化がみられるようになった。

　この経済社会のデジタル化は，コロナ後もさらに加速していくことになるだろう。アジア新興国・途上国経済におけるデジタル化は，それまで経済活動を阻害してきた制度やインフラの未整備などの課題を解決する可能性を持っているからだ。たとえば，銀行にアクセスできなかった人が携帯電話を介して口座を開き，決済できるようになった。これら動きは，今後の金融制度とインフラの整備によってその領域をさらに拡大していくことであろう（伊藤 2020）。

3. デジタル経済とデジタル貿易

　このように経済社会のデジタル化が目覚ましい勢いで進展していくことは実

感できるものの，その影響を数値化（可視化）することは容易ではない。その最大の原因は，デジタル技術が用いられる領域が広範であり，対象を見極めることが困難であることにある。

そのためか，デジタル経済という用語は頻繁に使われるものの，いまだ明確な定義はない。

UNCTAD は，前述の世界投資報告のなかで，デジタル経済を「財やサービスの生産と取引についてインターネットをベースとしたデジタル技術を適用したもの」と定義し，そしてその担い手をテック多国籍企業とし，通信インフラの多国籍企業，その他の多国籍企業と区分していたが，その後，いずれの企業においてもデジタル技術の導入が促進され，現在では上記の区分の有効性は薄まっている。その後，UNCTAD も，農業においても，工業においてもデジタル技術の活用は可能であり，これらの産業がデジタル技術で連結され，その区分は明確でない（シームレス）なものになっていることを指摘している（UNCTAD 2019）。経済のデジタル化が進むなかでは，農業から工業，工業からサービス業という従来の産業発展の法則さえ有効でなくなるのかもしれない[3]。

そうした限界はあるものの，デジタル化が経済に及ぼす影響を抽出する作業は重要である。このような観点から，2019 年以降，JETRO『貿易投資白書』は，「デジタル貿易」という項目を別途設けて検討を加えている。たとえば，2022 年『貿易投資白書』では，デジタル貿易を，1）デジタル関連財貿易，2）デジタル関連サービス貿易，3）EC コマース，3）越境データ・フローの 4 つに分野から分析している（JETRO 2022）。

本章では，UNCTAD のデータから ICT 関連財貿易の域内貿易の変化，デジタルを活用したサービス貿易（デジタル関連サービス貿易）の観点から観察する。

第 2 節　ICT 関連財貿易

1. アジアは ICT 関連財の生産輸出拠点

　UNCTAD のデータである UNCTADSTAT は，ICT 関連財の貿易として
データを整理している[4]。これを用いて ICT 関連財貿易のアジア域内貿易への
影響をみたい。

　この ICT 関連財を含む電子・電機製品の生産は，その部品がモジュラー化
され，東アジア域内で分業されてきたことは多々指摘されているところであ
る。では，近年の経済社会のデジタル化の加速が ICT 関連財の需要を拡大さ
せたことは，アジア各国・地域の分業体制にどのような影響を与えただろう
か。

　ICT 関連財の世界貿易額（輸出ベース）は，2010 年の 1 兆 7210 億ドルから
2021 年には 2 兆 7690 億ドルに増加したが，このうち東アジアの同輸出は同期
間に 1 兆 1660 億ドルから 2 兆 930 億ドルに増加しており，世界全体に占める
シェアは 67.7％から 75.6％に上昇した（第 13 - 1 図）。いまや東アジアは ICT
関連財の世界の生産・輸出センターといっていい。

第 13 - 1 図　東アジアの ICT 輸出

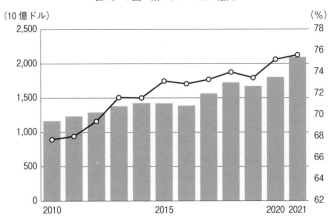

（注）2021 年はベトナムを含んでいない。
（資料）UNCTADSTAT より作成。

　2021 年において，輸出額が最も多いのは中国の 8580 億ドルで，世界全体の 31.0 % を占める。次いで，香港の 4100 億ドル（全体の 14.8 %），台湾の 2300 億ドル（同 8.3 %），韓国の 1880 億ドル（同 6.8 %）とアジア諸国・地域が並ぶ。ちなみに，日本は 652 億ドル（2.4 %）で世界上位 10 カ国地域に含まれていない。

　ただし，ここで 2021 年の UNCTAD のデータにはベトナムが含まれていないことに注意したい。東アジアの ICT 財貿易の実情を把握する上でベトナムの存在を軽視することはできないからだ。ベトナムの ICT 関連財の輸出額は，2020 年には 1091 億ドル（全体の 4.6 %）で世界第 7 位の規模を有していた。2021 年のベトナムの輸出額を輸入国側から推計すれば 1300 億ドルを超える。これを加えて東アジアの輸出総額を再計算すれば 2 兆 2270 億ドルとなり，世界に占めるシェアも 80 % 近くなる。

　他方，東アジアの ICT 関連貿易の輸入は 2021 年が 1 兆 6451 億ドルであり，その収支は 4483 億ドルの黒字であった。この黒字幅は，2000 年以降一貫して増加傾向にあり，2021 年は過去最高の水準にある。そのなかでもアメリカ向けの黒字が 2012 億ドルと半分近くを占める。

　このことをアメリカの統計から確認しておこう。

　アメリカの ICT 関連財の輸出は，2000 年の 1567 億ドルから 2021 年に 1589 億ドルと，ほとんど変化がない。他方，輸出は 2150 億ドルから 4106 億ドルにほぼ倍増しており，赤字幅は 583 億ドルから 2517 億ドルに増加した。また，アメリカの東アジア向け輸出は 611 億ドルから 620 億ドルと変化はほとんどなく，輸入が 1516 億ドルから 3313 億ドルに増加しており，赤字幅は 905 億ドルから 2694 億ドルに増加した。アメリカの ICT 関連財の貿易赤字が東アジアからの輸入の増加から発生していることがわかる。

2.　アジア域内分業体制の変化

　次に ICT 関連財輸出を東アジア域内外に区分すると，域内が 2 兆 3904 億ドルで 67.3 %，域外が 1 兆 1556 億ドルである。域外ではアメリカ向けが多く 4785 億ドルで域外輸出全体の 40 % を占める。このことから，ICT 関連財は東アジアで分業して生産され，アメリカに輸出されている構造が推察される。

もちろん分業体制は東アジアに一様に広がっているわけではない。

そこでは，各国・地域別に域内取引額を 2015 年と 2020 年について整理してみた（第 13 - 2 表）。ここでは，アメリカ向け輸出の担い手の変化にも着目したいと考えたため，域内貿易の対象にアメリカを加えた。なお表中の中国→アメリカは，中国からアメリカへの輸出を示す。

表から 2015 年は中国→アメリカが最も多かったが，2020 年には第 3 位にランクを下げ，金額も 1681 億ドルから 1447 億ドルに減少していることがわかる。他方，東アジアからアメリカ向け輸出が増加していることを考えると，アメリカ向け最終製品の輸出地が中国から他国・地域に分散化していることが確認できる。上位 10 取引に新たに加わった組合せとしては，第 6 位のベトナム→中国と第 10 位の中国→台湾があり，他方，日本→中国とシンガポール→香港が姿を消した。

次に，2015 年から 2020 年の増加分をみると，輸出において最も多いのは，中国であり，以下台湾，香港，ベトナム，韓国，マレーシアである。この間の増加率でみるとベトナムが 2.3 倍ともっとも高く，第 2 位が台湾の 1.7 倍，第

第 13 - 2 表　ICT 関連財取引額上位 10 組合せ

（100 万ドル）

順位	2015 年		2020 年	
	取引国・地域	金額	取引国・地域	金額
1	中国→米国	168,103	中国→香港	155,286
2	中国→香港	147,653	台湾→中国	146,408
3	台湾→中国	85,458	中国→米国	144,703
4	韓国→中国	80,419	韓国→中国	88,168
5	中国→日本	45,424	中国→日本	51,162
6	マレーシア→中国	32,345	ベトナム→中国	47,381
7	台湾→香港	28,420	台湾→香港	44,643
8	中国→韓国	27,522	マレーシア→中国	37,629
9	日本→中国	25,266	中国→韓国	37,081
10	シンガポール→香港	23,225	中国→台湾	32,485

（注）中国→中国は省いた。
（出所）UNCTADSTAT より作成。

3位がカンボジアの1.6倍となっている。域内外に区分して域外輸出の増加分をみると，最も多いのも中国であるが，次いでベトナムが多く，以下台湾，香港の順になっていた。

他方，輸入では，やはり中国が最も多く，以下香港，ベトナム，台湾，シンガポールの順になっている。ここでもベトナムのみが2倍を超えており，2015年以降のICT関連輸出においてベトナムの台頭が顕著であることがわかる。

取引額の増加分が最も多かったのが，台湾→中国で610億ドル，次いでベトナム→中国が368億ドルと多い（第13-3表）。アメリカを加えているので，第3位にベトナム→米国がランクされる。ここからもベトナムの躍進が見て取れる。また第7位に中国→ベトナム，第8位に韓国→ベトナムが位置していることを考えると，中国・韓国→ベトナム→アメリカ・中国という新しい分業体制が形成されていることがわかる（第13-2図）。

そのほかの変化としては，ベトナムほどではないが，第6位に台湾→アメリカがランクしていることも見逃せない。かつ第1位に台湾→中国，第5位に中国→台湾が位置することを考えれば，中国・台湾間の分業体制の深化を受けて，アメリカへの最終輸出国が，中国から台湾に移行していることもわかる。これらは，米中の貿易摩擦回避を目的としたサプライチェーンの見直しなどに

第13-3表　ICT関連財貿易取引の増加分（2015年から20年）

（100万ドル）

順位	取引国・地域	金額
1	台湾→中国	60,950
2	ベトナム→中国	36,827
3	ベトナム→アメリカ	18,810
4	台湾→香港	16,223
5	中国→台湾	15,314
6	台湾→アメリカ	15,028
7	中国→ベトナム	14,178
8	韓国→ベトナム	14,093
9	台湾→シンガポール	12,510
10	中国→韓国	9,559

（出所）UNCTADSTATより作成。

第13-2図　ICT 関連財貿易の増加分（上位10取引）（2015年～20年）

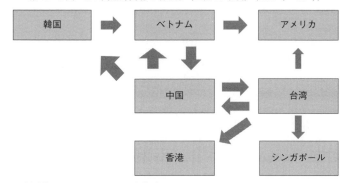

（出所）UNCTADSTAT より作成。

影響を受けているのかもしれない。

　このように ICT 関連財貿易は，コロナ禍でも増加傾向が続いており，それは，アジア域内貿易の集中度を高めていること，その中心となるのは中国であるが，ベトナムや台湾との取引が増したことが確認できた。

第3節　デジタル関連サービス貿易

1.　アジアのサービス貿易

　次に，デジタル化を利活用したサービス貿易について検討したい。

　サービス貿易は，多様なサービス取引から構成される。たとえば，人の移動に関連する旅行代金のほか，モノに関連する輸送費や委託加工・修理代など，知的財産権の使用料，通信・コンピュータ・情報サービスへの支払いなどが含まれる。これらは一括して，サービス貿易として計上・集計され，その対価が当該国に流入する場合が輸出，逆に海外に流出する場合が輸入となる。

　これらサービス貿易は，グローバル化とデジタル化の進展により時間とともに増加してきた。

　サービス貿易（輸出ベース）は，世界レベルでは2015年の2億6870億ドルから2019年には6兆2910億ドルに2.3倍に増加した。その後コロナ禍の影響

を受けて2020年に5兆1800ドルに減少を余儀なくされたものの，2021年は6兆7203億ドルに回復した。

　アジアのサービス貿易（輸出）も同様にコロナ禍まで順調に増加してきた（第13-3図）。2005年の4100億ドルから2019年には1兆4000億ドルに増加した。2020年は，コロナ禍で観光収入が激減したため，1兆1700億ドルに減少し，2021年は若干回復したが1兆3700億ドルにとどまっている。

　他方，輸入も2005年の5110億ドルから2019年には1兆5970億ドルと約3倍に増加した。2020年1兆3330億ドルに減少し，2021年は若干上昇し1兆4980億ドルとなった。

第13-3図　アジアのサービス輸出

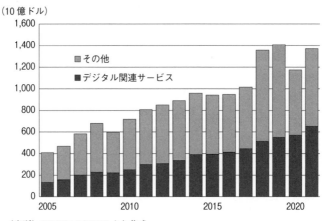

（出所）UNCTADSTATより作成。

2.　デジタル関連サービス貿易

　ただし，コロナ禍でサービス貿易のすべてが減少したわけではない。人の移動を伴わないサービス貿易は，デジタル技術の活用によってむしろ拡大した（前掲図）。たとえば，プラットフォームを利用するECビジネスは確実に増加している。経済のデジタル化が進むことで，それにかかわる知的財産権の取引も増えた。さらに，非接触型技術であるデジタル技術が多分野で活用され，従来のサービス貿易が形態そのものを変えていることも注目される。たとえば，医療サービスにおいて，国境を越えた遠隔診療が増えたのはその好例である[5]。

グローバルバリューチェーンでいえば，IoT（モノのインターネット化）の普及により海外から工場の技術指導ができる，生産管理をコントロールができることになったこともある。

このような傾向についてクルーグマンらは，2009年に「電子的に提供されるサービスの貿易が世界貿易の最も重要な構成要素になるかもしれない」と予言めいたことを言っていた（クルーグマンほか 2009）。また，コロナ禍直前に，ボールドウィンは，新しいグローバル化の現象として，デジタル技術を活用した知的サービスの拡大を「遠隔移民（テレマイグランツ）」として指摘していた（ボールドウィン 2019）。

このように人の移動を伴わないサービスは，デジタル技術の活用によってさらに進むだろう（UNCTAD 2022）。これらのことに配慮して，国連貿易開発会議（UNCTAD）は，「デジタル配信可能サービス貿易（Digital Deliverable Service Trade：本章ではデジタル関連サービスとする）」として集計している。

3.　アジアのデジタル関連サービス貿易

以下，上記の UNCTAD のデータを用いて，アジアにおけるデジタル関連サービス貿易の変化を考察したい。

このデジタル関連サービスの推移をみると，2005年以降一貫した増加傾向を示し，コロナ禍でも増加傾向を示した（前掲図）。2019年の5500億ドルから2021年は6500億ドルへと増加している。伸び率の観点からいえば，コロナ禍において加速したといっていいのかもしれない。

東アジアのデジタル関連サービスの輸出がもっとも多いのは中国の1948億ドル，次いでシンガポール（1484億ドル），日本（1224億ドル）が多い。この3カ国で東アジア全体の同輸出の71.5％を占めている。ただし，2015年からの伸び率をみると，中国が2.1倍と高い。現在は，中国のさまざまなデジタルサービスが世界で使用されている。シンガポールも1.8倍と高い。いまやシンガポールは，東南アジアのデジタルハブであり，さまざまなスタートアップが出現している。他方，日本は1.4倍で東アジアの平均1.7倍を下回る。そのほか，注目すべきは，金額は少ないもののベトナムが2.3倍と高まっていること

第 13-4 図　デジタル関連サービス貿易収支（2021 年）

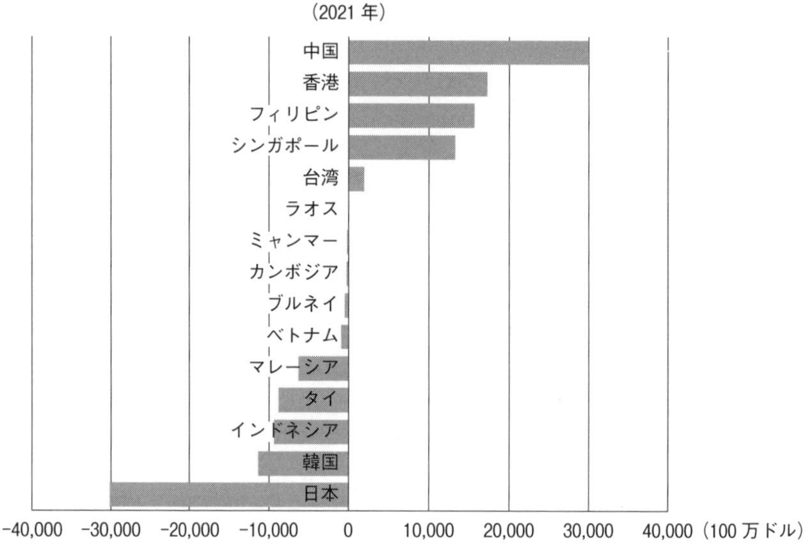

（2021 年）

（出所）UNCTADSTAT より作成。

であろう（金額は 263 億ドル）。

　他方，輸入は東アジア全体で 5459 億ドルから 6408 億ドルに増加した。輸入がもっとも多いのは中国の 1648 億ドルで，次いで日本が 1525 ドルと多い。第 3 位がシンガポールで 1352 億ドルとなっており，やはりこの 3 カ国が東アジア全体の 70.6％を占める。2015 年からの伸び率は中国が 1.9 倍と最も高い。次いでシンガポール 1.6 倍，日本と韓国が 1.5 倍となっている。

　デジタル関連サービスは，中国，シンガポール，日本が中心であるが，その収支をみると，その違いが明らかになる。黒字がもっとも多いのは中国（300 億ドル），以下，香港（173 億ドル），フィリピン（157 億ドル），シンガポール（133 億ドル）であり，香港とフィリピンの地位が高い。フィリピンは，英語が堪能な若者の人口が多く，BPO（ビジネス・プロセス・アウトソーシング）が活発化していることを示すものである。

　他方，赤字幅が最も大きいのは日本（302 億ドル）で，韓国（114 億ドル），インドネシア（936 億ドル），タイ（877 億ドル）が多い。このような格差が生

まれた原因については今後の研究が待たれる。

おわりに

　本章では，デジタル貿易を ICT 関連財とデジタル関連サービスの観点から東アジアの経済統合への影響を考察した。双方においてコロナ禍で増加していることが確認された。この傾向はコロナ後も続いていくだろう。また，中国はその影響力を拡大させ，そのなかでベトナムが台頭してきていることも確認された。デジタル関連サービスではシンガポールの躍進が目を引く。

　他方，その両者において日本のプレゼンスが低下していることに注意したい。日本だけに焦点を当てることは本章の目的ではないが，この点は軽視してはならない。2022 年の日本の経常収支は 11 兆 4000 億円の黒字であったが，貿易収支は 15 兆 8000 億円の赤字，サービス貿易は 5 兆 6000 億円の赤字となった。赤字幅の拡大について，円高，燃料費の高騰，外国人観光客の減少が原因とされているが，財の輸出競争力，サービスの輸出競争力が高まっていないという根本的な原因を軽視してはならない。

　とくにデジタル化が進むことを考えると，日本の成長戦略にも変化が求められよう。かつて，日本の経済成長には「課題先進国」という見方があった。たとえば，高齢化が世界一進む日本では，高齢化サービスへの取り組みが，日本の技術蓄積を生み，これを各国へ波及させることで経済成長できるという見方である。しかし，高齢化サービスに海外のデジタル技術を利活用した場合，その利益が海外に逃げていくことも十分に考えられるのである。このような国内のデジタル関連サービスの競争力を国内にとどめるには，国内にそれを開発する能力，人材を抱えておくことが求められる。

[注]
1　デジタル化の数値化，それに対する国際機関の取り組みなどは，櫻本健（2022）がわかりやすく説明している。
2　UNCTAD は，早い段階から ICT（情報通信技術）の活用に注目しており，『情報経済報告 (Information Economy Report)』という報告書を作成してきたが，2019 年にタイトルを『デジタル経済報告（Digital Economy Report）』に改めた。

3　農業部門でもドローンや AI の活用がなされており，E 農業と呼ばれている。
4　ICT 関連財は，HS コード 2007 を用いて OECD によって作成された。その後 UNCTAD は HS コード 2010，HS コード 2012，HS コード 2017 で更新している。現在は，HS コード 2017 年 6 桁品目コードに基づいた 93 品目から構成されている。具体的品目は，下記を参照。https://unctadstat.unctad.org/EN/Classifications/DimHS2017Products_Ict_Hierarchy.pdf（2023 年 2 月 6 日アクセス）。
5　サービス貿易はその対象者の居住地から，1）国境を越えるサービス取引，2）海外においてサービスの提供を受ける取引，3）事業者が海外でサービスを提供する取引，4）自然人の移動によるサービス提供による取引の 4 つに区分される。コロナ禍で人の移動が制限されたことで，2），3），4）のサービスが 1）に置き換わるという現象が加速した。

［参考文献］
伊藤亜聖（2020）『デジタル化する新興国』中公新書
大泉啓一郎（2021）「コロナショックで加速するアジアのデジタル経済化」石川幸一・馬田啓一・清水一史『岐路に立つアジア経済　米中対立とコロナ禍への対応』p.237〜249
大泉啓一郎・伊藤亜聖・金成垣（2022）「アジア経済社会のデジタル化をどう捉えるか？　発展戦略・経済統合・労働市場・行政サービス」亜細亜大学アジア研究所『紀要』第 48 号 p.11〜21
クルーグマン・P. R, M. オブスフェルド（2009）『クルーグマンの国際経済学（上）』ピアソン
櫻本健（2022）「デジタル時代の経済統計」（日本経済新聞「やさしい経済学」2022 年 12 月 9 日〜30 日）
ボールドウィン・リチャード（2019）『グロボティクス　グローバル化＋ロボット化がもたらす大激変』日本経済新聞社
Asian Development Bank (2022) *Unlocking the potential of digital services trade in Asia and the Pacific*, Manila
UNCTAD (2017) *World Investment Report 2017, Investment and the Digital Economy*
UNCTAD (2019) *Digital Economy Report 2019, Value Creation and Capture; Implication for Developing Countries*
UNCTAD (2022) *Digitalisation of Service, What does it imply to trade and development,*
World Bank (2016) *Digital Dividend*, Washington

（大泉啓一郎）

第14章

アジアの通商秩序を支える域内通貨・金融体制の行方

はじめに

　米国でトランプ前大統領が登場して米中間の貿易不均衡の問題を指摘し，表面化した米中の対立は，当初貿易赤字等の経済的な問題であった。相互の関税引き上げ合戦を経て，ファーウェイ問題など技術覇権の問題にも広がった。そうした中で，2022年2月のロシアによるウクライナ侵攻開始は，世界的な地政学的リスクの高まりを招くこととなり，東アジアでも中国の動向が注目される度合いが高まった。本章では，こうした難しい状況でのアジア域内における貿易・投資取引を支える域内の通貨・金融体制を論ずる。

　国際的な経済や金融の問題は，政治や軍事を含む外交と無関係ではいられない。一方で，日本の立場で，あるいは日本企業の立場では，当初は米国も参加予定であったTPPや中国を含むRCEPなどの経済連携協定を推進してきたことは，大きな成果と考えられる。貿易や投資の面では，欧米とともに中国を含むアジア地域とのつながりは重要である。

　企業が貿易取引や投資案件を進めるうえで，どの通貨建て（「建値通貨」という）で行うのかは，自社の業績には非常に重要である。本章ではまず，こうした建値通貨や世界およびアジアでの対外決済（クロスボーダー決済）の仕組みの確認を行う。そのうえで，最近の動向として，とくに中国をはじめとして多くの国の中央銀行が研究あるいは一部実利用を開始している，中央銀行デジタル通貨（Central Bank Digital Currency：CBDC）によるクロスボーダー決済を展望する。さらに，それもふまえて，第2次世界大戦後のいわゆるブレトンウッズ体制以降継続している米ドル基軸通貨体制に関して考察する。そし

て，日本の立場からあらためて，今後の建値通貨やアジア域内での通貨・金融協力の可能性や将来像を展望して，ミクロ（企業）でのニーズがマクロ（国）の方向性にも関わり，「アジアのニューノーマル」構築に寄与する可能性を探りたい。

第1節　アジア域内貿易・投資における通貨・金融の役割

1. 貿易・投資の建値通貨（クロスボーダー決済通貨）

　まず，貿易や投資における建値通貨の選択の重要性を企業の視点で確認する。日系企業は，海外との貿易取引や投資にあたっては，米ドルを使用する割合が高い。これは，戦後の経済成長における最大輸出国が米国であったこと，同時期の世界における基軸通貨が米ドルであったことに拠るところが大きい。日系企業は，本来は自国通貨の円を貿易・投資取引における建値通貨として使用できれば，為替リスクを負うことがない。すなわち，輸出取引では米ドル高円安は増収に，米ドル安円高は減収になるといった業績への影響を回避することができるのである。

　こうした米ドルの利用割合は，日本企業によらず世界的にも高い。これを対外決済と為替取引のシェアで確認する。第14-1図はSWIFT[1]による対外決済による2023年2月のデータ，第14-2表はBISによる為替取引のシェアのデータ（3年に1度の調査，直近は2022年4月）である。決済，為替とも圧倒的に米ドルのシェアが高い。アジア通貨のトップの日本円でも，為替で8%，決済で約3%と米ドル，ユーロと比較すると大きな差がある。日本円や人民元について，為替のシェアが決済のシェアの2倍あるいはそれ以上と大きい理由としては，アジア域内取引においてもアジア通貨ではなく，米ドルを利用することが多いことから，決済通貨と自国通貨（日本円・人民元）との為替取引を行うニーズが高いことが想定される。これと逆の割合となっているのがユーロであるが，これはユーロ建てで行われることの多いユーロ圏の域内取引が，クロスボーダー決済となるため，決済のシェアが高くなると考えられる。アジア通貨に関しては，上記2通貨と似た傾向があると思われ，為替取引シェアは日

第 14-1 図　SWIFT 国際決済通貨別シェア（2023 年 2 月）

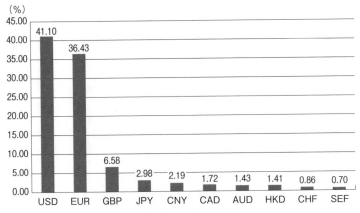

（資料）SWIFT RMB Tracker（Mrach2023）より作成。

第 14-1 表　決済と為替取引シェア

順位	通貨	決済	為替
1	USD	41.10%	44%
2	EUR	36.43%	15%
3	GBP	6.58%	6%
4	JPY	2.98%	8%
5	CNY	2.19%	4%
アジア通貨計（含む下位通貨）		7.21%	17%

（注）為替は 200％ベースの表記のため 1/2 とした。
（資料）第 14-1 図と第 14-2 表データより作成。

本円を含めると 100％ベースのうち 17％を占め，ユーロをも凌駕する。この域内取引における域内通貨の利用の割合が低い点は，今後のアジア諸国の貿易・投資取引を考える場合に留意すべき点である。

第14－2表　外国為替取引通貨別取引高（1995年4月－2022年4月）

日次平均　　　　（単位：10億ドル・%）

	1995		1998		2001		2004		2007		2010		2013		2016		2019		2022	
	Amount	%	Amount	%	Amount	%	Amount	%	Amount	%	Amount	%	Amount	%	Amount	%	Amount	%	Amount	%
USD	981	83	1,325	87	1,114	90	1,702	88	2,845	86	3,371	85	4,662	87	4,437	88	5,811	88	6,639	88
EUR	…	…	…	…	470	38	724	37	1,231	37	1,551	39	1,790	33	1,590	31	2,126	32	2,292	31
JPY	291	25	332	22	292	24	403	21	573	17	754	19	1,235	23	1,096	22	1,108	17	1,253	17
GBP	110	9	168	11	162	13	319	16	494	15	512	13	633	12	649	13	843	13	968	13
CNY	…	…	0	0	0	0	0	0	15	0	34	1	120	2	202	4	285	4	526	7
AUD	31	3	46	3	54	4	116	6	220	7	301	8	463	9	349	7	446	7	479	6
CAD	40	3	54	4	56	4	81	4	143	4	210	5	244	5	260	5	332	5	466	6
CHF	85	7	108	7	74	6	117	6	227	7	250	6	276	5	243	5	326	5	390	5
HKD	13	1	15	1	28	2	34	2	90	3	94	2	77	1	88	2	233	4	194	3
SGD	5	0	17	1	13	1	18	1	39	1	56	1	75	1	91	2	119	2	182	2
(2022年4月、11位以下のアジア通貨)																				
KRW	…	…	2	0	10	1	22	1	38	1	60	2	64	1	84	2	132	2	142	2
INR	…	…	1	0	3	0	6	0	24	1	38	1	53	1	58	1	114	2	122	2
TWD	…	…	2	0	3	0	8	0	12	0	19	0	24	0	32	1	60	1	83	1
THB	…	…	2	0	2	0	4	0	6	0	8	0	17	0	18	0	32	0	31	0
IDR	…	…	1	0	1	0	2	0	4	0	6	0	9	0	10	0	27	0	28	0
PHP	…	…	0	0	1	0	1	0	4	0	7	0	8	0	7	0	10	0	18	0
MYR	…	…	1	0	1	0	1	0	4	0	11	0	21	0	18	0	10	0	14	0
Total	1,182	200	1,527	200	1,239	200	1,934	200	3,324	200	3,973	200	5,357	200	5,066	200	6,595	200	7,506	200
アジア通貨合計	309	26	373	24	353	28	500	26	809	24	1,087	27	1,703	32	1,704	34	2,138	32	2,594	35
アジア通貨合計（除く円）	18	2	42	3	61	5	98	5	236	7	333	8	468	9	609	12	1,031	16	1,340	18
ASEAN＋3（含むHKドル）	309	26	370	24	346	28	486	25	774	23	1,030	26	1,626	30	1,614	32	1,964	30	2,388	32

（注）為替取引は2通貨のペアのため、シェアは合計で200%の表示。
（資料）BIS SURVEY2022および過去分より作成。

2. 当該分野の EPA での取扱

　つづいて，TPP や RCEP など日本の参加している多国間 EPA における通貨・金融分野の取扱いに注目したい。

　まず，TPP では，独立した章として第 11 章に「金融サービス章」が設けられている。概要として謳われていることは，WTO 協定と同種の規律としての「内国民待遇，最恵国待遇，市場アクセス制限の禁止，行政における透明性の確保」とともに，「経営幹部等の国籍・居住要件の禁止，支払・清算システムへのアクセス許可，保険サービス提供の迅速化等」の貿易自由化の促進のための規律が定められている。付属書においては，日本は金融サービス分野において，① 預金保険制度における外国銀行の支店の受け入れる預金を対象外とすること，② 保険について (a) 日本国内で運送される貨物，(b) 国際海上運送に使用されない日本国籍の船に関わる保険契約につき業務上の拠点の必要性，の 2 項目を留保条項としている。ASEAN からの加盟国であるマレーシアからは銀行の支店や ATM の設置数に関わる緩和，ベトナムからは地場銀行に対する外資出資上限の引き上げといった留保条項の改善が認められた。

　2022 年 1 月に発効した RCEP では，協定 8 章「サービスの貿易」において，「金融サービス付属書」が規定されている。概要としては，金融規制当局の金融システム・信用秩序維持を前提として，金融サービスの自由化促進を謳っている。規定としては，「自国の金融機関に新たな金融サービスを認める際，進出している外資系金融機関にも同様に認めることに努力」が謳われている。

　TPP，RCEP とも，金融分野では基本的に「内外無差別」が規定されているに過ぎず，TPP の ASEAN2 カ国のように一部それまでよりも規制が緩和されているものが見られるだけの印象である。アジア諸国の関連の多国間 EPA の事例としては，ASEAN 経済共同体（以下 ASEAN Economic Community：AEC）があるが，そちらでは「適格 ASEAN 銀行[2]」の枠組や決済システムの接続といった具体的な取組みがなされている。TPP や RCEP は，先進国と新興国の双方が加わっており，国としての経済規模の違いやそこからくる金融機関の規模の違いなどが ASEAN 域内よりも違いが大きい。金融分野は，通商関係を支える重要な要素であるが，AEC に見られるような具体的な施策を多国間で進めることは各国の利害や競争力の違いもふまえる必要もあり，難しい

と考えられる。

第2節　クロスボーダー決済における CBDC（ホールセール）の展望

1. 最近の動向～金融包摂・地政学的リスクの視点

　ここでは，前節 1 で触れた建値通貨選択とともに，貿易取引・対外投資において重要となるクロスボーダー決済とそれに関連するデジタル人民元をはじめとする CBDC の動きを確認したい。

　ロシアによるウクライナ侵攻に対して，欧米等の先進国は金融制裁の手段として，ロシアの大手の銀行を SWIFT から遮断し，主に米ドル建ての対外取引を困難とさせる手法を採った。こうした手法に関し，ロシアが SWIFT の代りに中国の独自システムである CIPS[3] を利用する可能性の議論が見られた。しかし，CIPS は人民元決済のシステムであり，そのネットワークへの直接参加行と間接参加行で決済方法が異なる。露口（2022）によれば，直接参加行は CIPS と専用回線で繋がるが，間接参加行は CIPS と SWIFT の回線で繋がり，また米ドル等多様な通貨に対応する SWIFT の代替は困難である。

　CIPS を立ち上げた中国が，上記の状況もふまえて，積極的に研究を進めているのが CBDC，デジタル人民元である。2022 年の北京オリンピック時の大規模な実証実験が大きな話題となったが，それは現金を代替する「一般利用型」の CBDC である。中国は，並行してホールセール型の CBDC の研究も進めており，企業の貿易や投資に関する対外決済で大きな可能性を秘めたものである（CBDC の区分等については次項で詳述する）。

　こうした地政学的リスクに関連する側面とともに，CBDC には金融包摂を実現する手段となり得る面も持つ。この場合の金融包摂とは，新興国においては銀行口座を保有していない人々が一定数いて，こうした人々も，スマホは保有しているケースは多く，スマホで CBDC の決済が可能となれば，その取引履歴が記録され，ローンを受ける際の審査材料となることなどをいう。新興国での具体的な取組みとしては，カンボジアの CBDC とも呼べる「バコン」が

ある。日本経済新聞（2022）によれば，バコンは2020年10月にすでに発行されており，利用者は自国通貨リエルと米ドルの両方が使用できる。カンボジアでは，従来，国内での米ドル利用の割合が高かったが，バコンの導入により，金融包摂に加えて，リエルの利用割合を高めることも展望している。バコンの開発を支援したのは日本のフィンテック企業ソラミツである。ソラミツはさらに，2023年2月には，ラオスともCBDCの実証実験に関する覚書を交わしている。実験では，ラオス－カンボジア間のクロスボーダー決済も含まれており，出稼ぎ者の母国送金など「一般利用型」CBDCによる対外決済も展望できる状況にある。（日本経済新聞（2023））

2.　CBDC の動向と可能性

　上記のCBDCの種類や区分を整理したものが，第14-3表である。種類は，前項で示したようにAが現金代替，Bが国内・対外決済など多額金額対応である。台帳管理は，Aが従来型の中央銀行などによる管理，Bはブロックチェーンといわれるような分散型台帳技術を利用するもの。台帳記録方法は，Aが現行の銀行の預金口座と似てユーザー別にCBDCの移動・残高を管理するもの。Bは，「金銭的価値の塊（トークン）」を公開鍵暗号方式という暗号技術で保有者と紐付けるものである。発行形態は，Aは中央銀行が発行するCBDCを民間銀行等の仲介機関経由で企業や個人等に配布するもの。Bは中央銀行がCBDCを直接企業や個人等に配布するイメージである。

　中国で実証実験が行われているデジタル人民元は，基本的にどの項目もAを前提としている。しかし，災害時オフライン決済等を可能にするため台帳記録方法としてはB（トークン型）も並行して研究されている。また，クロスボーダー決済を可能とするために種類としてもB（ホールセール型）の研究も

第14-3表　CBDC の発行形態の整理

種類	A．一般利用型，B．ホールセール型
台帳管理	A．中央管理型，B．分散管理型
台帳記録方法	A．口座型，B．トークン型
発行形態	A．間接型（二層式），B．直接型（一層式）

（資料）中田・長内（2021）等より作成。

行われている。

　ホールセール型には，m（Multiple）CBDC Bridge 構想と呼ばれるものがあり，元々香港とタイの２者で研究を進めていたクロスボーダー決済について，中国と UAE が参加し，さらに国際決済銀行（Bank for International Settlement：BIS）も加わっているものである。中国はデジタル人民元の開発目的の一つに，「国際的なイニシアティブに対応しつつ，クロスボーダーでの使用を模索」を掲げており，この構想で将来的には対外決済のプラットフォーム構築も展望している可能性はある。日米欧の７つの中央銀行も BIS とともに，CBDC の研究をしているが，主に「一般利用型」が中心と思われ，こうした「ホールセール型」CBDC によるクロスボーダー決済の可能性にも，着目していくべきと考えられる。

第3節　米ドル基軸通貨体制の持続性とアジア域内通貨・金融協力の展望

1. 通貨・金融面で見る米中の競争

　第１節で確認したように，現状では米ドルの世界での利用シェアは圧倒的に高い。これは，第２次世界大戦以降のいわゆるブレトンウッズ体制構築以降，米ドルの基軸通貨としての地位が確立されたことが大きい。1973 年のニクソンショックで，金ドル交換停止がなされ，それまでの金との兌換紙幣から不換紙幣に特質が変わった後も，米国の経済力の大きさを背景に，その地位は揺らがずにいた。2008 年のリーマンショック以降は，金融危機が発生した場合には，米国中央銀行である FRB が日本をはじめとする各国中央銀行との間で通貨スワップの形式で米ドルの流動性を供給した。これにより，日本等が外貨準備として保有する米国債の売却を回避するとともに，米ドルへの信頼，基軸通貨の地位を保ってきたと考えられる。

　通貨スワップによる資金供給の仕組みとしては，人民元の国際化を目指した中国も，同じくリーマンショック後の 2008 年 12 月の韓国との契約を皮切りに多くの国と契約を締結した。これは，その後の人民元建てによる貿易決済の解

禁にあたって，中国からの輸入代金としての人民元を供給することとなり，人民元の対外決済での利用シェア拡大につながった。こうした動きは，強い資本規制を残したままで，経済力の拡大を背景に 2015 年 11 月の人民元の IMF の SDR[4] 構成通貨入り決定を支えたと考えられる。

　GDP で世界第 1 位と 2 位の米中が，経済面での競争を超え，地政学的リスクを含んだ対立構造になっているのは，好ましくない。しかし，当面はそれを前提にして，米国は当然米ドルの基軸通貨体制を維持していくことを目指すであろうし，中国は米国ならびに米ドルの影響を低減する方向で，人民元の国際化や将来的な CBDC も含めたクロスボーダー決済のプラットフォーム作りを狙うと考えられる。しかし，現実的にはデジタル人民元の「一般利用型」を正式にリリースした後に「ホールセール型」の実利用の段階が予想され，ネットワーク外部性[5] もあり，基軸通貨としての米ドルの地位は近い将来では揺らぎそうにはない。その後の国際的な通貨体制がどのように変容していくのかは，注意深く見守る必要がある。

2．ASEAN の立ち位置

　中国と同じ東アジアに位置する ASEAN は，基本的には米中のどちらかに与する立場は採らないであろう。最近よく聞かれる「グローバルサウス」でも新興国全般から中国を除く国々という意味合いで使われることが多いと思われ，それらの国々は事案やケースにより，各国の事情は異なるであろうが，どの国も経済関係を考えれば，米中双方とも良好な関係の維持を志向するであろう。通貨・金融面では，東アジア域内では，1997 年のアジア通貨危機以降，ASEAN＋3（日中韓）の枠組みで通貨・金融協力を着実に進めてきた。具体的な成果としては，通貨・経済危機に際した際に，自国通貨と米ドルの通貨スワップの形式で外貨不足の国に米ドルを供給するチェンマイ・イニシアチブ（Chiang Mai Initiative Multilateralisation：CMIM）を組成済みであり，その実行を支えるとともに，域内各国の経済をモニタリングする役割を有する国際機関である AMRO（ASEAN＋3 Macroeconomic Research Office）も設立済みである。ASEAN 各国は，グローバルでは米中の対立は好ましくなく，またチェンマイの枠組みでは基本的に日中韓が ASEAN への資金供与を行う建付

けであることから，その日中，あるいは日中韓が対立することも望まないであ
ろう。また，ASEAN 経済共同体での金融協力や Local Currency Settlement
Framework と呼ばれる ASEAN 域内取引は域内通貨建てで行う取組みなど，
米ドル依存脱却ニーズもあるとともに，人民元圏化することも同様に回避した
いと考えるのではないだろうか。

3.　日本への期待

　本章の最後に今後の日本の通貨・金融分野での方向性を考えたい。米中の外
交的な対立もふまえた通貨・金融面での競争関係や ASEAN 等アジアの他の
国々のスタンスもふまえ，貿易・投資においても重要性を持つ当該分野のビ
ジョンを整理しておきたい。

　域内通貨・金融協力の取組みの代表ともいえる CMIM は，2021 年に ①
IMF デリンク[6] 割合を 30％から 40％に引き上げ，② 現地通貨による支援を許
容（従来は米ドルのみ）といった大きな変更をしている。その CMIM の支援
機関でもある AMRO は 2022 年に 2026 年までの「中期実施計画」を立案済み
である。また，ASEAN＋3 の取組みの柱の一つであるアジア債券市場育成イ
ニシアティブ（ABMI）関連では，「ダブル・ミスマッチ問題」の現状評価を
行う調査を進めている。ダブル・ミスマッチとは，アジア通貨危機当時，イン
フラ整備や企業の設備投資など，資金ニーズとしては自国通貨建て長期資金で
あったにもかかわらず，実際の資金調達が外貨建て（主に米ドル建て）短期資
金を中心に賄っていたことである。（2 種類の不整合として，「ダブル・ミス
マッチ」と呼ばれる。）その問題の解決のために，域内通貨建て債券市場を伸
ばしていく取組みが ABMI である。ASEAN＋3 でのこれまでの取組みの契機
は，アジア通貨危機当時に米ドルペッグの為替制度とっていた国々が，急激な
自国通貨安に見舞われ，通貨危機，経済危機に陥った経験である。そうした事
態の再発防止の基本として，上記の「ダブル・ミスマッチ」対策や脱米ドルと
いった取組みがなされてきた。日本も，1985 年のプラザ合意以降の円高進行
もあり，企業はアジア域内の取引を米ドル建てで行う趨勢となっていたため，
脱米ドルの方向性は，「円の国際化」の展望とも合致したものであったといえ
る。

　現在の米中対立下で，日本はG7の中で唯一のアジアの国である。外交関係での米国とのリレーションは重要であり，維持が不可欠であるものの，中国・ASEANやインドなどアジア諸国との経済関係もまた重要である。アジア域内取引におけるアジア通貨建て取引の拡充への取組みをASEAN諸国とも協力して，中国も含めたASEAN＋3での枠組を維持・拡大する方向を進めるのは日本にとって望ましいと考える。日本はASEANと協調し，「人民元の国際化」を展望している中国にも，ASEAN＋3の取組みの重要性の理解を求めることがよいのではないだろうか。通商面でのRCEP同様，通貨・金融面でも，多国間の枠組みに中国を留めて，コミュニケーションを維持することの意義は大きい。米国に対しても，アジア域内の通貨・金融分野でASEANとの協力，中国との関係維持の役割を日本が果たすことに理解を求めることは可能であろう。こうした国（マクロ）としての取組みは，企業（ミクロ）のアジアでの活動を支えることにもなり，日本あるいは日本円のアジアでの存在感を高めることにもつながる。ロシアのウクライナ侵攻開始後1年以上経過した本2023年，「ASEAN＋3の財務大臣・中央銀行総裁会議」では，インドネシアとともに日本が共同議長国であり，前向きな議論をリードすることを期待したい。

[注]
1　The Society for Worldwide Interbank Financial Telecommunicationの略称。国際的な銀行間取引に伴う決済指図の通信システムであり，その運営会社としてこうしたデータの公表も行っている。
2　Qualified ASEAN Banks。ASEAN域内国の銀行で各国のトップ3以内の銀行を相互に1〜2行程度指定し，最終的には域内での自由な活動ができる銀行を生み出す取組み。
3　Cross-border Interbank Payment System。中国が自国と海外の間の人民元の決済のために独自に構築した決済システム。
4　Special Drawing Rights。IMFに加盟する国が保有する「特別引出権」で，複数国の通貨バスケット。構成通貨は，2016年10月より人民元が加わり，米ドル・ユーロ・英ポンド・日本円と合わせ5通貨となった。
5　流動性や開放性の高い市場として，基軸通貨としての米ドル中心の国際決済インフラが一度確立されると，多くの人が使うことで，その優位性がなかなか揺るがないことを指す。
6　CMIMにおいて，各国別の引出可能上限額に対し，IMFプログラムなしで発動可能な割合。

[参考文献]
赤羽裕（2021）「米中対立下の国際通貨体制と東アジア域内通貨制度の展望」『国際経済』第72巻　日本国際経済学会研究年報

赤羽裕（2023）「中国のデジタル人民元導入による ASEAN への影響」『RCEP がもたらす ASEAN を中心とした貿易・投資への影響調査』第 7 章（一財）国際貿易投資研究所

中田理恵・長内智（2021）「デジタル人民元の基本的な特徴と仕組み」大和総研『デジタル人民元レポートシリーズ NO.1』2021 年 2 月 16 日

露口洋介（2022）「デジタル人民元 CIPS と人民元の国際化」ITI 主催オンライセミナー『第 14 次 5 カ年計画の始動と共産党大会の課題』資料　一般財団法人国際貿易投資研究所（ITI）https://iti. or.jp/wp-content/uploads/2022/07/20220727_roguchi.pdf

日本経済新聞（2022）「ドル支配とデジタル人民元　カンボジアが挑む通貨独立」2022 年 7 月 7 日電子版

日本経済新聞（2023）「アジアにデジタル通貨の波　ラオスは越境決済を実験 新興ソラミツが支援」2023 年 2 月 5 日電子版

JETRO（2022）「ASEAN5 カ国の中銀がクロスボーダー決済連結性の覚書を締結」https://www. jetro.go.jp/biznews/2022/11/4f17591db5c16c1b.html

BIS（BIS SURVEY）https://www.bis.org/statistics/rpfx22.htm

SWIFT（2023）"RMB Tracker Monthly reporting and statistics on renminbi (RMB) progress towards becoming an international currency" March 2023 https://www.swift.com/ja/node/11096

（赤羽　裕）

第15章

国際秩序の大変革と日本の経済安全保障の課題

はじめに

　ポスト冷戦の国際秩序が大きな変革を迎えている。中国の台頭による米中対立が激化する中，ロシアによるウクライナ侵攻により，今後の地政学的リスクは中国が焦点となっている。今，中国を念頭においた経済安全保障が喫緊の課題になっている背景はそこにある。

　そこで本章では，まずそうした中国のいかなる動きがリスクとして直面しているのか，言い換えれば，経済安全保障の前提となる中国の動きを明らかにしたい。

　習近平政権は「軍民融合」の方針のもと，「自立自強」を掲げて，半導体など戦略産業の国産化に躍起となっている。外国企業の「誘致と買収」はそうした技術獲得のための手段で，日本企業も警戒しなければならない。

　次にそうした状況に日本の経済安全保障の備えは十分か，いくつかの論点で検証したい。

　第1に買収に対する備えだ。先端技術狙いで日本企業を標的とする買収に対して外為法の規制には「重大な抜け穴」がある。

　第2に中国が経済を武器化する「経済的威圧」を繰り出す中で，対抗措置の備えがない。

　第3に輸出管理の制度整備だ。先端半導体のみならず，量子，バイオなどの新興技術について輸出管理で米国とどう連携していくかだ。

　ただし経済安全保障は政府だけではなく，企業自身の問題でもあることは忘れてはならない。

　さらに国際秩序も経済安全保障を軸に大変革が起きている。

　経済安全保障も自国のみの対応には限界があり，国際連携が必要だ。焦点になっているのが輸出管理で，輸出管理の国際枠組みは大転換しようとしている。また中国による「経済的威圧」に対しても共同対処が必要になっている。いわば「経済版の集団安保」への動きだ。

　こうした日米欧の先進国による連携に加えて，新興国・途上国をいかに取り込むかも焦点になっている。日米豪印（クアッド）会合やインド太平洋経済枠組み（IPEF）はそうした地政学的観点から重要だ。そしていずれも軸になるのは供給網の強化などの経済安全保障だ。

　こうした経済安保を軸とした国際秩序づくりに日本はどう取り組むかが問われている。

第1節　地政学的リスクの焦点・中国

1.　ロシアのウクライナ侵攻の衝撃

　ロシアによるウクライナ侵攻という衝撃的な事実によって冷戦後の国際秩序が大きく揺らいでいる。西側諸国によるロシア制裁も長期化し構造化するだろう。これは国際秩序にとってまさに「顕在化した目の前の脅威」だ。しかし同時に「より本質的な脅威」は軍事・経済両面で台頭する中国であることも見失ってはならない。

　ロシアは軍事大国，エネルギー大国ではあるが，経済規模は韓国以下で中国の10分の1，産業基盤も貧弱だ。経済制裁によって今後さらに中国への依存を深めざるを得ない。中国のジュニア・パートナーとなる。

　バイデン政権は国家安全保障戦略において中国を「唯一の戦略的競争相手」とした。そして「インド太平洋戦略」を発表して，対中抑止を最重要と明確に位置づけた。日本も2022年12月，国家安全保障戦略を策定して，対中国を安全保障戦略の焦点としている。

　腰を据えて対処すべき最大の地政学的リスクは当然中国が焦点となる。こうした安全保障観を前提に，日本の経済安全保障を考えるうえで最も重要な中国

の動きを見てみよう。

2. 国産化戦略急ぐ中国

　ロシアによるウクライナ侵攻に世界の耳目が集まる中，中国は米中対立を基本とするポスト"冷戦後"への対応を急いでいる。

　習近平政権はこれまでも「軍民融合」の方針のもと，軍事力の強化と産業競争力の強化を一体で進めている。そして「自立自強」を掲げて，半導体など戦略産業の国産化に躍起となっている。半導体，電子部品，新素材，工作機械，ロボット，高性能医療機器，モーター，磁石など重要産業をリストアップし，それぞれの産業ごとに国産化のボトルネックになっている技術を挙げて獲得する戦略を策定している。いずれも日本企業が競争力を有する分野で，日本も無警戒ではいけない。

　ロシアに対するかつてない厳しい経済制裁は中国のこうした戦略を一層加速させている。

　これらはもちろんロシアに対する経済的打撃を狙ったものだが，中国の習近平政権に対して台湾有事への警告の意味も併せ持つからだ。

　習近平政権も危機感が高まり，習近平主席の 3 期目が決まった 2022 年の共産党大会における政治報告や 2023 年の全国人民代表大会（全人代）における演説でも「国家安全」「自立自強」のための国産化戦略が強調されている。そのために「外資誘致」を掲げて，技術入手の標的とする外国企業に秋波を送っている。

　2022 年 10 月，米国による新たな対中半導体規制に直面して，こうした国産化戦略のギアを一段と上げている。

3.「供給網の自国完結」と技術入手

　目標は，戦略産業のサプライチェーンの上流から下流まで一気通貫に「自国で完結させる」ことだ。とりわけ中国のアキレス腱である「原材料・重要部品」という供給網の川上に照準を当てて，中国企業に「欠けている技術」の入手に躍起となっている。

　22 年 10 月 28 日，中国は「外商投資奨励産業目録」を 3 年ぶりに改訂して

発表した。外資誘致で重視する産業リストで，表向きは対外開放の姿勢を示すものとして強調している。

　しかしこれは明らかにプロパガンダだ。目的は「外資企業からの技術入手」だ。日本がいう「外資誘致」とは目的・意図が明らかに違う。今回，その産業リストに新たに電子部材や先端デバイス材料など日本企業が技術を強みとする分野が多数追加されている。こうした中国の国産化戦略の脅威には日本企業に対して警鐘を鳴らすべきだろう。

4.　中国の誘致戦略

　「外国企業の誘致」はそうした技術獲得のための手段だ。中国は誘致する産業リストを発表しているが，技術獲得の目的を達すれば「誘致から排除へ」とモードが変わる。

　日本企業も苦い経験をしている。電気自動車（EV）のモーターなどに必要な高性能磁石もその一つだ。2015年前後に中国からの熱心な誘致に合弁で進出した。数年後にはパートナーの中国企業が技術を獲得し，今では単独でテスラのEVに納入するまでになっている。

　日本企業だけではない。風力発電は既に中国に進出した欧州企業から技術を入手して，今や安値で海外進出して欧州企業の競争相手となっている。

　現在も日本企業が圧倒的シェアを占める複合機や医療機器では日本企業は深刻な問題に直面している。複合機については設計・開発から生産までを中国国内で行うことを求める「国家標準」を作ろうとしている。さらに医療機器についても「政府調達」の対象を国産品に限るとともに，外国企業には設計開発や重要部品の調達を中国国内で行うよう求めている。これらはいずれも外国企業から技術を入手するのが狙いだ。

　中国に進出している日本企業同士，疑心暗鬼も生まれやすく，中国の常套手段として日本企業は「分断と脅し」による揺さぶりも受けているようだ。

5.　買収による技術入手

　技術獲得のもう一つの手段が「外国企業の買収」で，日本企業も警戒しなければならない。最近，中国は戦略産業の基幹部材を供給する中堅・中小を買収

するファンドを立ち上げ，買収候補企業のリストを作成している。

　特に警戒すべきは製造装置や基幹部材による技術流出だ。高性能磁石でも中国企業が日本の製造装置を購入することで製造技術を獲得した。企業は製造装置から基幹部材に至るまで供給網全体のリスク管理が急務だ。

　EU は 2021 年度，中国による買収案件で半導体関連など 11 件を審査で止めた。さらに EU は中国を念頭に国家が補助金などで支援している外国企業による EU 企業の買収を制限しようとしている。まさに中国企業による技術入手を狙った買収のリスクに直面しているのだ。これは日本も同様だ。

第 2 節　日本の経済安保の課題

　日本も中国による先端技術狙いで日本企業を標的とする買収に対して備えを急ぐ必要がある。2022 年 5 月，経済安全保障推進法は成立した。目玉政策の新法として及第点であるが，これで満足していてはいけない。経済安保政策全体の一部に過ぎないからだ。このほかにも重要課題が残されている。

1.　買収への備えに"抜け穴"

　問題の一つは外為法の投資管理の規制が充分ではないことだ。前述の EU のように公表はしていないが，中国からの買収案件を阻止した事案はないと見られている。

　中国企業による買収に対する外為法の規制には「重大な抜け穴」がある。この制度の欠陥が露呈したのが，2021 年 3 月の中国の IT 大手テンセントによる楽天への出資だ。楽天の顧客データの扱いなど安全保障上の懸念があるにもかかわらず，現行外為法では国有企業でない民間企業による出資は性善説に立って，広く事前届け出が免除されてしまうのだ。

　軍民融合の中国の場合，国有企業か民間企業かは無意味だ。テンセントなど巨大 IT 企業に対して中国政府は統制を強化している。党が民間企業を統制する中国に対して，国有企業か否かで規制を変えるのは大きな"抜け穴"と言えるだろう。政府は規制の不備を認めたがらないが，現実を直視して，早急に

“抜け穴”をふさぐべきだろう。

　問題はそれだけではない。外為法の規制対象である軍事関連の先端技術は明らかに現在の国際情勢からは狭すぎる。特に買収に対して半導体などの装置・部材産業の多くは無防備に近い。外為法の規制外でも競争力維持のため死守しなければならない「不可欠な技術」は多い。中国はそれを徹底的に調べて上げている。外為法の投資審査の対象である指定業種は狭すぎるので，早急に見直すべきだ。中国は日本の規制を研究して，買収に対して米国の対米外国投資委員会（CFIUS）の規制に比べて甘いと見ている。

2.「経済的威圧」への対抗

　中国が経済を武器化する「経済的威圧」を繰り出す中で，これにどう対処するかが大きな課題になっている。中国が巨大市場や供給力を武器に相手国に圧力をかけることが常態化している。習近平主席は2020年4月の講話において，中国に経済的に依存させることによって相手国への反撃力・威嚇力を高めることを指示している。

　こうした経済的威圧に対しては対抗措置を打てるようにしておくことも「抑止力」のうえで重要だ。これは安全保障における「反撃能力の保有」と同様の論理だが，こうした手段についても米国，EUにあって日本に欠落している。米中欧と違って日本はやられるだけで対抗措置も打てないでいる。経済安保においても抑止力を持つべく，早急に対抗措置を打てるよう制度整備すべきだ。

3.　対中半導体規制と輸出管理

　こうした米中対立を背景とするハイテク技術の獲得を巡る綱引きの最大の焦点は半導体だ。近年の軍事における半導体が果たす役割は決定的で，とりわけ先端半導体はゲームチェンジにもつながる戦略物資だ。

　そうした先端半導体での対中優位性を確保するために，2022年10月，米国は厳しい対中輸出規制を発表した。

　これは米国が日欧と2年近く前から協議してきたが，対中強硬の米国議会は中間選挙を控えて圧力をかけ，バイデン政権が米国だけで“先走って”規制を打ち出した。そして米国産業界の声を受け「日欧に追随を求める」としたも

のだ。

　ただし規制内容は従来の規制とは次元が異なる。トランプ政権では中国通信最大手ファーウェイなど「特定の中国企業」を標的にしたが，これは「中国全体」を対象にしている。そして従来の輸出管理は軍事用途と民生用途を峻別していたが，「軍民融合」を掲げている習近平政権には意味がない。むしろ人工知能やスパコンが軍事技術の向上に直結するので，それを阻止するために先端半導体に焦点を当てている。

　一方，日本はどうか。日本の安全保障のためにも中国の軍事技術の向上は阻止すべきだ。昨年末の国家安全保障戦略において脅威を明確にした日本は，こうした規制を“主体的に”行うのは当然だ。

　焦点は，どういう具体的な制度設計で実施するかだ。中国を刺激するのを避けて，制度上は中国だけを対象とはせず，全地域を対象としている。そして問題ない地域向けは簡便な手続にしている。

　問題は今後，米国が人工知能や量子コンピューター，バイオなど新興技術についても対中の輸出管理を強化しようとしていることだ。その際，日本はどのような制度的対応をするかが問われることになる。

4.　企業の経済安保への向き合い方

　企業も「外為法の規制さえ守っていればよい」との安易な考えではいけない。経営者に必要なのは，競争力を左右する「不可欠な技術」か否かの「技術の仕分けと管理」だ。

　経済安全保障は政府だけではなく企業自身の問題でもある。経済界は「規制は必要最小限に限定すべき」との注文を付ける。しかし経済界は「規制される側」との旧来の発想を脱して，政府とともに「経済安保の担い手」との自覚が必要だ。

　その際，多くの経営者が必要な情報をベースに的確な判断ができているかが問題だ。現状では政府と企業の間の情報共有が十分とは言えない。企業は競合他社に疑心暗鬼になって中国に揺さぶられる。だからこそ情報共有は行政の重要な役割だ。

　「ビジネス追求か経済安保か」と対立的にとらえるのも間違いだ。足元のビ

ジネスを追求する近視眼的な経営は中長期的に持続可能な経営とは言えない。経営者だけの問題ではなく，行政の無策も反省すべきだ。「自由放任の行政の方がありがたい」と勘違いの経営者がいかに多いか。経済安保の要諦は，官民が協業して持続可能な産業競争力を強化することだ。

5.　EU に見る，中国との向き合い方

　もちろん企業としては巨大な中国市場は手放せない。しかしそれは不可欠な技術を守った上でのことだ。目先の利益だけでなく，中長期に持続する形で中国市場を獲得すべきだ。欧州企業は「中国に対して脇が甘い」と見られていたが，実はそうではない。中国進出の技術レベルを見極めている。

　例えばドイツは「対中融和」と見られているが，どうだろうか。ショルツ首相の訪中だけを見て，「ドイツは対中融和に舵（かじ）を切った」と結論付けるのは短絡的だ。

　中国はドイツ企業を先端技術の入手先として，中国市場を武器に取り込みを強める。しかしドイツ産業界は中国への新規投資に突き進むわけではない。長年，中国投資してきた BMW など自動車や化学大手の BASF などが中心で，すでに対中依存度が高く，せいぜい現状維持の更新レベルで，これまでの経済的利益を確保しようとしている。また近年，中国への警戒感から中国市場に新規参入する欧州企業はほとんどない。そこを読み誤ってはならない。

　中国進出の欧州企業がメンバーの「在中国欧州連合（EU）商会」は情報収集・分析をして，2021 年 1 月と 2022 年 6 月にレポートを公表して技術流出に警鐘を鳴らしている。欧州も風力発電などで苦い経験をして教訓を学んでいる。

　「圧倒的な技術力の差があれば，中核技術の開発は自国内ですべきだ。中国は外国企業に対して中国での開発を要求するが，中国での開発データは中国政府に開示させられるので愚かなことだ。」

　欧州による中国投資について金額や件数の多さだけで論じて「欧州は対中投資に積極的だ。日本も乗り遅れるな」とする論者もいるが，欧州企業がどういう技術レベルで中国進出しているかの中身まで見て論じるべきだ。しばしば「欧州のしたたかさを見習うべきだ」という。しかしその「したたかさ」の意

味を突き詰めて考えるべきだろう。

　もちろん企業にとって中国市場は重要で捨てるわけにはいかない。しかし同時に必要なのは技術のレッドラインを明確にした「中国との距離感」だ。

第 3 節　経済安保を軸とした国際秩序

1.　輸出管理の歴史的変革

　経済安全保障も自国のみの対応には限界があり，国際連携が必要だ。焦点になっているのが輸出管理だ。輸出管理はその時代の国際秩序を反映した重要な"道具立て"だからだ。

　そうした中で輸出管理の国際枠組みは大転換しようとしている。

　冷戦期には共産圏諸国に対する国際枠組みであるココム（対共産圏輸出統制委員会）があった。冷戦が終結して役割を終えて，衣替えして発足したのが通常兵器関連の「不拡散」を目的とするワッセナー・アレンジメントだ。しかし30 年近く経て，今日の国際情勢にマッチしていない。ワッセナー・アレンジメントはロシアも参加している枠組みだ。当時の懸念は地域紛争で，兵器の不拡散を目的に原則全地域を規制対象としている。そして軍事用途か民生用途かの峻別がポイントだ。中国は「軍民融合」を掲げていることを考えれば，明らかに現在直面している国際状況や目的に合致しない。

　中露との分断という地政学的な変化に対応して，新たな輸出管理体制に作り変える必要に迫られているのだ。

　そこで日米欧など少数のハイテク民主国家で機動的に対応できる国際枠組みが必要になっている。これは先端半導体だけにとどまらない。米国は中国を念頭において今後，量子，バイオなどの新興技術でも規制を検討しているという。その際は日米欧の連携も必要になる。

　ココムから不拡散へ，そして「有志国の枠組み」が加わり，輸出管理の歴史は第 3 期に入る歴史的な転換点だ。

2. 経済版の集団安保へ

　そうした潮流の中で，日米欧の主要7カ国（G7）が果たす役割も重要になっている。

　日米間では「経済版2＋2」，米EU間では貿易技術評議会（TTC）という閣僚レベルの戦略対話の場で「輸出管理の連携」は重要なテーマになっている。

　日米間では2022年5月の首脳会談で輸出管理の協力を合意した。名指しはしないが，中国を念頭においている。そして同年7月，日米は外務・経済担当閣僚による協議「経済版2＋（プラス）2」の初会合を開いて，共同声明と行動計画を発出した。これが中国を念頭に日米が経済安保で連携して対抗する重要なエンジンになっている。「ルールに基づく秩序づくり」の"旗印"の下に，行動計画には質の高いインフラ投資，高速通信規格「5G」や海底ケーブルの整備，サイバーセキュリティーと協力項目が並ぶが，とりわけ重要なのは半導体と輸出管理での日米連携だ。

　米EU間でも閣僚レベルの貿易技術評議会（TTC）を設立し，輸出管理，投資審査，半導体・新興技術の協力など先端技術に焦点を当てている。

　その結果，先端技術の輸出管理は日米欧が足並みをそろえる新たな段階に入っている。

　実は対露経済制裁がその布石であった。日米欧が共同歩調で行った，かつてない大規模なハイテクの禁輸措置だ。米国はこの成果を「グローバル輸出管理連合」と呼んで，さらに対露制裁を越えた枠組みへの発展を示唆している。

　そうした認識のもとに2020年，経産省の産業構造審議会で「技術を保有し，政策目的を共有する少数国が参加する枠組みをもって輸出管理を実施すべき」と取りまとめた。そして2022年6月に閣議決定された「骨太方針」でも同趣旨が明記されている。

　もう一つの国際連携の課題は，中国による「経済的威圧」に対する共同対処だ。個々の国による対応では中国に対抗できないのでG7で共同対処することとなった。先般のG7広島サミットにおいてG7が共同で対処すべく，協議のプラットフォームを作ることで合意した。

　問題は器を作っただけで終わらせずに連携の中味を盛り込めるかだ。これは経済の分野での集団安全保障にもつながる，いわば「経済版の集団安保」だ。

　今，米中対立による国際秩序の転換期を迎えて，主要先進 7 カ国（G7）の役割が再評価されている。中国をにらんで輸出管理や経済的威圧への対処などで連携強化が必要とされている。2023 年の G7 議長国・日本はその重要な役割を担っている。

3.　経済安保の重層的枠組み

　こうした日米欧の先進国による枠組みに加えて重要なのは，新興国・途上国をいかに取り込むかだ。西側諸国による対露経済制裁は現在の国際秩序の本質を浮かび上がらせた。第 1 は西側諸国の結束であり，第 2 は新興国・途上国との乖離だ。西側諸国と中露の対立の中で，それが明らかになっただけに新興国・途上国との協力関係の強化は不可欠だ。日米豪印（クアッド）会合ではインドを，インド太平洋経済枠組み（IPEF）では東南アジア諸国連合（アセアン）の国々をいかにつなぎ留めるかが焦点だ。これらの国際的枠組みはそうした地政学的観点から俯瞰して見る目が必要だ。

　そうした新たな国際的な枠組みも「経済安全保障」が軸になっている。

　クアッドは対中牽制上インドを取り込むための仕組みで，インドの信頼が厚い日本の貢献は大きい。インドは安全保障の協力には慎重で，接着材は経済安保にならざるを得ない。日本はインドが関心を示す次世代通信網（5G）や半導体の供給網など経済安保のメニューを用意したが，今後も日本の知恵出しが不可欠だ。

　IPEF については 2021 年 10 月にバイデン大統領がこの構想を発表して米国主導で発足した。中国が環太平洋経済連携協定（TPP）への加入申請など攻勢を強める中，米国がアジアへの関与を強めること自体は地政学的に重要で歓迎すべきだ。

　しかしアジア諸国の受け止め方は複雑だ。トランプ前政権がアジア軽視の印象を与えただけに，バイデン政権がアジアに目を向けることは率直に評価する。しかし米国がルールを押し付けることへの警戒感は強い。米国のアジア政策の一貫性のなさへの不信感も根深い。さらに中国への対抗が前面に出て，米中の間で"踏み絵を踏まされる"ことを嫌う。米国の出方を見極めるといった姿勢だ。

　そうした中で，日本はアジアと米国の"橋渡し役"という重要な役割を担っている。

4.　国際秩序の大変革

　こうしたクアッドやIPEFも経済安保を軸にした「国際秩序の大変革」の一環としてとらえるべきだ。

　中国は巨大な中国市場へのアクセスや一帯一路による経済援助など徹底して実利で迫る。これに対してかつてのTPPのような「米国市場へのアクセス」といった実利がないだけに，新興国，途上国を中国に追いやってしまいかねない。

　そこで浮上してきたのが「供給網の強靭化」だ。これは途上国に実利を示すうえでも重要だ。いわば新興国，途上国との間で「接着剤」の役割を果たす。

　米中対立による経済の分断，コロナ禍やロシアのウクライナ侵略による供給リスクに直面して，これまでの貿易自由化の潮流は大きく崩れてしまった。冷戦後，貿易自由化によりグローバリゼーションが進展し，相互依存関係は深まったが，皮肉にもそれが今日，中国は武器に使って，「経済の武器化」が横行している。これまで当然視してきた相互依存関係も経済安全保障の視点が必要になってきた。

　しかも一国では限界があるので国際的な連携による取り組みだ。IPEFでも米国の国内事情からくるテーマやアジェンダには途上国は無関心だ。関心を示すのはこの「供給網の強靭化」だ。2023年5月，この分野を先行させて実質的妥結を発表して，途上国のつなぎ留めに腐心した。

　日本企業のアジアでの事業活動の強みをもって日本が知恵出しする貢献が期待されている。まずは重要物資の供給途絶の事態が生じた際に戦略物資のデータの連携を進めるなど情報交換体制を作る。これは日本も既にアジアとの間で取組んでおり，日本企業のこの地域での事業の蓄積があってのことだ。

　世界貿易機関（WTO）や輸出管理の国際レジームなどこれまでの国際秩序は機能不全に陥っている。本章では紙幅の関係で省略するが，WTO改革など修復・補完する努力ももちろん必要である。それと同時に，新たに「経済安全保障」を軸とした仕組みも必要としている。今後，これまで述べた輸出管理や

供給網の強靭化など経済安保のメニューを参加国の顔ぶれによって使い分けながら,「重層的な秩序作り」が展開されるだろう。そういう中で G7 とアジアの立ち位置を「車の両輪」として日本がいかに牽引するか, 大きな課題を背負っている。

[参考文献]

アダム・シーガル（2020）迫りくる米中ハイテク冷戦—北京による対抗戦略（フォーリン・アフェアーズ日本語版 2020 年 10 月号）

ハル・ブランズ他（2021）米中新冷戦とハイブリッドな覇権　米ソ冷戦と歴史の教訓（フォーリン・アフェアーズ日本語版 2021 年 12 月号）

ビクター・チャ（2023）中国の経済強制策を抑止せよ—集団的レジリアンスの形成を（フォーリン・アフェアーズ日本語版 2023 年 3 月号）

Dan Wang (2023) "China's Hidden Tech Revolution: How Beijing Threatens U.S. Dominance" (Foreign Affairs, March 2023)

Evan A. Feigenbaum (2023) "What China Has Learned From the Ukraine War" (Foreign Affairs, February 2023)

How America Can Shore Up Asian Order: A Strategy for Restoring Balance and Legitimacy (Foreign Affairs, January 2021)

Office of Secretary of Defense "Annual Report to Congress: Military and Security Developments Involving the People's Republic of China 2021"

2022 Report to Congress of the U.S.-China and Security Review Commission (2022.11.15)

Agatha Kratz, Noah Barkin, and Lauren Dudley (2022) "The Chosen Few: A Fresh Look at European FDI in China" (September 14,2022)

EU CHANBER OF COMMERCE IN CHINA (2022/2023) EUROPEAN BUSINESS IN CHINA POSITION PAPER 2022/2023

"米国による対中輸出規制の著しい強化とその関連動向" CISTEC ジャーナル No.203（2023 年 1 月号）

"ロシア制裁を契機とした「輸出管理」「制裁」の世界における変化"CISTEC ジャーナル No.199（2022 年 5 月号）

（細川昌彦）

索　引

執筆者紹介 (執筆順) ＊は編著者

大庭　三枝	神奈川大学法学部教授		(第1章)
大橋　英夫	専修大学経済学部教授		(第2章)
遊川　和郎	亜細亜大学アジア研究所教授		(第3章)
＊馬田　啓一	杏林大学名誉教授		(第4章)
熊谷章太郎	日本総合研究所調査部主任研究員		(第5章)
＊清水　一史	九州大学大学院経済学研究院教授		(第6章)
三浦　秀之	杏林大学総合政策学部准教授		(第7章)
若松　勇	ジェトロ調査部長		(第8章)
助川　成也	国士舘大学政経学部教授		(第9章)
＊石川　幸一	亜細亜大学アジア研究所特別研究員		(第10章)
朽木　昭文	放送大学客員教授		(第11章)
百本　和弘	ジェトロ調査部非常勤嘱託員		
	(執筆時：ジェトロ海外調査部主査)		(第12章)
大泉啓一郎	亜細亜大学アジア研究所教授		(第13章)
赤羽　裕	亜細亜大学都市創造学部教授		(第14章)
細川　昌彦	明星大学経営学部教授		(第15章)

編著者紹介

石川　幸一 （いしかわ　こういち）

1949 年生まれ。東京外国語大学外国語学部卒業。ジェトロ海外調査部長，国際貿易投資研究所研究主幹，亜細亜大学アジア研究所所長・教授を経て，現在，アジア研究所特別研究員。国際貿易投資研究所客員研究員。主要著書に，『現代 ASEAN 経済論』（共編著，文眞堂，2015 年），『アジアの開発と地域統合』（共編著，日本評論社，2015 年），『新・アジア経済論』（共編著，文眞堂，2016 年），『メガ FTA と世界経済秩序』（共編著，勁草書房，2016 年）など多数。

馬田　啓一 （うまだ　けいいち）

1949 年生まれ。慶應義塾大学大学院経済学研究科博士課程修了。杏林大学総合政策学部教授，客員教授を経て，現在，杏林大学名誉教授。（一財）国際貿易投資研究所理事・客員研究員。主要著書に，『アジア太平洋の新通商秩序』（共編著，勁草書房，2013 年），『FTA 戦略の潮流』（共編著，文眞堂，2015 年），『TPP の期待と課題』（共編著，文眞堂，2016 年），『揺らぐ世界経済秩序と日本』（共編著，文眞堂，2019 年）など多数。

清水　一史 （しみず　かずし）

1962 年生まれ。北海道大学大学院経済学研究科博士課程修了。博士（経済学）。現在，九州大学大学院経済学研究院教授。アジア政経学会理事長。産業学会会長。国際貿易投資研究所客員研究員。主要著書に，『ASEAN 域内経済協力の政治経済学』（ミネルヴァ書房，1998 年），『ASEAN 経済共同体の創設と日本』（共編著，文眞堂，2016 年），『RCEP と東アジア』（共編著，文眞堂，2022 年）など多数。

シリーズ：検証・アジア経済 2

高まる地政学的リスクとアジアの通商秩序

――現状と課題、展望――

2023 年 9 月 30 日　第 1 版第 1 刷発行　　　　　　　　　検印省略

編著者	石　川　幸　一	
	馬　田　啓　一	
	清　水　一　史	
発行者	前　野　　　隆	
発行所	株式会社　文　眞　堂	

東京都新宿区早稲田鶴巻町 533
電　話　03（3202）8480
FAX　03（3203）2638
http://www.bunshin-do.co.jp/
〒162-0041　振替00120-2-96437

製作・モリモト印刷
©2023
定価はカバー裏に表示してあります
ISBN978-4-8309-5236-4 C3033

シリーズ：検証・アジア経済 1

岐路に立つアジア経済 米中対立とコロナ禍への対応

石川幸一・馬田啓一・清水一史 編著

ISBN978-4-8309-5130-5 A5判・268頁 定価3080円（税込）

米中対立とコロナ禍の中，アジアの経済は未曽有の試練に立たされている。アジアはどこに向かうのか。さらなる経済連携の強化によってこの危機を克服し，新常態にソフトランディングできるのか。それともアジアの分断と停滞の始まりとなるのか。本書は，岐路に立つアジア経済の現状と課題，政策的な対応と今後の展望について様々な視点から考察。

東アジアのメガFTAの実現！

RCEPと東アジア

石川幸一・清水一史・助川成也 編著

ISBN978-4-8309-5186-2 A5判・234頁 定価3520円（税込）

2022年1月，東アジア初のメガFTA「RCEP」が遂に発効した。ASEAN10カ国，日本，中国，韓国，オーストラリア，ニュージーランドの15カ国が参加する世界最大のFTAが実現する。日本にとっては，中国，韓国との初のFTAとなる。世界経済と東アジア経済，そして日本経済と日本企業にも大きな意味を持つ。専門家が多角的・本格的に考察。

今後もグローバリゼーションの受益者たりうるか？

これからの東アジア 保護主義の台頭とメガFTAs

木村福成 編著

ISBN978-4-8309-5098-8 A5判・198頁 定価2750円（税込）

貿易自由化と経済統合はどのような論理で望ましいとされるのか。国際貿易論，国際通商政策論，国際政治学の基礎に立ち返り，東アジアが保護主義やパワーポリティックスに抗し，メガFTAs形成を進めていかねばならない根拠を明らかにする。COVID-19後を考える上でも欠かせない視点を提供する。

アジアの経済統合が直面する焦眉の課題を鋭く分析！

アジアの経済統合と保護主義 変わる通商秩序の構図

石川幸一・馬田啓一・清水一史 編著

ISBN978-4-8309-5052-0 A5判・235頁 定価3080円（税込）

トランプ米大統領により保護主義の嵐が吹き荒れる中，アジアの経済統合は果たして自由貿易体制を守る防波堤となれるか。米中貿易戦争などで揺らぐアジアの通商秩序，CPTPP，RCEP，ASEAN経済共同体2025，一帯一路構想など，アジアの経済統合が直面する焦眉の課題を鋭く分析。アジアを学ぶ学生，アジアビジネスに携わる関係者にとって必読の書。